MÜNSTER LAND entdecken!

1000 FREIZEIT-TIPPS

AF638695

Urte Engelhard

Wartberg Verlag

Anmerkung des Verlages
Die im nachfolgenden Text verwendeten Symbole haben folgende Bedeutung:
☏ = Telefon, 🌐 = Internetadresse, ☺ = Attraktionen für Kinder und Junggebliebene

Alle Angaben wurden gewissenhaft geprüft, trotzdem können Autorin und Verlag keine Gewähr für die Richtigkeit übernehmen. Anregungen, Berichtigungen und Ergänzungsvorschläge senden Sie bitte an den Wartberg Verlag, Gudensberg-Gleichen.

2., aktualisierte Auflage 2023
Die Erstauflage erschien unter dem Titel „Münsterland – 1000 Freizeittipps. Ausflugsziele, Sehenswürdigkeiten, Sport, Kultur, Veranstaltungen“.

Umschlaggestaltung: r2 Mediendesign, Verden (Aller)
Layout und Karte: Gerald Halstenberg, Bielefeld
Druck und Bindung: Druck- und Verlagshaus Thiele & Schwarz GmbH, Kassel

34281 Gudensberg-Gleichen, Im Wiesental 1
Telefon (0 56 03) 9 30 50
www.wartberg-verlag.de
ISBN: 978-3-8313-3575-6

Einladung zur Entdeckungsreise

Das Münsterland ist bekannt für seine Rad- und Reitwege, für seine Wasserschlösser und Burgen, für seine Kirchen und Klöster, für seine Parklandschaft und Naturschutzgebiete. Eine unglaubliche Vielzahl an Freizeitmöglichkeiten bieten sich im Münsterland an: Ob Sie die Natur per Rad, zu Fuß, auf dem Wasser oder aus dem Pferdesattel entdecken wollen. Ob Sie historische Städte und pittoreske Orte erkunden, Museen besuchen oder Schlösser, Burgen und Adelssitze besichtigen wollen. Ob Sie mit Kindern, Freunden oder Verwandten unterwegs sind. Ob Sie Ruhe und Erholung oder Spaß und Abenteuer suchen.
In diesem Freizeitführer präsentieren wir Ihnen über 1000 Freizeittipps in der Region, für jeden Geschmack, jedes Alter, jeden Anlass, jede Jahreszeit – Langeweile ausgeschlossen!
Haben Sie z. B. schon einmal die Flamingobrutkolonie in Vreden besucht oder die Wildpferdebahn in Dülmen? Kennen Sie das Bierglasmuseum in Emsdetten oder den Flugsimulator in Münster? Wissen Sie, wie in alten Mühlen Korn gemahlen wurde oder wie aus Korn der Hochprozentige entsteht? Haben Sie Lust, SwinGolf, FußballGolf oder Minigolf bei Schwarzlicht zu spielen? Sind Sie schon einmal durch ein Moor gewandert oder auf dem Jakobsweg gepilgert? Suchen Sie einfach nur das nächstgelegene Schwimmbad, eine Angelmöglichkeit oder einen Reiterhof? Oder möchten Sie auf einer Kirmes, einem Karnevalsumzug, einem Konzert unterhalten werden?
Dazu müssen Sie nicht in die Ferne schweifen, Sie finden all das vor Ihrer Haustüre!

Dieses Buch dient Ihnen dabei als Kompass. Sie können darin die Sehenswürdigkeiten und Freizeitangebote alphabetisch nach Orten suchen oder über das Register am Ende des Buchs nach Themen, Stichworten und Veranstaltungen.

Ich wünsche Ihnen viel Spaß beim Erleben und Entdecken des schönen Münsterlandes!

Urte Engelhard

Ahaus

(Kreis Borken)

Die Stadt Ahaus (40 000 Einwohner) liegt am Kleinfluss Ahauser Aa, eingebettet in die westmünsterländische Landschaft nahe der Grenze zu den Niederlanden. Die Stadt blickt auf eine fast 1000-jährige Geschichte zurück. Im 19. Jahrhundert prägte die Textilindustrie das Leben in der Stadt.

Ahaus Marketing & Touristik GmbH
Oldenkottplatz 2
48683 Ahaus
02561/444444
www.ahaus.de

Sehenswertes

Schloss Ahaus

Das Jagdschloss (Barock) wurde zwischen 1688 und 1695 durch den Kapuzinermönch Ambrosius von Oelde gebaut. Auftraggeber war der Fürstbischof Friedrich Christian von Plettenberg. 1945 wurde das Schloss durch einen Bombenangriff zerstört und damit auch die barocke Ausstattung vernichtet. Der Kreis Ahaus erwarb die Ruine nach dem Krieg und baute das Schloss wieder auf, der Fürstensaal wurde bis 1996 restauriert. Der Schlosspark ging in das Eigentum der Stadt Ahaus über.
Adresse: Oldenkottplatz, 48683 Ahaus

Haarmühle

1619 wurde die Mühle in ihrer heutigen Form errichtet und erstmals im Jahre 1776 an Heinrich Wülfering gen. Haarmann verpachtet. 1930 wurde eine Gastwirtschaft darin eröffnet. Seit 1982 ist die denkmalgeschützte und voll betriebsfähige Wassermühle Eigentum der Stadt Ahaus. Die Haarmühle kann besichtigt werden und beherbergt ein beliebtes Erlebnis-Ausflugslokal.
Kontakt: Beßlinghook 57, 48683 Ahaus-Alstätte, 02567/93190, www.haarmuehle.de

Villa van Delden

Die Villa van Delden aus dem 19. Jahrhundert ist das letzte prächtige Bürgerhaus der Stadt und spiegelt die Glanzzeit der Textilindustrie wider. Die Jute-Spinnerei und Weberei van Delden war industrielles Zentrum für das ganze Umland. Die Villa ist in städtischem Besitz und dient als Haus der Begegnung.
Kontakt: Bahnhofstraße 91, 48683 Ahaus, 02561/43327

Museen

Torhausmuseum und Schulmuseum

Im Torhausmuseum im Schloss Ahaus können Gebrauchsgegenstände des täglichen Lebens und Luxusartikel aus fürstbischöflichem Besitz sowie Zeugnisse aus Ahauser Fabriken besichtigt werden. Im zweiten Torhaus befindet sich seit 2002 das Schulmuseum. Es zeigt anhand von originalen Zeugnissen die Geschichte des Schulwesens.
Kontakt: Ahaus Marketing, 02561/444444, www.schulmuseum-ahaus.de

Freizeit & Natur

Alpakawanderung

Eine Wanderung an der Seite von einem Alpaka ist ein tolles Erlebnis. Und dabei erfährt man noch so manches Wissenswerte über diese majestätischen Anden-Tiere. Es werden verschiedene Touren angeboten.
Kontakt: Ottensteiner Anden, Lüntener Straße 17, 48683 Ahaus-Ottenstein, 0152/51591501, www.ottensteiner-anden.de

Freizeitgelände
Das Freizeitgelände an der Ork bietet Bolzplätze, Hangrutsche, Hockeyhalle und Skaterplatz.
Adresse: Freizeitgelände an der Ork, 48683 Ahaus

Golf
Golffreunde kommen in der 27-Loch-Golfanlage vom Golf- & Landclub Ahaus e. V. zwischen den Ahauser Ortsteilen Alstätte und Ottenstein nahe der niederländischen Grenze auf ihre Kosten.
Kontakt: Schmäinghook 36, 48683 Ahaus, 02567/405, www.glc-ahaus.de

Kutsch- & Planwagenfahrten
In einer Kutsche (bis 4 Personen) oder einem Planwagen (bis 8 Personen) kann man ganz entspannt die schöne Landschaft rund um Ahaus genießen.
Kontakt: Kutsch- und Planwagenfahrten Münsterland, 0160/3423926, www.kutschfahrten-muensterland.chayns.net

Naturschutzgebiete & Moore
Das **Witte Venn** an der Grenze zu den Niederlanden ist Natur in Form von Mooren, Heiden, Wäldern und ideal zum Radfahren und Wandern. Es bietet Lebensräume für seltene Pflanzen- und Tierarten sowie Weideflächen für schottische Hochlandrinder.
An der niederländischen Grenze liegt das Moorgebiet **Amtsvenn**, wo bis vor ca. 45 Jahren Torf gestochen wurde.
Die **Bröke** umfasst 420 ha Waldgebiet, dort kann auch „Moi Höltken" bewundert werden, ein 350 Jahre alter Eichenstamm. 1990 wurde die Eiche bei einem Sturm zerstört. Im Rathaus erinnert eine Baumscheibe an verschiedene geschichtliche Ereignisse der Stadt Ahaus.

Segway
Auf geführten Segway-Touren kann man Ahaus auf zwei Rädern entdecken.
Kontakt: Segway- & Ninebot Elite Touren Ahaus, 02561/9092490

Das von einer Gräfte umgebene Schloss Ahaus

Schwimmen
Das AquAHAUS in Ahaus ist eine Kombination aus Hallenbad und Freibad. Das Freibad hat neben einem Wellenbecken auch ein Erlebnisbecken mit verschiedenen Attraktionen.
Kontakt: Unterortwick 32, 48683 Ahaus, 02561/82299

Reiten
Die Pferderegion Münsterland bietet über 1000 km Reitrouten, Aus- und Wanderritte, zahlreiche Reitschulen und Reitveranstaltungen von internationalem Rang.
Kontakt: www.muensterland-tourismus.de/2523/reiten_muensterland oder über Ahaus Marketing, 02561/444444

Wandern & Radfahren
Die grüne deutsch-niederländische Grenzregion ist ein wunderbares Wandergebiet. Auf der *Großen Tour durchs Witte Venn* (8,0 km) begegnet man freilaufenden Hochlandrindern und gelangt nahtlos in die Niederlande. Auf der Route *Durch die Wacholderheide* rund um Ottenstein (11,5 km) kann man die Burgfundamente im Ortskern von Ottenstein eintdecken. Wer *Rund um Ahaus* (15,5 km) wandert, lernt die Stadt und ihre Sehenswürdigkeiten kennen.
Per Rad lässt sich die Gegend rund um Ahaus noch weiträumiger erkunden, es gibt sogar einen Fietsenbus, der einen einsammelt, wenn die Kräfte schwinden. Um Ahaus zu entdecken, empfiehlt sich die Tour *Ahaus – Durch alle Ortsteile* (43,5 km). Wer es lieber naturnah mag, wählt die Route *Ahaus – Durch die Bröke und zurück* (22,2 km), die durch das Waldgebiet Bröke und zum Eichenstamm „Moi Höltken“ führt.

Veranstaltungen & Feste

Die Ahauser Kirmes mit Fahrgeschäften und Unterhaltung findet jedes Jahr im September statt.

Ahlen

(Kreis Warendorf)

Die Stadt Ahlen (54 000 Einwohner) im westlichen Münsterland wurde um 850 gegründet und wuchs im Schutze eines bischöflichen Amtshofes heran. Prägend für die Stadt waren in der Industrialisierung der Strontianitbergbau und v. a. der Steinkohlebergbau in der „Zeche Westfalen“.

WFG Wirtschaftsförderungsgesellschaft Ahlen mbH
Beckumer Straße 34
59229 Ahlen
02382/964300
www.ahlen.de

Sehenswertes

Historischer Marktplatz
Der Marktplatz im Herzen der Altstadt ist umgeben von historischen Gebäuden. Hier wurde Ahlen um 850 gegründet.

Kirchen
Die gotische Hallenkirche St. Bartholomäus (Ende 15./Anfang 16. Jahrhundert) am Marktplatz gilt als eine der ersten Urpfarreien im Münsterland (ab ca. 800).
Die katholische Pfarrkirche St. Marien im frühgotischen Stil aus dem 13. Jahrhundert wandelte sich seit Anfang des 20. Jahrhunderts durch Veränderung in eine neugotische Kirche.
In Vorhelm ist die im neugotischen Stil erbaute Kirche St. Pankratius aus dem Jahr 1803 mit einem Bronze-Sandsteinaltar des Künstlers Bernhard Kleinhans ausgestattet.
Die Kirche St. Lambertus bildet den Mittelpunkt des Dorfzentrums von Dolberg.

Die Zeche Westfalen ist heute ein Unternehmens- und Freizeitpark

▸ Zechensiedlung
Die Zechensiedlung Neustadt wurde von 1910 bis 1924 nach dem Gartenstadtprinzip errichtet und steht unter Denkmalschutz.

Museen

▸ Kunstmuseum Ahlen
Das Kunstmuseum bietet Ausstellungen mit Werken der klassischen Moderne bis zu moderner zeitgenössischer Kunst.
Kontakt: Museumsplatz 1, 59227 Ahlen, ✆ 02382/91830

▸ Fritz-Winter-Haus
In seinem ehemaligen Elternhaus werden Werke des Bauhausschülers und Wegbereiters der modernen Malerei ausgestellt.
Kontakt: Südberg 72–74, 59229 Ahlen, ✆ 02382/61582, 🌐 www.fritz-winter-haus.de

▸ Interreligiöses Museum im Goldschmiedehaus
Sakrale Goldschmiedekunst, die Geschichte der Zeitmessung, jüdische Kultgeräte und Schätze des Buddhismus werden im Interreligiösen Museum im Goldschmiedehaus präsentiert.
Kontakt: Oststraße 69, 59227 Ahlen, ✆ 02382/3467, 🌐 www.museumimgoldschmiedehaus.de

▸ Heimatmuseum
Über das ackerbürgerliche Leben, die Geschichte des Ackerbaus, die Strontianit- und Steinkohlegewinnung informiert das Heimatmuseum in einem ehemaligen Ackerbürgerhaus aus dem 16. Jahrhundert.
Kontakt: Wilhelmstraße 12, 59227 Ahlen, ✆ 02382/59-290 o. -529

Freizeit & Natur

▸ Brennereibesichtigung & Traktortouren
An einer Brennereiführung mit Verkostung kann man auf dem Hof Schulze Rötering teilnehmen. Hier gibt es auch einen Hofladen, eine Backstube und ein Landcafé. Für alle Traktorenfans werden zudem

Traktortouren auf restaurierten Oldtimern angeboten.
Kontakt: Prozessionsweg 115, 59227 Ahlen, 02382/2742, www.schulze-roetering.de

Jupp-Foto-Club
Ausstellungen der Zechengeschichte mit Führung werden hier angeboten.
Kontakt: Glückaufplatz 11, 59229 Ahlen, jupp.foto.club@gmx.de

Radfahren
Die *Römer-Lippe-Route* ist ein 400 km langer Radweg, der auch an Dolberg vorbeiführt. Auf dem *Werse Radweg* kann man über 125 km entlang der Werse, rund um Ahlen und durch Parklandschaften radeln.
Informationen: www.roemerlipperoute.de, www.werseradweg.de

Schwimmen & Sauna
Das Parkbad mit großer Saunalandschaft im Berliner Park erfreut sich bei sportlichen und gesundheitsbewussten Gästen großer Beliebtheit.
Kontakt: Dolberger Straße 66, 59229 Ahlen, 02382/788249, www.baedergesellschaft-ahlen.de

Tandemfahren
Durch Ahlen radeln mal anders, mit Tandems für zwei bis 22 Personen.
Kontakt: Tandemvermietung Gerkmann, Robert-Bosch-Straße 10, 48346 Ostbevern, 02504/6593, www.tandemvermietung.de

Zeche Westfalen
Alte Industriekultur geht hier einher mit modernen Unternehmen, Freizeit- und Kulturangeboten, welche den historischen Industriegebäuden neues Leben einhauchen. Die Wirtschaftsfördergesellschaft Ahlen mbH bietet eine ca. zweistündige Tour mit dem Segway „Rund um die Zeche Westfalen“ an, 02382/964307.
Kontakt: Zeche Westfalen 1, 59229 Ahlen, 02382/702149, www.zechewestfalen.de

Veranstaltungen & Feste

In Ahlen gibt es eine **Maikirmes** im April/Mai und eine **Herbstkirmes** im September/Oktober. Die Ahlener **Schützenfeste** der vielen örtlichen Schützenvereine werden an den Wochenenden im Mai/Juni gefeiert.

Altenberge

(Kreis Steinfurt)

Altenberge (10 400 Einwohner) wurde wahrscheinlich um 800 als eine der Urpfarreien des Bistums Münster von Bischof Liudger gegründet. Die Landschaft um Altenberge ist geprägt von Bauernhöfen, Wallhecken und Landwehren und ist typisch für die Münsterländer Parklandschaft. Der Altenberger Höhenrücken bietet einen guten Rundumblick über das Münsterland und die Baumberge bis zum Teutoburger Wald.

Gemeindeverwaltung Altenberge
Kirchstraße 25
48341 Altenberge
02505/820
www.altenberge.de

Sehenswertes

Eiskeller
Der Eiskeller der ehemaligen Brauerei Beuing besteht aus einer weiträumigen Kelleranlage mit mehreren Stockwerken. Hier wurden früher die Bierfässer gelagert und das Eis zur Kühlung aufbewahrt. In der untersten Ebene

beziehen im Winter bedrohte Fledermausarten ihr Quartier. Das Informationszentrum „Eisscholle“ bildet den Eingang zum Kellerlabyrinth und präsentiert eine Ausstellung über die Geschichte der Brauerei.
Kontakt: Gooiker Platz 4, 48341 Altenberge, Gemeinde Altenberge, ☏ 02505/82-32 o. -33

▸ Bürgerhaus
Das Bürgerhaus aus Fachwerk mit Backsteinfront wurde um 1840 erbaut und stellt ein bedeutendes Zeugnis aus der Spätzeit der Wohn- und Wirtschaftshäuser des Münsterlandes dar. Es dient heute als Bürgerhaus und beherbergt ein Restaurant.
Adresse: Kirchstraße 13, 48341 Altenberge

▸ Haus Plettendorf (Ammenhaus)
In diesem Haus lebte Katharina Plettendorf, die Amme von Annette von Droste-Hülshoff.
Adresse: Teichstraße 4, 48341 Altenberge

▸ St. Johannes Baptist
Die katholische Pfarrkirche, eine gotische Hallenkirche aus dem 15. Jahrhundert, ist mit ihrem weithin sichtbaren Turm (75 m hoch) das Wahrzeichen von Altenberge.
Adresse: Kirchstraße, 48341 Altenberge

▸ Heimathues „Kittken“
Das Fachwerkhaus wurde 1840 errichtet und 1910 erweitert. Das ehemalige Ackerbürgerhaus diente von 1889 bis 1930 dem Dorfpolizisten als Wohnstube und Arrestlokal. Seit den 1990er-Jahren hat der Heimatverein das Gebäude restauriert und dort ein Heimathaus eingerichtet.
Adresse: Friedhofstraße 9, 48341 Altenberge

▸ Krüsellinde
Die 300 Jahre alte Sommerlinde ist das eigentliche Wahrzeichen von Altenberge. Zu der Zeit Karls des Großen befand sich an diesem Ort ein „Freistuhl“ (Gerichtssessel eines Femegerichtes).

Museen

▸ Museum Zurholt
Im Museum Zurholt werden seltene Fossilien, Mineralien und Findlinge aus der Region um den Altenberger Rücken präsentiert und es wird die Geschichte und Vielfalt der Gesteine veranschaulicht.
Kontakt: Lindenstraße 8, 48341 Altenberge, ☏ 02505/8221, 🌐 www.museum-zurholt.de

▸ Schlepper- und Gerätemuseum
Im ehemaligen Gebäude der Firma Landmaschinen-Schlepperbau Heinrich Wesseler OHG, die 1936 bis 1966 die bekannten Wesseler-Traktoren fertigte, kann man heute alte landwirtschaftliche Maschinen, Schlepper, Traktoren und Geräte sehen und erfährt so manches über Altenberger Geschichte, Brauchtum, Alltag und Arbeit aus alter Zeit.
Kontakt: Kümper 110 b, 48341 Altenberge, ☏ 02505/937225

Freizeit & Natur

▸ ☺ Reiten
Ein 25 km langer „Integrativer Reitweg“ mit breiten Wegen, festem Untergrund und ohne Hindernisse führt von Altenberge aus durch die Münsterländer Parklandschaft. Fünf Stationen, behindertengerecht und pferdefreundlich ausgestattet, liegen an der Strecke. Es gibt mehrere Reiterhöfe und Vereine in Altenberge. Auf dem Gestüt Lindenhof leben rund 100 Islandpferde, hier kann man alles über diese Rasse erfahren, es gibt eine Reitschule. Der Ferienhof Rustemeier ist ein Bauern- und Ferienhof, der neben vielen anderen Tieren auch Pferde und Ponys hat.
Kontakt:
Verein Wegbereiter e. V., 🌐 www.wegbereiter.org
Gestüt Lindenhof, Entrup 165, 48341 Altenberge, ☏ 02505/2679, 🌐 www.gaedingar-group.de/lindenhof

Ferienhof Dirk Rustemeier, Entrup 169, 48341 Altenberge, ✆ 02505/1285, 🌐 www.ferienhof-rustemeier.de

Schwimmen
Das Hallenbad Altenberge mit 25-m-Becken hat ganzjährig geöffnet.
Kontakt: Gooiker Platz 2, 48341 Altenberge, ✆ 02505/2200

Wandern & Radfahren
Zahlreiche Rundwanderwege (30 km) und Wirtschaftswege (56 km) laden zu Wanderungen, Fahrradtouren und Planwagenfahrten ein. Durch den Ort Altenberge führt ein *Baumlehrpfad mit Krüsellinde,* auf dem man sein Wissen über die Bäume auffrischen kann.

Veranstaltungen & Feste

Im Mai wird auf dem Marktplatz die **Mai-Kirmes** gefeiert.
Im Dezember verleiht der **Nikolausmarkt** dem Platz weihnachtlichen Glanz.
Der Heimatverein Altenberge veranstaltet am Heimathues im Frühling ein **Gartenfest** und im Dezember einen Adventlichen **Kunsthandwerkermarkt**.

Ascheberg

(Kreis Coesfeld)

Im südlichen Münsterland gelegen, befindet sich die Gemeinde Ascheberg (15 700 Einwohner) inmitten einer von Schlössern, Burgen und Herrensitzen gekennzeichneten Landschaft. Das Ortsbild wird geprägt durch den 81 m hohen neugotischen Kirchturm von St. Lambertus.

Ascheberg Touristinfo
Katharinenplatz 1
59387 Ascheberg
✆ 02593/6091300
🌐 www.ascheberg-touristinfo.de

Sehenswertes

Schloss Westerwinkel
Westerwinkel wurde 1663 bis 1668 als frühbarockes Wasserschloss erbaut und ist von einem englischen Park umgeben. Die ehemalige Ritterburg wurde bereits 1225 erwähnt. Teilweise wird das Schloss von dem Besitzer Graf von Merveldt bewohnt. Im Park liegt ein Golfplatz, außerdem kann man hier herrlich wandern. Führungen nach Voranmeldung bei der Schlossverwaltung.
Kontakt: Horn-Westerwinkel 1, 59387 Ascheberg-Herbern, ✆ 02599/98878

Schloss Itlingen
Das Herrenhaus ist eine Mischung aus Schloss und Burg (vollendet 1775), die heutige barocke Bauweise verdankt die Burg Johann Conrad Schlaun. Nur eine Außenbesichtigung ist möglich.
Adresse: Forsthövel-Merschstraße 125, 59387 Ascheberg-Herbern

Burgturm und Burgkapelle
Von der ehemaligen Burg Davensberg (1263) blieb nur der 30 m hohe Burgturm von der Zerstörung verschont und dient heute als Heimatmuseum mit Folterraum. Die Burgkapelle St. Anna aus dem 13. Jahrhundert wurde zu einer Kirche umgebaut und besitzt den berühmten Klappaltar von Johann Brebender.
Adresse: Burgstraße 22, 59387 Ascheberg

Haus Byink
Von der ehemaligen Wasserburg sind heute noch das Bauhaus und das Torhaus erhalten,

Das mächtige Barockschloss Westerwinkel

welches von Baronin Beverförde bewohnt wird.
Adresse: Byinkstraße 20, 59387 Ascheberg

▸ St. Lambertus
Die katholische Pfarrkirche ist wahrscheinlich die Urpfarre des heiligen Liudger. Erstmals 1022 urkundlich erwähnt, wurde sie 1524 im neugotischen Stil erbaut. Auch hier wurden nach Schlauns Entwürfen im 18. Jahrhundert bauliche Veränderungen vorgenommen. Ihr Turm ist 80 m hoch. Sehenswert ist die Strahlen-Madonna.
Adresse: Lambertus-Kirchplatz 14, 59387 Ascheberg

Freizeit & Natur

▸ Golf
Die 18-Loch-Anlage des Golfclubs Westerwinkel e. V. liegt vor wunderschöner Kulisse im Schlosspark Westerwinkel. Sie eignet sich für Golfer aller Spielstärken und ist so gestaltet, dass Spieler aller Handicaps zu ihrem Recht kommen.
Kontakt: Gewerblicher Golfplatz Westerwinkel, 59387 Ascheberg-Herbern, ✆ 02599/92222, 🌐 www.gc-westerwinkel.de

▸ ☺ Naturschutzgebiet Davert
Die Davert, ein sagenumwobenes Wald- und Moor-Sumpfgebiet mit knorrigen Eichen, stillen Waldwiesen und Moorwäldern bietet abwechslungsreiche Landschaftsformen mit vielfältigem Artenreichtum („wild" lebende Weidetiere) und lädt zum Wandern und Radfahren ein. Naturerlebnis-Rucksäcke mit Becherlupe, Fernglas und Informationen können bei der NABU-Naturschutzstation Münsterland oder bei Ascheberg Marketing ausgeliehen werden.
Kontakt: *Ascheberg Touristinfo,* ✆ 02593/6091300;
NABU Münsterland, ✆ 02501/9719433

▸ Radfahren
Vier *Kleeblatt-Radrouten* führen durch die Naturschutzgebiete im Kreis Coesfeld.
Informationen: 🌐 www.ascheberg-touristinfo.de

Eickholt in Davensberg verfügt über eine Anlage und Ausstattung.
Kontakt: Frieport 22, 59387 Ascheberg-Davensberg, ☏ 02593/7565, 🌐 www.gasthaus-eickholt.de

Rund um Schloss Ascheberg verlaufen idyllische Wege

▸ Rundflüge
Mit dem Ul Trike, einem motorisierten Deltadrachen, können Rundflüge in Begleitung eines Piloten über Ascheberg und Umgebung unternommen werden.
Kontakt: Ascheberg Touristinfo, ☏ 02593/6091300

▸ SwinGolf
Das von bäuerlichen Spielen abgeleitete SwinGolf ist ein einfaches und geselliges Outdoor-Spiel für Gruppen. Der Gasthof

▸ Westfälischer Jakobsweg
Ascheberg liegt auf der Jakobsweg-Etappe *Westfälischer Friedensweg*, die über Lengerich, Ladbergen, Münster, Hiltrup, Rinkerode, Herbern führt. Pilger können ihren Pilgerstempel in der Kirche St. Benedikt abholen.
Adresse: Benediktus-Kirchplatz 10, 59387 Ascheberg
Informationen:
🌐 www.jakobspilgerweg.lwl.org,
🌐 www.deutsche-jakobswege.de

Veranstaltungen & Feste

Im Juli finden die traditionellen **Kirmesveranstaltungen** Benediktus in Hebern, St. Ana in Davensberg und Jacobi in Ascheberg statt. Die Jacobi-Kirmes ist die größte Dorfkirmes im Münsterland.
Im idyllisch gelegenen Schloss Westerwinkel werden in den Sommermonaten (Mai bis September) **Schlosskonzerte** mit klassischer Musik geboten.

Bad Bentheim

(Grafschaft Bentheim)

Die Stadt Bad Bentheim (15 700 Einwohner) ist ein Kur- und Badeort und wurde 1050 erstmals urkundlich erwähnt. Die Burg Bentheim (1116) der Grafen von Bentheim bildet als mittelalterliche Wehranlage des 13. und 14. Jahrhunderts das Wahrzeichen der Stadt. Natürliche Vorkommen sind Schwefelquellen – daher ist der Kur- und Badebetrieb möglich – und Bentheimer Sandstein, welcher aus den Bentheimer und Gildehauser Gruben gefördert wurde.

Tourist-Information Bad Bentheim
Schlossstraße 18
48455 Bad Bentheim
05922/98330
www.badbentheim.de

Sehenswertes

Burg Bentheim
Die mittelalterliche Wehranlage befindet sich im Zentrum der Stadt. Der Bergfried, der sogenannte Pulverturm, bietet einen weiten Blick über die Stadt. Die Burg kann besichtigt werden.
Adresse: Schloßstraße, 48455 Bad Bentheim, www.burg-bentheim.de

Barockkirche
Eine Barockkirche mit calvinistischer Innenausstattung ist die Evangelisch-reformierte Kirche (1696), die Grundmauern stammen aus dem Jahr 1321.
Adresse: Kirchstraße 15, 48455 Bad Bentheim

Kloster Bardel
Gegründet wurde Kloster Bardel 1922 als Missionskloster von der nordostbrasilianischen Franziskanerprovinz des Hl. Antonius. Hier leben heute noch Franziskaner.
Adresse: Klosterstraße 11, 48455 Bad Bentheim, www.bardel.de

Turmwindmühle
Die Gildehauser Ostmühle ist eine holländische Turmwindmühle, auch Erdholländer genannt, die 1749/50 aus Bentheimer Sandstein erbaut wurde. Seit 1986 ist sie wieder funktionsfähig, aus dem gemahlenen Korn wird im Backhaus nebenan Brot gebacken. Betreiber ist der Verkehrs- und Verschönerungsverein Gildehaus. Führungen für Gruppen sind nach vorheriger Anmeldung möglich.
Kontakt: Ostmühle Gildehaus und Backhaus, Mühlenberg, 48455 Bad Bentheim, 05924/233

Museen

Bentheimer Sandsteinmuseum
Das Bentheimer Sandsteinmuseum in einem alten Ackerbürgerhaus informiert über Abbau, Bearbeitung, Transport, Verwendung und Geologie des Sandsteins.
Kontakt: Funkenstiege 5, 48455 Bad Bentheim, 05922/994277, www.sandsteinmuseumbadbentheim.de; Führungen über die Tourist-Information, 05922/98330

Mächtig ragt der Bergfried der Burg Bentheim auf

‣ Otto-Pankok-Museum
Das Museum erinnert an den Kohlezeichner, Karikaturisten und Holzschneider Otto Pankok, der 1936 einen Sommer in Gildehaus verbrachte und zu den „entarteten" Künstlern im Dritten Reich zählte.
Kontakt: Altes Rathaus, Neuer Weg 17, 48455 Bad Bentheim-Gildehaus, 05924/6128, www.pankok-museum.de

‣ Friedrich-Hartmann-Museum
In der ehemaligen Lukasmühle befindet sich das Museum über den Heimatmaler Friedrich Hartmann, der seine Farben aus Mineralien und Erde selbst herstellte.
Kontakt: Am Mühlenberg 1, 48455 Bad Bentheim-Gildehaus, www.friedrich-hartmann-museum.de

‣ Museum am Herrenberg
Gemälde niederländischer Meister aus dem 17. Jahrhundert können hier besichtigt werden.
Kontakt: Am Herrenberg 1, 48455 Bad Bentheim, 05922/9941988

‣ Haus Westerhoff
Künstler und Kunsthandwerker stellen ihre Werke im 1989 bis 1991 restaurierten Haus Westerhoff aus. Es handelt sich um ein Ackerbürgerhaus aus dem Jahr 1656, welches als eines der schönsten der Stadt gilt.
Kontakt: Heeresstraße 1, 48455, Bad Bentheim, 05922/98330

Freizeit & Natur

Freilichtbühne
Die Bentheimer Freilichtbühne liegt in natürlicher Kulisse in drei ehemaligen Steinbrüchen. Hier werden im Sommer Stücke für Kinder und Erwachsene aufgeführt.
Kontakt: An der Freilichtbühne, Geschäftsstelle: Schloßstr. 18, 48455 Bad Bentheim, 05922/994656, www.freilichtspiele-badbentheim.de

Schwimmen
Das Erlebnisbad mit 60-m-Wasserrutsche und Strömungskanal bietet ganzjähriges Badevergnügen im Hallen- und Naturfreibad.
Kontakt: Zum Ferienpark 1, 05922/99945-0, www.badepark-bentheim.de

Wandern
Im Bentheimer Wald kann man auf dem *Walderlebnispfad* und im Hutewald Natur hautnah erfahren. Die *Moor-Route* führt durch das Naturschutzgebiet Gildehauser Venn, eine Moorlandschaft mit Birkenwäldern, Moorweihern, Dünenrücken und besonders artenreicher Fauna. Der *Sandsteinweg* verläuft entlang von Steinbrüchen, Felsen und Sandsteinmauern.

Veranstaltungen & Feste

Das **StoneRock Festival** ist ein Rockfestival, das jedes Jahr im Sommer (Juli/August) von Jugendlichen für Fans von Independent-Rockmusik veranstaltet wird. Hier treten bekannte und weniger bekannte Bands auf.
Das **Stadtschützenfest Bad Bentheim** wird Anfang September eine Woche lang gefeiert. Es gibt Konzerte, Unterhaltung, Königsschießen etc.
Bei der **Musiknacht im Herbst** wird in verschiedenen Kneipen und Lokalen ein vielseitiges Musikprogramm dargeboten, es ist für jeden Geschmack etwas dabei.

Die Gildehauser Ostmühle ist ein beliebtes Ausflugsziel

Bad Waldliesborn

(Kreis Soest)

Bad Waldliesborn (5300 Einwohner), auch liebevoll „Walibo“ genannt, ist ein Stadtteil von Lippstadt im Kreis Soest und liegt in der südöstlichen Münsterländer Parklandschaft. Hier durchfließen Flüsse und Bäche die Felder, Wiesen, Weiden, Wälder, sodass Radfahrer, Spaziergänger, Kanufahrer, Nordic Walker optimale Bedingungen finden. Der Ort ist seit 1974 ein staatlich anerkanntes Thermalsoleheilbad. Auf die Quellen stieß man zufällig bei Probebohrungen nach Steinkohle.

Touristik & Marketing GmbH Bad Waldliesborn
Quellenstraße 72
59556 Bad Waldliesborn
02941/948800
www.lippstadt-badwaldliesborn.de

Sehenswertes

St. Josef

Die katholische Pfarrkirche St. Josef ist eine denkmalgeschützte neobarocke Kirche, sie wurde 1929 bis 1930 erbaut.

Adresse: Parkstraße 21, 59556 Bad Waldliesborn

Der Kurpark in Bad Waldliesborn mit Pavillon

Freizeit & Natur

▸ Golf
Der Golfclub Lippstadt e.V. verfügt über eine 27-Loch-Golfsportanlage in reizvoller landschaftlicher Umgebung.
Kontakt: Wiesenhausweg 14, 59555 Lippstadt, ✆ 02941/810110, 🌐 www.gc-lippstadt.de

▸ Radfahren
Die südöstliche Münsterländer Parklandschaft lässt sich herrlich mit dem Fahrrad erkunden, zahlreiche Rundwege gibt es von Bad Waldliesborn ausgehend, z. B. die *Römer-Lippe-Route* zwischen Detmold und Xanten.
Informationen: 🌐 www.roemerlipperoute.de

▸ Thermalsolebad
Die Walibo Therme ist eine der größten Natursolethermen in Nordrhein-Westfalen. Sie verfügt über zwei Außenbecken und drei Innenbecken. Die Thermalsole in Bad Waldliesborn ist besonders kohlensäure-, jod- und eisenhaltig. In der großen Saunalandschaft mit verschiedenen Saunen und großem Saunagarten mit Ruheplätzen kann man Kraft tanken und Erholung finden.
Kontakt: Quellenstraße 60, 59556 Lippstadt-Bad Waldliesborn, ✆ 02941/800-1253, 🌐 www.walibo-therme.de

Veranstaltungen & Feste

30. April: Traditionelles **Maibaumaufstellen** auf dem Kurhausvorplatz mit dem Kurorchester, anschließend Tanz in den Mai.
Mai: Ein **mittelalterliches Dorffest** mit Markt und Heerlager im Kurpark Bad Waldliesborn.
Juli: Bad Waldliesborner **Schützenfest** auf dem Schützenplatz.
September: **Folk im Park** an der Konzertmuschel im Kurpark für Liebhaber der irischen und schottischen Folkmusik.

Beckum

(Kreis Warendorf)

Beckum (36 700 Einwohner), seit 1124 im Besitz der Stadtrechte, liegt inmitten der Beckumer Berge. Ehemalige Steinbrüche bilden heute beliebte Naherholungsgebiete. Industriell ist Beckum bis heute durch die Zementproduktion geprägt, die im 19. Jahrhundert ihren Anfang nahm. Die Stadt entwickelte sich zu einem der größten Zementreviere der Welt. Zwei Zementwerke sind noch aktiv. Die Beckumer feiern gern ihre fast 500-jährige Karnevalstradition in der 5. Jahreszeit. Das Brauhaus Stiefel-Jürgens ist das älteste in Westfalen. Denn hier wird schon seit 1680 Bier gebraut.

Stadtmarketing Beckum
Weststraße 41–43
59269 Beckum
✆ 02521/291703
🌐 www.beckum.de

Sehenswertes

▸ Historisches Rathaus
Am Marktplatz befindet sich das Alte Rathaus von 1441 mit Treppengiebeln und Arkaden, welches das Stadtmuseum beherbergt.
Adresse: Markt 1, 59269 Beckum

▸ Propsteikirche St. Stephanus und Sebastian
Ihre erstmalige urkundliche Erwähnung als Pfarre hat die Propsteikirche 1134, sie gehört zu den Urpfarren des Münsterlandes und zählte zu den vier bischöflichen Kaplaneien. Sehr wertvoll ist der Reliquienschrein (Prudentiaschrein). Zwölf große Kirchenglocken lassen täglich um 11.45 und 17.45 Uhr Melodien erklingen.
Adresse: Clemens-August-Straße 25, 59269 Beckum

▸ Kreisständehaus
Das Kreisständehaus mit der Parkanlage Westenfeuermarkt ist ein neugotischer Gebäudekomplex von 1886 mit prunkvoller Innengestaltung. Es diente u. a. als Wohnung des Landrates, als Beckum Verwaltungszentrum war.
Adresse: Weststraße 57,
59269 Beckum

▸ Dormitorium
Vom ehemaligen Kloster Maria Blumenthal (1446–1814) besteht nur noch das Dormitorium, in dem sich heute ein Heimatarchiv befindet.
Kontakt: Heimat- und Geschichtsverein Beckum e. V., Stefan Wittenbrink, ☎ 02521/824222, 🌐 www.heimatverein-beckum.de

▸ Höxbergmühle
Bei der sanierten Windmühle auf dem Höxberg handelt es sich um einen Erdholländer aus dem Jahr 1853. Die funktionsfähige Mühle ist ein Wahrzeichen der Gegend und kann nach Absprache besichtigt werden.
Kontakt: Unterberg II 33, 56269 Beckum, Heimat- und Geschichtsverein Beckum e. V., Hubertus Lütke, ☎ 02521/17239

Museen

▸ Stadtmuseum
Das Museum präsentiert die Stadtgeschichte Beckums, außerdem werden ein Tante-Emma-Laden, eine Wohnküche und ein Karnevalszimmer ausgestellt.
Kontakt: Markt 1, 59269 Beckum, ☎ 2521/29-264

▸ Museumsschmiede Galen (Kolpinghaus)
In der denkmalgeschützten Schmiede Galen neben der Stephanuskirche können Schmiedevorführungen besucht werden.
Kontakt: Clemens-August-Straße 10, 59269 Beckum, ☎ 02521/3412, 🌐 www.heimatverein-beckum.de

▸ Zementmuseum
Seit wann, wie und wofür wurde in Beckum Zement hergestellt? Welche Vorteile entstanden daraus für die wirtschaftliche Entwicklung? Die Antworten auf diese Fragen erhält man im Zementmuseum in der Köttings-Mühle.
Kontakt: Hammer Straße 12, 56269 Beckum, 🌐 www.zement-museum.de

Freizeit & Natur

▸ ☺ Aktivpark Phoenix
Im Aktivpark hat man die Wahl zwischen vielen Freizeitaktivitäten wie z. B. Skateboardfahren, Angeln, Discgolfspielen, Klettern, Basketballspielen.
Kontakt:
Discgolf: TV Beckum, Abteilung Discgolf, Christian Morisse, ☎ 0170/9995070, 🌐 www.tv-beckum.de
Angeln: Angelsportverein Holter e. V., Wilhelm Holtermann, Regelkamp 17, 59269 Beckum
Klettern: DAV, Sektion Beckum, Geschäftsstelle: Lönkerstraße 18, 59269 Beckum, ☎ 02521/28273

▸ ☺ Freizeitsee Tuttenbrock
Aus einem Kalksteinbruch ist ein wunderschöner Badesee entstanden, der einlädt zum Wasserskifahren, Baden, Wandern und Entspannen.
Kontakt:
Wasserskianlage: TwinCableBeckum, Am Tuttenbrocksee 7, 59269 Beckum, ☎ 02521/8214844, 🌐 www.twincable-beckum.de
Angeln: Sportfischereiverein Beckum e. V., Andreas Ahlers, ☎ 05245/8479941, 0177/2148070

Das am Marktplatz gelegene Beckumer Stadtmuseum

Höxberg
Beckums Höhepunkt bildet mit 162 m der Höxberg mit seinem Panoramablick. Eine Schießanlage, ein Tiergehege, eine Voliere, eine Windmühle und Einkehrmöglichkeiten ziehen viele Ausflügler an.

Schwimmen
Zwei Freibäder und ein Hallenbad bieten ganzjähriges Bade- und Schwimmvergnügen.
Kontakt:
Freibad Beckum, Dalmerweg 44, 59269 Beckum, 02521/950362
Freibad Neubeckum, Graf-Galen-Straße 12, 259269 Beckum, 02525/2962
Hallenbad, Paterweg 4, 59269 Beckum, 02521/950361

Radfahren
Folgt man dem *Werse Rad Weg* oder der *Beckumer Zementroute*, lernt man die Umgebung und die Naherholungsgebiete, die aus ehemaligen Steinbrüchen entstanden, kennen. Sie sind Zeugnis der in Beckum angesiedelten Zementindustrie.
Informationen: www.werseradweg.de

Wandern
Im Naturschutzgebiet Vellerner Brok kann man vom Wanderparkplatz in Vellern auf Wanderwegen in die Bauerschaft Hoest und zum Hohen Hagen gelangen.

Veranstaltungen & Feste

Der **Beckumer Karneval** ist weithin bekannt, von Weiberfastnacht bis Klingelgelddienstag sind in der ganzen Stadt die Narren los.
Das **Stadtfest in Neubeckum** wird immer am ersten Juniwochenende abgehalten.
Am ersten Septemberwochenende findet das **Beckumer Stadtfest**, die **„Pütt-Tage"**, statt, die an die „Beckumer Anschläge" erinnern. Dabei handelt es sich um närrische Geschichten ähnlich den Schildbürgerstreichen.

Beelen

(Kreis Warendorf)

Beelen (6300 Einwohner) ist die kleinste eigenständige Gemeinde im Kreis Warendorf und durch seine Lage in der Münsterländer Parklandschaft ein geeigneter Ausgangspunkt für ausgedehnte und abwechslungsreiche Radtouren. Im Jahr 920 wurde in Beelen die erste Kirche eingeweiht.

Gemeinde Beelen
Warendorfer Straße 9
48361 Beelen
02586/8870
www.beelen.de

Sehenswertes

Fachwerkhäuser
Das denkmalgeschützte Fachwerkhaus Haus Heuer in der Gartenstraße 18 stammt laut Inschrift aus dem Jahr 1711. Das Vierständerhaus hat viele An- und Umbauten erfahren. Weitere denkmalgeschützte Fachwerkhäuser befinden sich in der Letter Straße 1, 8 und am Kirchplatz 4. Das Kötterhaus hat die Adresse Hörster 27.

Freizeit & Natur

Wandern & Radfahren
Der *Kerkherrenweg* ist eine Rundwanderstrecke (22 km) vom Kloster Clarholz zu den Pfarrkirchen von Beelen und Lette. Der Name nimmt Bezug auf die Verbindung des Prämonstratenserklosters Clarholz zu den beiden Kirchen. Auch mit dem Fahrrad macht der Rundwanderweg Spaß. Darüber hinaus lädt die Münsterländer Parklandschaft dazu ein, sie mit dem Rad zu durchfahren und zu genießen, z. B. auf der Route *Rund um Beelen* (25 km).

Veranstaltungen & Feste

Beim Open-Air-Festival „Krach am Bach“ in Beelen (meist am 1. Augustwochenende) gibt es einen Mix aus Underground-Sounds und dröhnenden Gitarren. Das Festival ist eine Benefizveranstaltung. Am 2. Juliwochenende geht es beim Schützenfest fröhlich zu.

Billerbeck

(Kreis Coesfeld)

Die typisch münsterländische Kleinstadt Billerbeck (11 500 Einwohner) verzaubert seine Besucher mit seinen kleinen Gassen und Speicherhäuschen. In diesem Erholungs- und Wallfahrtsort inmitten der Baumberge kann man die münsterländische Lebensart entdecken und die repräsentativen Sandsteingebäude der Stadt bestaunen.

Tourist-Information Billerbeck
Markt 1
48727 Billerbeck
02543/7315 o. 7373
www.billerbeck-muensterland.de

Sehenswertes

Rathaus
Das als historisch bezeichnete Rathaus von 1892 aus Baumberger Sandstein mit neugotischer Fassade ist eigentlich das neue Rathaus. Denn das tatsächlich historische Rathaus (1697) musste dem Bau des Ludgerus-Doms weichen.
Adresse: Markt 1, 48727 Billerbeck

Richthof
Der Richthof war ein fürstbischöflicher Amtshof und wurde erstmals 1217 erwähnt.

Die hoch aufragenden Türme des Ludgerus-Doms sind ein Wahrzeichen von Billerbeck

Anstelle des früheren Richthofs wurde im 15. Jahrhundert eine Burg errichtet. Bis 1803, als das Fürstbistum Münster aufgehoben wurde, residierte hier der Stadtrichter. Das heutige Gebäude mit Gräfte stammt von 1820 und ist im privaten Besitz.
Adresse: Mühlenstraße 34, 48727 Billerbeck

▸ Ludgerus-Dom
Die Propsteikirche St. Ludgerus wurde in den Jahren 1892 bis 1898 von dem Münsteraner Architekten Wilhelm Rincklake als neugotische Basilika erbaut. Ihr musste das alte Rathaus weichen, da an dieser Stelle der Überlieferung nach der heilige Liudger am 26. März 809 gestorben sein soll.
Adresse: Markt, 48727 Billerbeck

▸ Johanniskirche
St. Johann ist eine alte Stadt- und Archidiakonatskirche und gehört zu den bedeutendsten spätromanischen Kunstdenkmälern in Westfalen. Ihr Grundstein wurde 1234 gelegt, 1425 wurde sie im gotischen Stil umgebaut.
Adresse: Johanniskirchplatz, 48727 Billerbeck

▸ Haus Beckebans
Es ist einer der schönsten und ältesten Profanbauten mit einem Renaissance-Giebel und Backsteinfassade mitten in Billerbeck. Das Haus Beckebans (erstmalig erwähnt 1409) stellt einen Übergangstyp zwischen städtischem Adelshof und reichem Bürgerhaus dar.
Adresse: Münsterstraße 6, 48727 Billerbeck

Archidiakonatsgebäude
Bis 1825 war das Bistum Münster in kirchliche Verwaltungseinheiten, sogenannte Archidiakonate eingeteilt. Ein Archidiakon hatte seinen Sitz in Billerbeck. Der Sandsteinbau, in dem der Archidiakon residierte, stammt aus dem frühen 16. Jahrhundert. Das Gebäude befindet sich in Privatbesitz.
Adresse: Johanniskirchplatz 11, 48727 Billerbeck

Kloster Gerleve
Wenige Kilometer außerhalb der Stadt Billerbeck erhebt sich eindrucksvoll die Benediktinerabtei. 1899 von der Erzabtei Beuron im Donautal gegründet, wurden bis 1904 Abteikirche und Westflügel des Klosters nach Plänen von Wilhelm Rincklake erbaut.
Adresse: Gerleve 1, 48727 Billerbeck

Kolvenburg
Die frühere Wasserburg stammt aus dem 15./16. Jahrhundert. Zuvor hatten Billerbecker Richter an dieser Stelle eine Burg errichtet (13. Jahrhundert). Das Herrenhaus ist typischer Wohnsitz des niederen Adels im Münsterland. Heute wird die Kolvenburg als Kulturzentrum des Kreises Coesfeld genutzt.
Adresse: An der Kolvenburg 3, 48727 Billerbeck, www.kolvenburg.de

Freizeit & Natur

Berkelaue
Das Naturschutzgebiet Berkelaue und der Flusslauf fast mitten durch die Stadt bilden einen attraktiven Erholungsbereich mit Wander- und Radwegen, Auen und Ruhezonen. Die Berkel wurde im Billerbecker Stadtgebiet renaturiert und damit teilweise in ihr altes Flussbett zurückverlegt.

Freilichtbühne
Eingebettet in die Anhöhen der Baumberge, befindet sich das Bühnengelände in einem ehemaligen Sandsteinbruch und ist von Laubwald umgeben. Ein Sommerprogramm sowie ein Winterprogramm bietet die Freilichtbühne jährlich ihren Zuschauern und Zuschauerinnen.
Kontakt: Weihgarten 17, 48727 Billerbeck, 02543/1020, www.freilichtbuehne-billerbeck.de

Schwimmen
Das denkmalgeschützte, aber technisch moderne Freibad Billerbeck verfügt über ein 50-m-Becken sowie Springer- und Kinderbecken. Die großzügige Grünanlage bietet genügend Platz zum Ausruhen.
Kontakt: Osterwicker Straße, 48727 Billerbeck, 02543/1001

Wandern & Radfahren
Billerbeck ist der ideale Ausgangspunkt, um Wanderungen und Radtouren in die Baumbergen zu unternehmen. Zehn Rundwanderwege sowie der Premiumwanderweg *Ludgerusweg* bieten verschiedene Strecken. Auf der *Sandsteinroute* kann das Thema Sandstein in den Baumbergen erlebt werden. Weitere örtliche Routen führen durch die sanften Hügel der Baumberge.

Veranstaltungen & Feste

Der traditionelle **Karnevalsumzug** zieht an Altweiberfastnacht durch die Billerbecker Straßen, die von Tausenden Narren gesäumt werden.
Am letzten Wochenende im April findet auf dem Platz hinter dem Rathaus drei Tage lang die **Billerbecker Kirmes** statt. Parallel dazu gibt es rund um die Johanniskirche jede Menge Lesestoff auf dem **Büchermarkt**.
Dem heiligen Ludgerus ist der Name **„Gans Billerbeck“** geschuldet: An einem Sonntag im Juni gibt es einen Gänsemarsch mit echten Gänsen vom Ludgerus-Dom zur Johanniskirche und einen Kleintiermarkt auf dem Johanniskirchplatz.

Am dritten Septemberwochenende sorgt das **Stadtfest** auf der Domplatte mit Livemusik für gute Stimmung.
Am **Kerzenscheinsamstag** Anfang November erleuchten Tausende Kerzen die historische Altstadt und es gibt Attraktionen rund um das Thema Licht.

Bocholt

(Kreis Borken)

Bocholt (71 100 Einwohner) liegt im westlichen Münsterland und ist die größte Stadt des Kreises Borken. Die Nähe zu den Niederlanden und zum Niederrhein bietet kulturinteressierten und aktiven Besuchern viel Abwechslung. Im Jahr 779 wurde „Bohholz“ zum ersten Mal erwähnt, 1222 erhielt es die Stadtrechte. Mit der Industrialisierung bekam die Textilindustrie in Bocholt eine große Bedeutung, ein wirtschaftlicher Aufschwung sowie ein kräftiger Bevölkerungsanstieg gingen mit ihr einher. Sie wurde in der zweiten Hälfte des 20. Jahrhunderts durch die Elektro- und Metallindustrie abgelöst.

Tourist-Info Bocholt
Nordstraße 14
46399 Bocholt
02871/5044
www.bocholt.de

Der Aasee ist ein beliebtes Freizeit- und Naherholungsgebiet in Bocholt

Sehenswertes

Historisches Rathaus und Europabrunnen
Erbaut 1618 bis 1624 im Stil der niederländischen Renaissance steht das Historische Rathaus quer und nicht mit der Giebelseite zum Markt. Früher wurde es als Wache, Fleischhalle, Waage und Gericht genutzt, heute als Standesamt. Vor dem Rathaus steht seit 1972 (zur 750-Jahrfeier) der Europa-Brunnen, eine Stahlplastik von Friedrich Werthmann.
Adresse: Markt 1, 46399 Bocholt

Pfarrkirche St. Georg
St. Georg ist die erste Pfarrkirche der Stadt und gilt aufgrund von Größe und Ausgestaltung als einer der bedeutendsten Kirchenbauten Westfalens. Die Grundsteinlegung erfolgte 1415.
Adresse: Sankt-Georg-Platz 1, 46399 Bocholt

Pfarrkirche Liebfrauen
Die katholische Pfarrkirche, eine ehemalige Klosterkirche der Minoriten, wurde 1785 bis 1792 im spätbarocken Stil erbaut und später erweitert.
Adresse: Langenbergstraße 25, 46397 Bocholt

Schloss Diepenbrock
Das Schloss im Stadtteil Barlo ist ein alter Rittersitz (1326) und wurde zwischen dem 15. und 17. Jahrhundert erbaut. Der Schlosspark beeindruckt durch seltenen Baumbestand. Nur Außenbesichtigung möglich.
Adresse: Schlossallee 1, 46397 Bocholt

Neues Rathaus
Das moderne Rathaus am Berliner Platz entstand in den 1970er-Jahren. Der Architekt Gottfried Böhm erhielt dafür den Pritzker-Preis (Architekturpreis).
Adresse: Berliner Platz 1, 46395 Bocholt

Museen

LWL-Industriemuseum-TextilWerk
Die „Museumsfabrik" mit Weberei und Spinnerei nach historischen Vorbild informiert über Geschichte und Gegenwart des Textilen. Hier erfährt man etwas über historische und moderne Technik, Modedesign und internationale Textilkunst. Ein Besuch der benachbarten Weberei ist möglich, es gibt kostenlose Führungen durch die Spinnerei.
Kontakt: *Weberei,* Uhlandstraße 50, 46397 Bocholt; *Spinnerei,* Industriestraße 5, 46395 Bocholt, 02871/21611-0, www.lwl.org

Handwerksmuseum Bocholt
Im alten Fachwerkhaus aus dem Jahr 1770 befinden sich historische Handwerkszeuge, die der Tischlermeister Walter Dues jahrzehntelang gesammelt hat. Vertreten sind 34 Handwerksberufe. Hier ist es auch möglich, Kindergeburtstage zu feiern.
Kontakt: Köcherstraße 4, 46395 Bocholt, 02871/15426 oder 182346, www.bocholter-handwerksmuseum.de

Stadtmuseum Bocholt
In dem Museum zur Geschichte und Kultur Bocholts können geologische und archäologische Funde, volkskundliche Exponate (Dokumentationen über die Entwicklung Bocholts, die Kunstsammlung des Kupferstechers Israhel van Meckenem, künstlerischer Nachlass des Bühnenbildners Josef Fenneker) besichtigt werden.
Kontakt: Osterstraße 66, 46397 Bocholt, 02871/184579, www.stadtmuseum-bocholt.de

Schulmuseum
200 Jahre Schulgeschichte des St.-Georg-Gymnasiums mit Präsentation von Lehr- und Lernmaterialien und einer Schulraum-

Für festliche Stimmung sorgt der Weihnachtsmarkt vor dem Historischen Rathaus

inszenierung nach historischem Vorbild sind hier zu sehen.
Kontakt: St. Georg-Gymnasium, Adenauerallee 1, 46399 Bocholt, ✆ 02871/2391480

Freizeit & Natur

▸ ☺ Aasee
Das Naherholungsgebiet mit bewachter Badebucht, Surfbucht, Minigolf-, Spiel- und Fußballplätzen, Freizeithalle, Tiefseilgarten u. v. m. erfreut sich großer Beliebtheit. Auch Segeln, Rudern und Surfen sind hier möglich.

▸ Kanutouren
Natur pur erlebt man bei einer Kanutour auf der Aa.
Kontakt: My Kanutours & More, ✆ 02801/9844058, 🌐 www.my-kanutours.de

▸ Kartfahren
Die Cockpit-Kartarena für Indoor und Outdoor bietet Kartfans rasanten Spaß.
Kontakt: Robert-Bosch-Straße 25, 46397 Bocholt, ✆ 02871/2394144 o. 0163/8899419, 🌐 www.cockpit-kartarena.de

▸ Radfahren
Durch Deutschlands fahrradfreundlichste Stadt führen zahlreiche Radrouten, wie die *Aa-Route*, die *100 Schlösser Route*, die *Hohe Mark RadRoute* und die *Flamingoroute*.
Informationen: 🌐 www.flamingoroute.com, 🌐 www.100schloesserroute.de, 🌐 www.hohemarkradroute.de,

▸ Schlauchboot-Touren
Abenteuer und Spaß erlebt man in großen Funboats auf der Aa: von Rhede bis in die Bocholter Innenstadt. Anmeldung über die Tourist-Info in Bocholt.
Kontakt: Tourist-Info, ☏ 02871/5044

▸ ☺ Schwimmen & Sauna
Die Wasserwelt mit verschiedenen Innen- und Außenbecken sowie die abwechslungsreiche Saunalandschaft des Inselbads Bahia laden in karibischem Ambiente zur Entspannung ein.
Kontakt: Hemdener Weg 169, 46399 Bocholt, ☏ 02871/272660, 🌐 www.bahia.de

▸ ☺ Stadtwald
Die grüne Lunge Bocholts mit Tierpark, Spielplatz, Rodelberg und Gastronomie zieht Ausflügler an.
Adresse: Wiener Allee/Auf dem Genting/Rennsteig, 46397 Bocholt

Veranstaltungen & Feste

Der **Bocholter Rosenmontagsumzug** ist einer der größten im Münsterland und wird jährlich von 100 000 Narren und Närrinnen mit „Bokelt helau!“ bejubelt.
Am dritten Oktoberwochenende wird die **Bocholter Kirmes** auf dem Berliner Platz gefeiert.
Im Dezember verzaubert der **Weihnachtsmarkt** vor dem historischen Rathaus die Bocholter Innenstadt mit Lichterglanz und Weihnachtsduft.

Borken

(Kreis Borken)

Die Stadt Borken (43 400 Einwohner) liegt im Westmünsterland und grenzt an die Niederlande. Die Kreisstadt blickt auf eine rund 790 Jahre alte Geschichte zurück, wovon man sich bei der Besichtigung der Herren- und Bürgerhäuser, der mittelalterlichen Stadttürme und Kirchen überzeugen kann.

Tourist-Info Borken
Markt 15
46325 Borken
☏ 02861/939252
🌐 www.borken.de

Sehenswertes

▸ Wasserburg Gemen
Das Wasserschloss Gemen ist über 900 Jahre alt und von einer großen Gräfte umgeben. Bauherren waren die Edelherren zu Gemen. 1822 ging es durch Verkauf an Johann Ignatz Franz von Landsberg-Velen und ist noch heute im Besitz der Familie. Allerdings hat das Bistum Münster die Burg seit 1946 gepachtet und hier eine Jugendbildungsstätte eingerichtet. Der Außenbereich kann besichtigt werden.
Adresse: Schloßplatz 1, 46325 Borken

▸ Herrenhaus Pröbsting
Das heutige Wasserschloss stammt aus dem 13. Jahrhundert und war damals Rittergut und Adelssitz. Heute ist es Teil des Freizeitparks Pröbstingsee.
Adresse: Pröbstinger Allee 14, 46325 Borken-Hoxfeld

▸ Mittelalterliche Stadttürme
In Borken stand eine romanische Burg aus dem Jahr 1263. Von der Burgmauer sind

noch Reste vorhanden. Ferner gibt es fünf mittelalterliche Stadttürme:
Der **Diebesturm** (1326–1433) war von 1815 bis 1908 das Borkener Stadtgefängnis.
Der **Kuhmturm** neigt sich schon seit langer Zeit bis zu 60 cm aus dem Lot. Er wurde 1978/79 restauriert und ist der Versammlungsraum der Nachbarschaft Butenstadt.
Der **Wedemhoveturm** wird allgemein Künstlers Turm genannt und vom Natur- und Vogelschutzverein sowie für kleinere Kunstausstellungen genutzt.
Der **Windmühlenturm** wurde als städtische Windmühle zu Beginn des 17. Jahrhunderts ausgebaut, 1869 zerstörte ein Wirbelwind die Flügel, 1979/80 wurde er restauriert und befindet sich heute in Privatbesitz.
Der **Holkensturm** war zeitweise Wohnung des Stadtkommandanten und wurde 1834 von der Stadt verkauft. Seit 1988 ist der Turm wieder Eigentum der Stadt und wird als Tagungsstätte der SPD und kleines Kommunikationszentrum genutzt.

▸ Propsteikirche St. Remigius
Die ursprüngliche Holzkirche wurde, nachdem sie zu klein war, 1160 in eine Kirche im romanischen Stil umgebaut.
Adresse: Remigiusstraße, 46325 Borken

▸ Pfarrkirche zur unbefleckten Empfängnis
Die Kirchen- und Klosteranlage der katholischen Pfarrkirche zur unbefleckten Empfängnis im Münsterländischen Barock, ehemals Franziskanerkirche und Kloster, gehört zu den wenigen im Münsterland erhaltenen städtischen Klöstern. Auch die Ausstattung ist fast komplett erhalten.
Adresse: Rhedebrügger Straße 61, 46325 Borken

▸ Klosterkirche Mariengarden
Die Kirche wurde in ihren Grundzügen im Jahr 1220 erbaut, die Pfarrrechte bekam die Ursprungskapelle 1242. Die angegliederten Klostergebäude mitsamt der Kirche wurden 1921 von den Hünfelder Oblaten übernommen, seit 1969 befindet sich dort ein anerkanntes Gymnasium.
Adresse: Vennweg 6, 46325 Borken-Burlo,
🌐 www.mariengarden.de

Die Bockwindmühle in Borken-Weseke stammt ursprünglich aus Sachsen und kam über Bayern ins Münsterland

▸ Ackerbürgerhaus Grave
Der Heimatverein Gemen e.V. nutzt das ehemalige Wohn- und Wirtschaftshaus aus dem 17./18. Jahrhundert, das ursprünglich ein Fachwerkhaus war.
Adresse: Achter de Waake 13, Borken-Gemen

Museen

▸ FARB (Forum Altes Rathaus Borken)
Das FARB ist Kulturort und Stadtmuseum im historischen Zentrum Borkens. Kunst, Kultur,

Tourismus und Veranstaltungen bündeln sich in den Gebäuden des alten Rathauses und der angrenzenden Heilig-Geist-Kirche. Stadtgeschichte als Dauerausstellung und wechselnde Ausstellungen zeitgenössischer Kunst werden hier präsentiert. In der Druckwerkstatt wird über die Entwicklung der künstlerischen Druckgrafik im deutsch-niederländischen Grenzraum informiert.
Kontakt: Markt 15, 46325 Borken,
☏ 02861/939252,
🌐 www.forumaltesrathaus.borken.de

▸ **Heimathaus Weseke**
Das Heimathaus mit geologischem Garten und Apothekergarten zeigt das ländliche Leben in Borken vor rund 200 Jahren.
Kontakt: Hans-Sachs-Straße 16, 46325 Borken; Besichtigungen über den Weseker Heimatverein e. V.,
🌐 www.weseker-heimatverein.de

▸ **Heimathaus Marbeck**
Eine ständige Ausstellung zeigt alte landwirtschaftliche Arbeitsgeräte, Holz- und Bastelarbeiten, Spinnstube und Begegnungsstätte.
Kontakt: Schulstraße 1 b, 46325 Borken-Marbeck,
☏ 02867/490

Freizeit & Natur

▸ **Freizeit- und Erholungspark PröbstingSee**
Rund um den künstlichen Stausee in Borken-Hoxfeld bieten sich eine Vielzahl von Aktivitäten an: Wanderwege von insgesamt 11 km Länge umrunden den Stausee und den Badesee und führen durch das Waldgebiet Pröbstinger Busch. Der *Planetenweg* führt auf 6 km durch eine maßstabsgetreue Modelllandschaft des Sonnensystems. Im Kletterwald gibt es neun verschiedene Kletterparcours. Der Badesee mit Sandstrand und Liegewiese lädt zum (Sonnen-)Baden ein. Beim Bootssteg mit Kiosk besteht die Möglichkeit, Ruderboote, Paddelboote und Tretboote auszuleihen.

Auf dem Kommiesenpatt beiderseits der Grenze lässt es sich herrlich wandern

Kontakt:
Kletterwald Borken, Pröbstinger Busch 16, 46325 Borken, 02861/604330, www.kletterwald-borken.de
Bootshaus am Pröbstingsee, Pröbstinger Allee 11, 46325 Borken, 02861/9029494, www.bootshaus-proebstingsee.de

Garten Picker

Im wunderschöne Staudengarten im Stadtteil Weseke können fast 1300 Pflanzenarten sowie ein Bauern- und Kräutergarten, Rosen und Staudenbeete, Teiche und Wasserspiele bewundert werden. Von Ende August bis Mitte Oktober finden donnerstags Lichterabende statt.
Kontakt: Angelika und Berthold Picker, Eschwiese 2, 46325 Borken-Weseke, 02862/700041, www.garten-picker.de

Josef-Bresser-Sternwarte

Hier steht das bisher größte serienmäßig gebaute Teleskop. Beobachtungsabende des Mondes, der Planeten und Sterne finden jeden Donnerstag statt, weiterhin gibt es interessante und lehrreiche Vorträge.
Kontakt: Sternfreunde Borken e.V., Auf Kruse Bömken 21, 46325 Borken-Hoxfeld, 02861/805881, www.josef-bresser-sternwarte.de; Anmeldung unter 02861/64840 (Günther Strauch)

Naturschutzgebiet Burlo-Vardingholter Venn

Das Moor- und Heidegebiet besucht man am besten zu Fuß oder mit dem Rad. Durch das Naturschutzgebiet verläuft die deutsch-niederländische Grenze und es gibt Tier- und Pflanzenarten, die nur in dem (wahrscheinlich) 4500 Jahre alten Moor leben.

Planwagenfahrten

Mit zwei PS durch die Landschaft fahren, das erlebt man bei einer Planwagenfahrt.
Kontakt:
Familie Schöttler, Große Heide 18, 46325 Borken, 02861/823545
Hochzeits-, Kutsch-und Planwagenfahrten Max Lütjann, Teveskamp 2, 46325 Borken-Gemen, 0175/5313422

Salzgrotte Gemen

In der Salzgrotte wird ein der Natur nachempfundenes Klima durch Steinsalz und Salz vom Toten Meer erzeugt und führt zu Ruhe und Entspannung.
Kontakt: Ahauser Straße 119, 46325 Borken-Gemen, 02861/9249949, www.sport-reha-zentrum.de

Schwimmen & Sauna

Das Freizeitbad Aquarius mit Wildwasserkanal, Wasserfall, Riesenrutsche, Außenbereich, Solebecken und Saunawelt bietet für jede Wasserratte das Richtige.
Kontakt: Parkstraße 20, 46325 Borken, 02861/935-0, www.aquarius-borken.de

Segelfliegen & Ballonfahren

Der Sportlandeplatz in Hoxfeld bietet allen Freunden der Lüfte Flugmöglichkeiten an.
Kontakt: *Luftsportverein Borken/Westf. e.V.,* Zum Flugplatz 19, 46325 Borken-Hoxfeld, 02861/2046, www.lsvborken.de
Ballonsportgruppe Borken e.V., 0151/59000083, www.ballonsportgruppe-borken.de

Veranstaltungen & Feste

Wenn die farbenfrohen Maitremsen über den Straßen der Innenstadt hängen, beginnt mit der **Maitremsenfeier** im April die Saison der Outdoor-Events. Neben traditionellen Anlässen wie den **Schützenfesten** im August, **Nikolausumzug** und **Weihnachtsmarkt** gibt es bei **Borken That's Live** im Mai Life Acts auf den Plätzen und in der Fußgängerzone. Das **Stadtfest** steigt im September.

Coesfeld

(Kreis Coesfeld)

Im Jahr 1197 bekam Coesfeld von Bischof Hermann II. von Katzenelnbogen von Münster die Stadtrechte übertragen und blickt damit auf eine über 800-jährige Stadtgeschichte zurück. Neben zahlreichen Industriebetrieben, die sich in Coesfeld angesiedelt haben, ist die Stadt als Kreisstadt seit über 200 Jahren Verwaltungsstandort. Die Stadt Coesfeld (36 100 Einwohner) liegt im Westmünsterland, nördlich des Naturparks Hohe Mark, am Ende der Baumberge.

Stadtmarketing Verein Coesfeld & Partner e. V.
Markt 8
48653 Coesfeld
02541/939-1017
www.coesfeld.de

Sehenswertes

St. Lamberti mit Coesfelder Kreuz
Die nach dem heiligen Lambertus benannte Kirche ist wie die nur wenig jüngere Jakobikirche eine der beiden alten Innenstadtpfarrkirchen Coesfelds. Im Inneren befindet sich das Coesfelder Kreuz, ein Gabelkreuz aus dem 14. Jahrhundert. Es wird besonders bei den Kreuzprozessionen zu Pfingsten und an Kreuzerhöhung im September verehrt.
Adresse: Markt 18, 48653 Coesfeld

Evangelische Kirche am Markt
1673 erfolgte die Grundsteinlegung der Kirche. Sie bildete das Kernstück einer Jesuitenniederlassung. Seit 1969 befindet sich die Kirche am Markt im Besitz der evangelischen Kirchengemeinde.
Adresse: Am Markt, 48653 Coesfeld

St. Jakobi
Die ursprünglich bischöfliche Kapelle wurde noch vor 1258 Pfarrkirche. 1945 durch Bomben völlig zerstört, wurde der Ziegelbau im neuromanischen Stil neu errichtet. Aus den Trümmern konnte der romanische Triumphbogen (13. Jh.) geborgen werden. Er gehört zu den schönsten Werken romanischer Baukunst.
Adresse: Kellerstr. 1, 48653 Coesfeld

Ehemalige Synagoge
Während des Novemberpogroms 1938 wurde die Zerstörung der Synagoge verhindert, sodass sie eines der wenigen Bauwerke dieser Art in Westfalen ist. Heute dient sie als Ort des Gedenkens.
Adresse: Weberstraße 7, 48653 Coesfeld

Walkenbrückentor
Das Tor ist Teil der mittelalterlichen Stadtbefestigung aus der ersten Hälfte des 14. Jahrhunderts (1339). Stadttor und Pulverturm wurden noch in den letzten Kriegstagen des Zweiten Weltkrieges schwer beschädigt. Das Tor ist das einzige noch erhaltene von ehemals fünf Stadttoren. Es beherbergt das Stadtmuseum.
Adresse: Mühlenplatz 3, 48653 Coesfeld

Pulverturm
Der runde, zweigeschossige Turm aus dem 14. Jahrhundert aus Backstein war ebenfalls Teil der Stadtbefestigung und ist heute das Domizil des Coesfelder Heimatvereins. Eine Außenbesichtigung ist möglich.
Adresse: Heimatverein Coesfeld e. V., Schützenring 38, 48653 Coesfeld,
www.heimatverein-coesfeld.de

Bischofsmühle
Sie zählt zu den ältesten Wassermühlen des Westmünsterlandes. 1214 bis 1594 gehörte sie dem Bischof zu Münster und ging später in Privatbesitz über. Das Gebäude diente bis

zum Ersten Weltkrieg als Getreidemühle. Die an der linken Uferseite des Honigbaches gelegene Mühle hat heute noch ein Wasserrad und drei Stauteiche. Führung möglich, Terminvereinbarung über das Stadtmarketing.
Adresse: Bischofsmühle 10, 48653 Coesfeld

▸ Anna-Katharina-Emmerick-Haus
Das Geburtshaus der Mystikerin des Münsterlandes (1774–1824) liegt in der Bauerschaft Flamschen. Sie wuchs in einfachen Verhältnissen auf, trat später in das Augustinerinnenkloster in Dülmen ein und trug die Stigmen der Wundmale Christi. In den Augen ihrer zeitgenössischen Verehrer war sie eine Heilige. Der Dichter Clemens von Brentano zeichnete ihre Visionen auf. 2004 wurde Anna Katharina in Rom seliggesprochen. Besichtigung nur nach Voranmeldung bei Familie Steens, ✆ 02541/4461.
Adresse: Flamschen, 48653 Coesfeld

▸ St. Johannes Lette
Die neuromanische Kirche wurde 1914 eingeweiht, nachdem die aus dem 15. Jahrhundert stammende Pfarrkirche zu klein wurde. Aus der alten Kirche wurden Heiligenfiguren wie die Doppelmadonna und Johannes der Täufer, die Pieta, ein Taufstein aus dem Jahr 1890, die drei Glocken aus dem 17. Jahrhundert, ein Beichtstuhl und mehrere Weihwasserbecken übernommen.
Adresse: Lindenstraße 1, 48653 Coesfeld-Lette

▸ Letter Windmühle
Die Letter Windmühle ist das Wahrzeichen des Ortsteils Lette. Die Mühle, die im Jahr 1813 auf dem Horst-Esch von dem Wirt Anton Hülskamp erbaut wurde, kam 1891 in den Besitz der langjährigen Pächterfamilie Rütter. Es ist eine viergeschossige, hölzerne Kappenwindmühle mit Umgang am ersten Geschoss. Außenbesichtigung möglich.
Adresse: Herteler, 48653 Coesfeld-Lette

▸ Alter Hof Herding
Das langgestreckte, typisch westfälische Bauernhaus im Stadtteil Lette, dessen Substanz aus dem 18. Jahrhundert stammt, beherbergte Mensch und Vieh unter einem Dach. Heute ist der Hof Domizil des Glasmuseums.
Adresse: Letter Berg 38, 48653 Coesfeld-Lette

Museen

▸ ☺ Puppen- und Spielzeugmuseum
Das Museum zeigt eine historische Puppen- und Spielzeugsammlung.
Kontakt: Walkenbrückenstraße 25, 48653 Coesfeld, ✆ 02541/3626,
🌐 www.puppenmuseum-coesfeld.de

Der Pulverturm ist Teil der ehemaligen Befestigungsanlage Coesfelds. Künstlerisch gestaltete Ochsen, als Symbol für den Handel im Mittelalter, sind Wegweiser des Stadtundgangs

Das Glasmuseum im Alten Hof Herding zeigt zeitgenössische Glaskunst

▸ Stadtmuseum DAS TOR im Walkenbrückentor

Im ehemaligen Stadttor befindet sich seit 1988 das Stadtmuseum, welches seit 2010 schrittweise modernisiert wurde. An teils interaktiven Stationen wird Coesfelds Stadtgeschichte vom Mittelalter bis in die 1970er-Jahre lebendig.
Kontakt: Mühlenplatz 3, 48653 Coesfeld, ✆ 02541/9481-21, 🌐 www.stadtmuseum.coesfeld.de

▸ Natz-Thier-Haus

Dieses Gebäude ist das letzte Nebengebäude eines Bürgerhauses, das in Coesfeld vorhanden ist. 1983 erbte die Stadt Coesfeld die alte Zinngießerwerkstatt in der Pfauengasse mit der Auflage, sie im Gedenken an die Zinngießerfamilie Thier und den Heimatdichter Natz Thier museal zu nutzen. Hier findet sich eine Ausstellung zur Familie und zur Heimatbewegung in Coesfeld. Eine Besichtigung der Ausstellung im Natz-Thier-Haus ist nach Anmeldung beim Stadtmuseum möglich.
Kontakt: Pfauengasse 6, 48653 Coesfeld, ✆ 02541/94810

▸ Glasmuseum Alter Hof Herding und Glasdepot

Seit 1995 ist der ehemalige Schulzenhof „Alter Hof Herding" Sitz der gleichnamigen Kunst- und Kulturförderstiftung des Ehepaares Kurt (1929–2011) und Lilly Ernsting. Das Glasmuseum beherbergt eine der bedeutendsten Glassammlungen Europas, zusammengetragen von Lilly Ernsting. Sie repräsentiert die zeitgenössische europäische Glaskunst seit den 1970er-Jahren.
Gegenüber dem Glasmuseum im Höltingshof hat die vollständige Glassammlung eine dauerhafte Heimat gefunden. Das angegliederte Bauerncafé bietet den Besuchern Gastlichkeit in münsterländischer Atmosphäre.
Kontakt: Glasmuseum Alter Hof Herding und Glasdepot Höltingshof, Ernsting Stiftung Alter Hof Herding, Letter Berg 38, 48653 Coesfeld-Lette, ✆ 02546/930511, 🌐 www.ernstingstiftung.de

▸ Eisenbahnmuseum Bahnhof Lette

Das Eisenbahnmuseum „Alter Bahnhof Lette" befindet sich im ehemaligen Empfangsgebäude des Bahnhofs an der Kursbuchstrecke 412 Dortmund-Coesfeld-Enschede, die schon 1875 eingerichtet wurde.
Adresse: Bahnhofsallee 62, 48653 Coesfeld-Lette, 🌐 www.bahnhof-lette.de

▸ Heimatmuseum Lette
Im Obergeschoss des Heimathauses Lette befindet sich das Heimatmuseum. Hier wird örtliches Kulturgut gesammelt und gezeigt. Seit 2019 ist im Erdgeschoss des Heimathauses eine Dauerausstellung zum „Denkmalgeschützten Barackenlager" in Lette untergebracht. Dieses Lager beherbergte Ostvertriebene und Flüchtlinge und war Altenpflegeheim für Heimatvertriebene. Auf Anfrage kann für Gruppen eine Führung vereinbart werden.
Kontakt: Bahnhofsallee 10, 48653 Coesfeld-Lette, 02546/234, www.heimatvereinlette.de

Freizeit & Natur

▸ Freilichtbühne
Die Coesfelder Freilichtbühne e.V. führt in den Sommermonaten Musiktheaterstücke auf.
Kontakt: Flamschen 22, 48653 Coesfeld, 02541/3355, www.freilichtbühne-coesfeld.de

▸ Großer Kreuzweg
Der Große Kreuzweg wurde 1659 von Christoph Bernhard von Galen gestiftet. Er ist ein wichtiges Zeugnis religiösen Brauchtums der Coesfelder Bürgerschaft und ein bedeutendes Beispiel barocker Landschaftsarchitektur in Westfalen. Der 12 km lange Kreuzweg, die kleine und große Kapelle wurden vom fürstbischöflichen Baumeister Bernhard Spoede errichtet.
Informationen: www.lamberti-coe.de

▸ Golf
Der Golf- und Landclub Coesfeld e.V. bietet eine 18-Loch-Anlage mit Kurzplatz und Sommergrüns.
Kontakt: Stevede 8 a, 48653 Coesfeld, 02541/5957, www.golfclub-coesfeld.de

▸ Naturschutzgebiet Heidesee
Inmitten der Coesfelder Heide liegt das Naturschutzgebiet Heidesee. Es handelt sich um einen Weiher, der auf die letzte Eiszeit zurückgeführt wird. Hier sind Reste

Die Kapelle ist eine Station von 18 auf dem Großen Kreuzweg

der ehemals für diese Gegend charakteristischen Heide- und Moorlandschaft erhalten. Entlang des flach auslaufenden Seeufers wachsen verschiedene Torfmoosarten, Wollgräser, Moosbeere und eine kleine Sonnentauart. Seltene Tierarten wie Waldeidechsen, Ameisenlöwen oder Solitärbienen bereichern das Gebiet. Krickenten und Zwergtaucher nutzen das Gewässer zum Brüten.
Adresse: Goxel, 48653 Coesfeld,

▸ Radfahren
Auf der *100 Schlösser Route*, dem *Europaradweg R1*, der *Sandsteinroute*, der *Berkelroute*, der *RadBahn Münsterland* und der *Pilgerroute Anna Katharina Emmerick* können Coesfeld und seine Umgebung per Rad erkundet werden.
Informationen: 🌐 www.r1-radweginfo.de, 🌐 www.100schloesserroute.de, 🌐 www.radbahn-muensterland.de

▸ Schwimmen & Sauna
Das Erlebnisbad CoeBad mit neun Becken, vier Rutschen und Saunaangebot lässt bei Badegästen keine Wünsche offen.
Kontakt: Osterwicker Straße 19, 48653 Coesfeld, ☎ 02541/929600, 🌐 www.coebad.de

▸ Wandern & Pilgern
Der *Westfälische Jakobspilgerweg* führt ebenso durch Coesfeld und die Baumbergeregion wie der *Ludgerusweg*.
Informationen: 🌐 www.pilger-weg.de, 🌐 www.jakobspilgerweg.lwl.org, 🌐 www.deutsche-jakobswege.de

Veranstaltungen & Feste

Vor und während der Pfingsttage werden die **Pfingstwoche** sowie die viertägige **Pfingstkirmes** gefeiert.
Im September findet drei Tage lang die **Kreuzerhöhungskirmes** statt.
Highlights sind auch das jährliche **Frühlingsfest** zwei Wochen vor Ostern sowie der traditionsreiche **Ursulamarkt** am Sonntag nach dem 21. Oktober.
Eine Woche vor dem ersten Advent findet jedes Jahr der **Lichtersamstag** mit Lichtshow und weiteren Attraktionen statt.

Drensteinfurt

(Kreis Warendorf)

Zwischen Feldern, Wiesen und kleineren Wäldern liegt am Flüsschen Werse der Ort Drensteinfurt (16 000 Einwohner), dessen erste urkundliche Erwähnung im Jahr 851 erfolgte. Drensteinfurt war um 1800 eine typische Ackerbürgerstadt, im 19. Jahrhundert blühte der Strontianitbergbau auf, ihren kleinstädtischen Charakter behielt sie aber. Seit 1968/1975 besteht die Stadt aus den Ortschaften Drensteinfurt, Rinkerode und Walstedde.

Stadtmarketing & Tourismus
Landsbergplatz 7
48317 Drensteinfurt
☎ 02508/995-1004
🌐 www.drensteinfurt.de

Sehenswertes

▸ Alte Post
In zentraler Lage von Drensteinfurt befindet sich das bedeutendste Fachwerk-Bürgerhaus der Stadt, die Alte Post, erbaut 1647. Auffällig ist seine Größe von fast 30 m Länge und fast 13 m Breite. Es hatte zwei Speicherstöcke zur Lagerung von Waren und erfüllte damit v. a. eine Handelsfunktion. Im 19. Jahrhundert diente es als Unterstellplatz für Postkutschen und Pferde, woher es seine Bezeichnung erhielt.

Adresse: Mühlenstraße 15, 48317 Drensteinfurt

▸ Haus Bisping
Das ehemalige Wasserschloss fand 1364 seine erste urkundliche Erwähnung und war Geburtsort und Stammsitz des Fürstbischofs von Münster, Christoph Bernhard von Galen (1606–1678). Von dem ehemaligen Schloss sind nur noch das Torhaus (1651) und Teile der Umgräftung erhalten.
Adresse: K 40 (Straße von Rinkerode nach Davensberg), 48317 Drensteinfurt-Rinkerode

▸ Wasserschloss Haus Borg
Das Wasserschloss mit Barockgarten und Alleen in der Nähe von Haus Bisping setzt sich aus einer Dreiinsellage zusammen, bestehend aus Vorburg, Hauptburg und Garten. Das Herrenhaus stammt aus dem 15. Jahrhundert und erlebte eine Erweiterung im 16. Jahrhundert und Umbauten im 18. Jahrhundert. Das Wasserschloss befindet sich im Privatbesitz und kann nur von außen besichtigt werden.
Adresse: Altendorf 51, 48317 Drensteinfurt-Rinkerode

▸ Wasserschloss Haus Steinfurt
Das von Gräften umgebene Wasserschloss Haus Steinfurt am Südufer der Werse, nördlich der Altstadt, besteht aus dem Herrenhaus (1707–1709), zwei Nebengebäuden, zwei Torhäuschen, der Wassermühle, der Remise und dem Park. Die Anlage im klassizistischen Stil besticht durch eine klare geometrische Gestaltung.
Adresse: Mühlenstraße 18, 48317 Drensteinfurt

▸ Wasserschloss Haus Venne
Die symmetrisch angelegte Schlossanlage von Haus Venne in der Bauerschaft Mersch stammt aus dem frühen 18. Jahrhundert und besteht aus dem Haupthaus und vier Nebengebäuden sowie einer Parkanlage mit einem Gartenhaus des Barock-Architekten Schlaun.
Adresse: Mersch 84, 48317 Drensteinfurt

▸ Pfarrkirche St. Regina
Die dreischiffige Pfarrkirche St. Regina wurde 1783 bis 1785 auf dem Fundament einer um 1170 erbauten Wehrkirche errichtet und Ende des 19. Jahrhunderts erweitert. Sie gilt als frühes Beispiel einer Kirche im Stil des Klassizismus im Bistum Münster.
Adresse: Mühlenstraße 10, 48317 Drensteinfurt

Museen

▸ ☺ Bienenmuseum „Immenhuisken"
Das Immenhuisken präsentiert eine Ausstellung mit alten Bienen- und Imkergeräten sowie lebendigen Bienen, es gewährt Einblicke in das Leben und Funktionieren eines Bienenvolkes. Das Museum öffnet nur in den Sommermonaten.
Kontakt: Maria Schratz, Felsenweg 5, 48317 Drensteinfurt, ☏ 02508/1492

▸ Mühlen- und Gerätemuseum
Hier werden die ursprüngliche Mühlentechnik von 1935 im Zeitlupentempo vorgeführt und Gerätschaften aus dem Mühlenbereich und dem Mühlenalltag aus alter Zeit gezeigt.
Kontakt: Mühlenmuseumsverein e. V., Eickenbeck 44, 48317 Drensteinfurt-Rinkerode, ☏ 02583/756,
🌐 www.muehlenmuseum-rinkerode.de

Freizeit & Natur

▸ Kornbrennerei Eckmann
Die Kornbrennerei in Walstedde bietet Besichtigungen mit Verkostung bei der Herstellung von Korn und Likör an.
Kontakt: Nordholter Weg 2, 48317 Drensteinfurt, ☏ 02387/470

Pilgern
Der Jakobspilgerweg von Rinkerode nach Herbern führt über Drensteinfurt.
Informationen: www.jakobspilger.lwl.org, www.deutsche-jakobswege.de

Radfahren
Drensteinfurt, Rinkerode und Walstedde sind ideale Ausgangspunkte für Radtouren in die Münsterländer Parklandschaft, ob auf den drei Rundwegen *Radwege rund um Drensteinfurt* oder dem *Werse Rad Weg*, der auf 122 km an der Werse entlang verläuft und verschiedene Städte miteinander verbindet. Auch an die *100 Schlösser Route* findet man problemlos Anschluss.
Informationen: www.werseradweg.de, www.100schloesserroute.de

Schwimmen
Im Freibad Erlbad in Drensteinfurt stehen neben einem beheizten Becken auch ein Beachvolleyballfeld, eine Streetball-Basketballanlage, Tischtennisplatten und Kinderspielgeräte zur Verfügung.
Kontakt: Im Erlfeld 4, 48317 Drensteinfurt, 02508/9940022

Veranstaltungen & Feste

Das Stadtfest **Summer Feeling** im Mai wird im jährlichen Wechsel mit dem **Dreingaufest** im September in der Innenstadt gefeiert.
Im Sommer zwischen August und September findet unter dem Motto „Kultur umsonst und an besonderen Orten" der **Drensteinfurter Kultursommer** statt.
Es werden musikalische Unterhaltung, Theatervorführungen und Open-Air-Kino, Klassik- und Literaturveranstaltungen bis hin zum kulturell umrahmten Blumen- und Gartenmarkt dargeboten.
Am zweiten Adventswochenende lädt der **Weihnachtsmarkt** in der Innenstadt ein.

Dülmen

(Kreis Coesfeld)

Die Stadt Dülmen (47 600 Einwohner) liegt im Naturpark Hohe Mark. Die malerische Parklandschaft rund um Dülmen lädt ein, eindrucksvolle Naturerlebnisse – zu Fuß oder mit dem Rad – zu genießen. Bekanntheit erlangte Dülmen vor allem als „Stadt der Wildpferde", denn im Merfelder Bruch westlich der Stadt gibt es die einzige Wildpferdebahn in Europa.

Dülmen Marketing e. V.
Viktorstraße 6
48249 Dülmen
02594/12345
www.duelmen-marketing.de

Sehenswertes

Rathaus
Das im Stadtkern befindliche Rathaus stammt aus dem 15. Jahrhundert. Es trennt das geistliche Leben auf dem Kirchplatz von St. Viktor vom kaufmännischen auf dem Marktplatz.
Adresse: Marktstraße 1–3, 48249 Dülmen

Lüdinghauser Tor
Das einzig übrig gebliebene Stadttor, das Lüdinghauser Tor mit seinen Rundtürmen, ist das Wahrzeichen der Stadt.
Adresse: B 474/Ausgang Innenstadt, 48249 Dülmen

Heilig-Kreuz-Kirche
Das Grab von Anna Katharina Emmerick, der „Nonne von Dülmen" (sie wurde am 3. Oktober 2004 selig gesprochen) kann in der Krypta der Heilig-Kreuz-Kirche besichtigt werden. Eine Gedenkstätte befindet sich unter der Krypta.

Adresse: Lüdinghauser Straße 65, 48249 Dülmen

Wildpferde im Merfelder Bruch
Dülmen ist als „Stadt der Wildpferde" bekannt. Im Merfelder Bruch westlich der Stadt befindet sich die einzige Wildpferdebahn Europas, sie stammt bereits aus dem 14. Jahrhundert. Die Tiere leben ohne Zufütterung im Freien. Zwischen März und Oktober können die Wildpferde auf einem Rundgang beobachtet werden. Auch Ausflugsprogramme wie Fahrradtouren und Planwagenfahrten werden über Dülmen Marketing angeboten.
Informationen: www.wildpferde.de

Die Dülmener Wildpferde sind im Merfelder Bruch beheimatet

Museum

Das kleine Mechanische Musikmuseum
In diesem außergewöhnlichen Museum werden mechanische Musikautomaten gezeigt, die ohne Interpreten Musik spielen können.
Kontakt: Neustraße 2, 48249 Dülmen, 02594/9398810, www.musikmuseum.net

Freizeit & Natur

Fliegen
Südlich von Dülmen befindet sich der Flugplatz Borkenberge e.V., der mehrere Vereine beherbergt: Segelflieger, Motorflieger, Motorsegelflieger, Ultraleichtflieger und Modellflieger. Es besteht die Möglichkeit, an einem Rundflug teilzunehmen.
Kontakt: Leversum 86, 59348 Lüdinghausen, 02594/3803 (Flugleitung), www.borkenberge.com

Freizeitcenter JOY'N US
Dieses Spieleparadies für Kinder bietet Indoor-Minigolf, Bowling, Lasermaxx u.v.m. an.
Kontakt: Nordlandwehr 1, 48249 Dülmen, 02594/840900, www.joyn-us.com

Radfahren
Dülmen liegt im Radwegenetz des Münsterlandes. Radbegeisterte können z.B. an verschiedenen Erlebnisstationen der *Naturroute* die Landschaft kennenlernen. Der *Neue Pilgerradweg*, ein Rundkurs von 67 km auf dem *Pilgerweg Anna-Katharina Emmerick* (AKE), lädt zur Entschleunigung ein.

Sauna Insel
Finnische Saunen in Saunablockhäusern, ein Dampfbad, ein Valo-Bad sowie ein 8500 m^2 großer Außenbereich mit Natursee bieten Sauna und Wellness vom Feinsten.
Kontakt: Wierlings Busch 16, 48249 Dülmen, 02594/3014, www.sauna-insel.de

Schwimmen
Acht Becken mit Wasserwerfern, Wasserfällen und Wasserfontänen, Rutschen, eine Natursteingrotte sowie Sole-, Wellness-, Kneipp- und Warmluftbäder bieten im Freibad düb Spaß und Entspannung für jeden.
Kontakt: Nordlandwehr 99, 48249 Dülmen, 02594/91490, www.dueb.de

Wildpark
In der Nähe des Stadtzentrums befindet sich in einer Parklandschaft der Wildpark mit Damwild, Rotwild und Heidschnucken. Buchen-, Eichen- und Mischwälder wechseln sich immer wieder ab. Zwei große Teiche und viele kleine Tümpel vervollständigen das Bild des Landschaftsparks. Der Wildpark kann auf verschiedenen Rundwanderwegen erkundet werden (tägl. geöffnet, kein Eintritt).

Veranstaltungen & Feste

Der Dülmener Sommer im Juli/August mit Straßentheater und Konzerten auf dem Marktplatz sowie der Dülmener Winter mit Eisbahn und Weihnachtsmarkt im Dezember sorgen für unterhaltsame Stunden.
Jeweils zwei Tage im März und im September werden die traditionellen Kunst- und Handwerkermärkte, der Frühlingsmarkt und der Kartoffelmarkt, in der Dülmener Innenstadt ausgerichtet.

Emsdetten

(Kreis Steinfurt)

Emsdetten (36 300 Einwohner) liegt an der Ems im nördlichen Münsterland. Es ist eine junge Stadt, die seit 1938 die Stadtrechte besitzt. Ihre Ursprünge reichen aber bis 1325 zurück. Frühere Handwerkszweige, die Emsdetten prägten, waren die Handweberei, die Wannenmacherei und die Industrieproduktion.

Verkehrsverein Emsdetten e. V.
Friedrichstraße 2
48282 Emsdetten
02572/93070
www.vvemsdetten.de

Sehenswertes

Hof Deitmar
Der einzige noch erhaltene Hof von ehemals vier „Urhöfen“ bildet die Keimzelle Emsdettens. 1912 wurde er zu seiner heutigen Form umgebaut und 1956 von der Stadt Emsdetten erworben. Unter seinem Dach befinden sich der Heimatbund sowie das Trauzimmer der Stadt. Rund um das Hauptgebäude ist eine Museumsinsel entstanden mit Speichermuseum, August-Holländer-Museum, Wannenmachermuseum, Backhaus und Konzertmuschel.
Adresse: Mühlenstraße 28–30, 48282 Emsdetten

Museen

Speichermuseum
Im alten Kornspeicher aus dem 17. Jahrhundert werden alte Arbeitsgeräte aus der Landwirtschaft gezeigt.
Kontakt: Mühlenstraße 28–30, 48282 Emsdetten, 02572/941316

August-Holländer-Museum
Das Thema Bauern und Weber vor der Industrialisierung steht im Mittelpunkt dieses Museums – und damit auch die Entwicklung Emsdettens vom Weberdorf zur Industriestadt.
Kontakt: Mühlenstraße 28–30, 48282 Emsdetten, www.heimatbund-emsdetten.de

▸ Wannenmachermuseum
Das Wannenmachermuseum zeigt die Geschichte und Entwicklung der Wannenmacherei in Emsdetten, also der Herstellung flacher Weidenkörbe zur Verwendung in der Landwirtschaft.
Kontakt: Mühlenstraße 28–30, 48282 Emsdetten, www.heimatbund-emsdetten.de

▸ Bierglasmuseum
Rund 12 000 Biergläser und -krüge sowie diverse Utensilien rund um das „kühle Blonde" können hier bestaunt werden.
Kontakt: Lütkenfelde 17, 48282 Emsdetten, 02572/6442, www.willis-bierglas-museum-emsdetten.de

▸ Indoor-Minigolf
Eine 18-Loch-Indoor-Minigolfanlage lädt bei jedem Wetter zum Spielen ein.
Kontakt: Spatzenweg 36, 48282 Emsdetten, 02572/83202, www.minigolf-emsdetten.de

▸ Stroetmanns Fabrik
Die ehemalige Textilfabrik B. W. Stroetmann wurde 1994 zu einem modernen Kultur- und Veranstaltungszentrum umgebaut. Hier präsentiert u. a. die Galerie Münsterland zeitgenössische Kunstausstellungen, es finden Konzerte, Kurse und Workshops statt.

Freizeit & Natur

▸ Emsdettener Venn
Das Naturschutzgebiet Emsdettener Venn ist ein ehemals intaktes Hochmoor. Hier gibt es einen *Lehr- und Erlebnispfad,* auf dem moortypische Pflanzen- und Tierarten entdeckt werden können. Ein *Raderlebnisweg* führt rund um den Kernbereich des Emsdettener Venns. Von zwei Aussichtstürmen aus kann das Moor überblickt werden. Eine nächtliche *Moorwanderung* unter dem Motto „Oh, schaurig ist's, übers Moor zu gehen …" nach Annette von Droste-Hülshoff wird von April bis Oktober durchgeführt.
Kontakt: Verkehrsverein Emsdetten, 02572/93070

Das Emsdettener Venn ist ein ehemaliges Hochmoor

Kontakt: Friedrichstraße 2, 48282 Emsdetten, www.stroetmannsfabrik.de

Radfahren
Rad- und Wirtschaftswege, sogenannte „Pättkes", führen durch die Münsterländer Parklandschaft und eignen sich für schöne Radtouren. Emsdetten ist an mehrere Rundwege sowie den *EmsRadweg* und den *Mühlenbachweg* angeschlossen.
Informationen: www.emsradweg.de

Schwimmen
Das Waldbald mit Hallen- und Freibad bietet zu jeder Jahreszeit Spaß und Erfrischung für große und kleine Wasserratten.
Kontakt: Blumenstraße 131,
48282 Emsdetten, 02572/202-111,
www.stadtwerke-emsdetten.de

Stadtpark mit Tiergehege & Minigolf
Im Tiergehege im Stadtpark gibt es Hängebauchschweine, Hirsche, Esel, Fasanen, Steppenrinder, Wild- und Zwergziegen und Meerschweinchen zu bewundern. Daneben locken ein Spielplatz, ein Barfußpfad und eine Minigolfanlage (im Sommer).
Kontakt: Blumenstraße 131, 48282 Emsdetten, 02572/97200

Veranstaltungen & Feste

Die **Maikirmes** findet jedes Jahr im Frühjahr in der Emsdettener Innenstadt statt.
Am zweiten Sonntag im Juli feiern die Mitgliedsgesellschaften der Vereinigten Schützengesellschaften Emsdetten das große **Stadtschützenfest**.
Die **Herbstkirmes** lockt alljährlich im September viele Menschen in die Emsdettener Innenstadt.
Der **Emsdettener September** ist Emsdettens großes Stadtfest, bei dem drei Tage lang auf mehreren Bühnen Musik und Kultur in der Innenstadt geboten werden.

Ennigerloh

(Kreis Warendorf)

Die Stadt Ennigerloh (20 500 Einwohner) umfasst die Ortsteile Enniger, Westkirchen und Ostenfelde. Ihre erste urkundliche Erwähnung fand die Stadt 860 in Verbindung mit der Gründung des Klosters Herzebrock. Die Stadt war über die Jahrhunderte bäuerlich geprägt. Im Zuge der Industrialisierung gewannen der Abbau und das Brennen von Kalk an Bedeutung, woraus sich die Zementindustrie entwickelte. Die drei Muscheln im Wappen symbolisieren das Kalkvorkommen.

Stadtmarketing Ennigerloh
Marktplatz 1
59320 Ennigerloh
02524/280
www.ennigerloh-erleben.de

Sehenswertes

Schloss Vornholz
Burg Vornholz entstand um 1300. Sie war ursprünglich im Besitz der „Ritter von Ostenfelde". Das heutige Schloss wurde nach der Zerstörung der alten Wasserburg im Dreißigjährigen Krieg auf den Grundmauern aufgebaut. Es befindet sich in Privatbesitz.
Adresse: Steinpatt 13, 59320 Ennigerloh

St. Jakobus
Die katholische Pfarrkirche St. Jakobus stammt aus dem 13. Jahrhundert und ist im altstädtischen „Drubbel" in Ennigerloh zu finden.

Ennigerloher Mühle
Die Mühle aus dem Jahr 1869 wurde vollständig restauriert. Alljährlich findet hier das Mühlenfest statt.

Das Wasserschloss Vornholz im Ortsteil Ostenfelde beherbergt u. a. ein Kavalleriemuseum

Adresse: Zur Windmühle 1, 59320 Ennigerloh, www.muehlenfreunde-ennigerloh.de

▸ Westkirchener Mühle

Die aus Feldsteinen erbaute Windmühle in Westkirchen mit ihrem hohen, runden Turm und gewaltigen Flügeln ist fast 200 Jahre alt und das Wahrzeichen des Ortes.
Adresse: Mühlenweg 5, 59320 Ennigerloh, www.heimatverein-westkirchen.de

Museum

▸ Kavalleriemuseum Schloss Vornholz

Schloss Vornholz beherbergt einen sehenswerten Rittersaal und ein Kavalleriemuseum mit Ausrüstungsgegenständen einstiger Reiterregimente von 1748 bis zum Ersten Weltkrieg. Führungen können über die Stadttouristik gebucht werden.
Kontakt: Steinpatt 13, 59320 Ennigerloh; Verkehrsverein Ennigerloh, 02524/8300

Freizeit & Natur

▸ Golf

Die 18-Loch-Golfanlage vom Golfclub Schloss Vornholz e. V. in unmittelbarer Nähe zum Wasserschloss Vornholz von 1688 gilt als eine der schönsten im Münsterland.
Kontakt: Steinpatt 13, 59320 Ennigerloh-Ostenfelde, 02524/5799, www.gcsv.de

▸ Radfahren

Auf gut ausgebauten und ausgeschilderten Radwegen kann man per Drahtesel die wunderschöne Münsterländer Parklandschaft erkunden, wie zum Beispiel auf der *100 Schlösser Route*, die durch den Ort führt. Die *Zement-Radroute* lässt Geschichte und Gegenwart des in Ennigerloh bedeutsamen Zementabbaus lebendig werden, sie führt vorbei an Werksstandorten und Steinbrüchen.
Informationen: www.100schloesserroute.de

Reiten

Die *Münsterland-Reitroute* erstreckt sich über 1000 km und führt auch durch Ennigerloh. An dem 34-km-Teilabschnitt über Oelde, Ennigerloh und Beelen gibt es fünf Reit- und Raststationen.

Kontakt:

RZFV Ennigerloh-Neubeckum e. V., Hoest 18 a, 59320 Ennigerloh, 02524/8360, www.rvennigerloh-neubeckum.de

Mühlenhof Nolte, Im Liebestal 1, 59320 Ennigerloh-Ostenfelde, 02524/1258, www.muehlenhof-nolte.de

RFV Vornholz e. V., Im Sportpark, 59320 Ennigerloh, 0170/9911629, www.rv-vornholz.de

ZRFV Ostenfelde Beelen e. V., Letter Weg 2, 59320 Ennigerloh, www.rfv-ostenfelde-beelen.de

Fahrsportzentrum Ennigerloh, Vossmar 10 b, 59320 Ennigerloh-Westkirchen, 02587/935222, www.fahrsportzentrum.com

Informationen: www.pferderegion-muensterland.de

Schwimmen

Das Freibad am Stavernbusch bietet neben Schwimmbecken auch einen Matschspielplatz. Das Olympiabad ist ein Hallenbad, dessen Attraktionen u. a. ein Dampfbad und eine Fasssauna sind.

Kontakt:

Freibad, Am Freibad 3, 59320 Ennigerloh, 02524/951897

Olympiabad, Berliner Straße 35, 59320 Ennigerloh, 02524/281141

Veranstaltungen & Feste

Am zweiten Mittwoch im Juli zieht der **Enniger Markt**, einer der ältesten Märkte Westfalens, Zehntausende Besucher an. Am letzten Dienstag im September findet der **Mettwurstmarkt**, die traditionelle Herbstkirmes, statt.

Everswinkel

(Kreis Warendorf)

Die Gemeinde Everswinkel (9700 Einwohner) liegt zwischen Münster und Warendorf. Sie bildet mit den Ortsteilen Everswinkel und Alverskirchen den „freundlichen Winkel im Münsterland". Die Entstehungsgeschichte Everswinkels begann im 10. Jahrhundert mit der Gründung der St.-Magnus-Pfarrei, um die herum sich ein Dorf bildete. Alverskirchen wuchs um die um 1200 errichtete Alverskirchener Pfarrkirche heran. In beiden Orten gediehen bis ins 18. Jahrhundert der Handel, das Handwerk und die Landwirtschaft. V. a. in Everswinkel war das Weberhandwerk eine wichtige Erwerbsquelle, die jedoch mit der Industrialisierung ausstarb. Die Landwirtschaft gewann an Bedeutung, denn das nahe gelegene Ruhrgebiet war ein wichtiger Absatzmarkt.

Verkehrsverein Everswinkel e. V.
Vitusstraße 8
48351 Everswinkel
02582/669313
www.verkehrsverein-everswinkel.de

Sehenswertes

Brunnen am Magnusplatz

Der Eber ist nicht nur Namensgeber von Everswinkel, sondern ziert auch das Wappen. Und selbst der Brunnen auf dem Magnusplatz nimmt das Motiv Eber auf.

Adresse: Magnusplatz, 48351 Everswinkel

Gut Brückhausen

Ein Haus Brückhausen wurde schon 1361 erstmalig urkundlich erwähnt, der Herrensitz Gut Brückhausen wurde jedoch

erst Anfang des 17. Jahrhunderts für den Landrentmeister Caspar Höfflinger aus Backstein erbaut und 1728 umgebaut. Der Renaissancebau hat seinen ursprünglichen Charakter bis heute behalten. Hier finden kulturelle Veranstaltungen statt und man kann im Herrenhaus übernachten.
Kontakt: Freiherr und Freifrau von Twickel, Holling 6, 48351 Everswinkel-Alverskirchen, ✆ 02582/277, 🌐 www.herrenhaus-brueckhausen.de

▸ Heimathaus

Das Ackerbürgerhaus von 1781 ist ein typisches Beispiel für die Bauweise der Ackerbürger, die meist Gewerbe oder Handwerk und Landwirtschaft betrieben und ihre Häuser nicht nur zu Wohnzwecken nutzten. Das Ackerbürgerhaus ist heute das Heimathaus der Gemeinde.
Adresse: Kirchplatz 13, 48351 Everswinkel

Museen

▸ ☺ Mitmachmuseum „Up'n Hoff“

Im Mitmachmuseum gibt es bäuerliche Geschichte zum Mitmachen, die Vorführung „Vom Korn zum Brot“ zeigt altes Handwerk nicht nur anschaulich, man kann auch selber Hand anlegen.
Kontakt: Weserstraße 31, 48351 Everswinkel; Anmeldung über den Bürgerschützen- und Heimatverein, Josef Beuck, ✆ 02582/8029

▸ Schatzkammer St. Agatha

In der Schatzkammer der Pfarrkirche St. Agatha werden in der Nordturmkapelle Exponate aus über 800 Jahren Alverskirchener Kirchengeschichte gezeigt, z. B. ein Hungertuch aus dem 17. Jahrhundert.
Kontakt: St.-Agatha-Platz, Alverskirchen; Führungen über Pfarrbüro, ✆ 02582/273

Freizeit & Natur

▸ Golf

Auf 18 Spielbahnen mit zahlreichen Wasserhindernissen können sich Golffreunde aller Leistungsstärken im Golfclub Brückhausen e. V. erproben.
Kontakt: Holling 4, 48351 Alverskirchen, ✆ 02582/5645, 🌐 www.gc-brueckhausen.de

▸ Radfahren

Von Everswinkel aus erstreckt sich ein ausgedehntes Radwegenetz durch den „Radelpark Münsterland“ und lädt zu abwechslungsreichen Touren ein. Auch die *100 Schlösser Route* führt über den Ortsteil Alverskirchen, vorbei an Haus Brückhausen.
Informationen: 🌐 www.100schloesserroute.de

▸ ☺ Reiten

Ausritte auf der *Warendorfer Reitroute* (200 km) oder Wanderritte von Hof zu Hof sowie zwei Reithallen stehen Ross und Reiter in Everswinkel zur Verfügung.
Kontakt: Reit- und Fahrverein Alverskirchen-Everswinkel e. V., Wester 5 a, 48351 Everswinkel, ✆ 02582/8638, 🌐 www.rufv-alverskirchen-everswinkel.de

▸ Sauna

Im Vitus Saunadorf gibt es mehrere verschiedene Themensaunen, einen Innen- und einen Außenbereich.
Kontakt: Alverskirchener Straße 27, 48351 Everswinkel, ✆ 02582/991630, 🌐 www.vitus-saunadorf.de

▸ ☺ Schwimmen

Das Allwetterbad Vitus-Bad mit Innen- und Außenbecken, Grotte und Spritzgrotte bietet jede Menge Badespaß für Groß und Klein.
Kontakt: Alverskirchener Straße 29, 48351 Alverskirchen, ✆ 02582/668518680, 🌐 www.vitus-bad.de

Veranstaltungen & Feste

Am Karnevalssonntag gibt es in Everwinkel den traditionellen **Karnevalsumzug** mit rund 50 Wagen und Fußgruppen.
Im Juni stellt das **Vitusfest** mit Kirmes, Tanz, Märkten, Vitus-Lauf, Kultur- und Spielangeboten an vier Tagen die Gemeinde auf den Kopf.

Gescher

(Kreis Borken)

Die Kleinstadt Gescher (17 100 Einwohner) im westlichen Münsterland nennt sich auch die Glockenstadt, denn die Glocken- und Kunstgießerei hat sich hier seit 1790 mit der Glockengießerei Petit & Gebr. Edelbrock etabliert. Die berühmteste Glocke aus Gescher ist die Weltjugendtagsglocke „Johannes Paul II.". Auch die Textilindustrie und der Torfabbau prägten die Stadt. Gescher ist umgeben von Naherholungs- und Naturschutzgebieten wie dem Gescher Hochmoor Fürstenkuhle und Kuhlenvenn.

Stadtmarketing Gescher GmbH
Armlandstraße 15
48712 Gescher
02542/60500
www.stadtmarketing-gescher.de

Sehenswertes

St. Pankratius
Die katholische Pfarrkirche ist im Kern eine spät- und neugotische Hallenkirche aus dem 15. Jahrhundert.
Adresse: Kirchplatz 12, 48712 Gescher

Glockengießerei Petit & Edelbrock
Die Glocken- und Kunstgießerei in Gescher besteht seit 1790. Das Verwaltungsgebäude

Ein Naturdenkmal ist diese alte Eiche bei Gescher

Im ehemaligen Moorgebiet Kuhlenvenn kann man eine besondere Flora und Fauna beobachten

befindet sich in einem barocken Bürgerhaus. Eine Besichtigung der Manufaktur mit Führung ist nach Anmeldung möglich.
Kontakt: Petit & Gebr. Edelbrock GmbH & Co. KG, Hauptstraße 5, 48712 Gescher, 02542/9333-0, www.petit-edelbrock-gescher.de

Museen

Westfälisches Glockenmuseum
Das einzige deutsche Glockenmuseum wartet mit einer einzigartigen Glockensammlung auf und zeigt die Kunst des Glockengießens.
Kontakt: Lindenstraße 4, 48712 Gescher, 02542/7144 o. 60505, www.glockenmuseum-gescher.de

Bienenmuseum
Das westfälisch-niederländische Imkereimuseum zeigt eine lebendige, informative Ausstellung rund um den Honig.
Kontakt: Lindenstraße 2, 48712 Gescher, 02542/7144 o. 60505

Museumshof auf dem Braem
Das Leben und Arbeiten in den 1920er- und 1930er-Jahren auf dem Land steht im Mittelpunkt der authentischen Ausstellung in diesem Freilichtmuseum, das vom Heimatverein Gescher betrieben wird.
Kontakt: Armlandstraße 18, 48712 Gescher, 02542/7144 o. 60505

D(t)orfmuseum
Die Nutzungsgeschichte und Bedeutung von Torf wird in diesem kleinen Museum in einer ehemaligen Dorfschule veranschaulicht.
Kontakt: Landsbergstraße, 48712 Gescher-Hochmoor, 02542/7144 o. 60505

Freizeit & Natur

Angeln
Ein Naturparadies mit elf Teichen, einem Heide- und Moorgarten und einem Kneipp-Tretbecken locken nicht nur Angler in das Angelparadies Hochmoor.
Kontakt: Hochmoor 104 a, 48712 Gescher,

02863/380402 o. 01520/6015093,
www.angelparadies-hochmoor.de

Naturschutzgebiet
Im Naturschutzgebiet Fürstenkuhle und Kuhlenvenn, einem ehemaligen Moorgebiet, kann man die Ruhe und die Natur genießen und eine besondere Flora und Fauna entdecken: Im Frühjahr werden z. B. die Moorfrösche aktiv, und zahlreiche Wasser-, Wat- und Wiesenvögel rasten hier. In der Fürstenkuhle gibt es einen Rundwanderweg von 2 km Länge. Führungen durch das Moor werden vom Stadtmarketing angeboten.
Kontakt: Stadtmarketing Gescher GmbH, 02542/98011

Radfahren
In und um Gescher gibt es mehrere Radrouten wie die *Flamingoroute* und die *Flusslandschaft Achterhoek-Westmünsterland*, die direkt durch Gescher führen, aber auch die *Hohe Mark RadRoute*, den *EmsRadweg* sowie die *100 Schlösser Route*.
Informationen: www.emsradweg.de,
www.flamingoroute.com,
www.flusslandschaft.eu,
www.hohemarkradroute.de,
www.100schloesserroute.de

Schwimmen
Das schön gelegene und familienfreundliche Frei- und Erlebnisbad Gescher ist in den Sommermonaten für Badegäste geöffnet.
Kontakt: Auf dem Brink 81, 48712 Gescher, 02542/1555

Veranstaltungen & Feste

Am 1. Sonntag im April wird das **Frühlingsfest** „Gescher blüht auf" gefeiert. Am Sonntag nach Fronleichnam sorgt das **Stadtfest mit Kirmes** für Unterhaltung. Der **Gescheraner Strohmarkt mit Erntedankfest** des Heimatvereins findet am 1. Sonntag im Oktober statt.

Greven

(Kreis Steinfurt)

Die Stadt Greven (39 200 Einwohner) liegt zentral in der Münsterländer Parklandschaft am Fluss Ems und ist eine der flächengrößten Städte im Münsterland. Zu Greven gehören die Ortsteile Reckenfeld und Gimbte und zahlreiche Bauerschaften. Die junge Stadt bekam 1950 die Stadtrechte. Früher war Greven ein Marktort, seit dem 19. Jahrhundert entwickelte sich die Textilindustrie zu einem bedeutenden Industriezweig, der bis Mitte des 20. Jahrhunderts den Standort prägte.

Greven Marketing e. V.
Alte Münsterstraße 23
48268 Greven
02571/1300
www.greven-tourismus.de

Sehenswertes

Stadt- und Marktkirche St. Martinus
Gegründet vom ersten Bischof aus Münster (Liudger), ist St. Martinus, deren Ursprünge aus dem 12. Jahrhundert stammen, eine spätgotische Hallenkirche. Eine Sonnenuhr an der Südseite von 1616 und die Kreuzigungsgruppe des Münsteraner Bildhauers Philipp Gröninger von 1722 im Kircheninneren sind sehenswert.
Adresse: Marktstraße 5, 48268 Greven

Der Hoek
Der älteste bis heute erhalten gebliebene Ortsteil von Greven ist Hoek (17. Jahrhundert) im Süden des Stadtkerns. Hier finden sich typische Ackerbürgerhäuser sowie Industrievillen.
Adresse: Marktstraße, 48268 Greven

Im Museumshof Averkamp dreht sich alles um altes Handwerk

▸ GBS Kulturzentrum
Das Gebäude des ältesten Textilunternehmens, der Grevener Baumwollspinnerei (1885), beherbergt heute ein Kulturzentrum und bildet Grevens kulturelles Herzstück.
Adresse: Friedrich-Ebert-Straße 3–5, 48268 Greven

▸ Alte Kanalüberführung
An der „KÜ" von 1899 wird der Dortmund-Ems-Kanal über die Ems geleitet.

Museen

▸ Sachsenhof
In Pentrup findet sich die Rekonstruktion des 1200-jährigen Sachsenhofes (1987). Im archäologischen Freilichtmuseum wird in Nachbauten von Gebäuden und Handwerksstätten gezeigt, wie das Leben der Menschen vor 1200 Jahren war.
Kontakt: Pentruper Mersch 5, 48268 Greven, www.heimatverein-greven.de

▸ Museumshof Averkamp
Der Museumshof Averkamp in Gimbte beherbergt eine Sammlung historischer Geräte und Werkzeuge aus Handwerk und Landwirtschaft.
Kontakt: Josef Averkamp, Grevener Straße 32, 48268 Greven, 02571/53155, www.hofmuseum.de

Freizeit & Natur

▸ Ballonfahren
Vom Korb des Heißluftballons aus erschließt sich ein weiter Blick über das Münsterland.
Kontakt:
Ballonsportfreunde Münster/Greven,
Wolfgang Eichmeyer, 02571/581666 o.

„Greven an die Ems" – die Strandbar und Beachfelder rücken Greven näher an seinen Fluss heran

0172/5368440, www.ballonsport-muenster.de
Münsterland Ballonfahrten, Peter Schellhove, 02571/3290, www.schellhove.de

Flughafen Münster/Osnabrück
Von der Besucherterrasse des „FMO" kann man das Treiben auf dem Flughafen beobachten. Auch Führungen werden angeboten.
Kontakt: Airportallee 1, 48268 Greven, 2571/94-1515, www.fmo.de

Freilichtbühne Reckenfeld
Hier finden in den Sommermonaten Musical- und Theateraufführungen statt.
Kontakt: Zur Freilichtbühne 36, 48268 Greven, 02575/1566

Kanutouren
Zwischen Telgte und Greven können Kanutouren auf der Ems unternommen werden.
Kontakt: Buchung über Greven Marketing e.V., 02571/1300

Kartbahn Knatterdrom
Die größte In- und Outdoor-Kartbahn des Münsterlandes befindet sich in Greven-Reckenfeld im Industriepark Greven/Emsdetten.
Kontakt: Natalia Czekalla, Werner-von-Siemens-Straße 40, 48268 Greven, 02575/2062, www.knatterdrom.de

Naturschutzgebiete
Auf Grevener Stadtgebiet gibt es sechs Naturschutzgebiete, die zum Wandern, Natur-Genießen, Pflanzen- und Tiere-Entdecken einladen: **Bockholter Berge**, **Boltenmoor**, **Emsaue**, **Hanseller Floth**, **Hüttruper Heide**, **Wentruper Berge**.

Radfahren
Der *EmsRadweg* verläuft durch Grevener Stadtgebiet. Die 170 km lange *Friedensroute* verbindet die Friedensstädte Münster und Osnabrück (Westfälischer Friede 1648) auf einer alten Reichspostlinie miteinander.
Informationen: www.emsradweg.de, www.friedensroute.de

▸ Reiten

In der „Stadt der Pferde und Pferdefreunde" gibt es ca. 1200 Pferde, zahlreiche Pferdehalter und -züchter, Reithallen und Reitanlagen sowie zwei Reit- und Fahrvereine. Zudem gibt es 20 km Reitwege zwischen Altenberge, Nordwalde und Greven für Menschen mit und ohne Behinderung.

Kontakt:

Reit- und Fahrverein St. Martin Greven-Bockholt e. V., Bismarckstraße 34, 48268 Greven, 02571/81103, www.stmartin.de

Reit- und Fahrverein Greven e. V., Saerbecker Straße 188, 48268 Greven, 02571/52999, www.ruf-greven.de

▸ Schwimmen

Das Freibad Schöneflieth und das Hallenbad in Greven bieten saisonalen Badespaß.

Kontakt:

Freibad Schöneflieth, Am Freibad 27, 48268 Greven, 02571/509-500

Hallenbad, Am Hallenbad 3, 48268 Greven, 02571/509-500

Veranstaltungen & Feste

Das zweitägige **Straßenmalfestival „Greven malT bunt"** sorgt im Mai für bunt bemalte Straßen und Plätze.

Unter dem Motto **Greven an die Ems** finden in den Sommermonaten kulturelle und sportliche Veranstaltungen in den Emsauen statt.

Auf dem **Gimbter Kunsthandwerkermarkt** im August wird Kunsthandwerkliches dargeboten und die Gastronomen servieren regionale Spezialitäten.

Den festlichen Höhepunkt im Jahr bildet die **Grevener Großkirmes** mit Fahrgeschäften und Ständen im August. Am Kirmesmontag findet auf dem Lambertusmarkt ein Krämermarkt statt.

Gronau

(Kreis Borken)

Die Stadt Gronau (47 000 Einwohner) liegt im Dreiländereck: NRW/Niedersachsen/Niederlande. Hervorragende Fahrradrouten laden zum Entdecken und Genießen ein. Der Name Gronau bedeutet „Grüne Aue" und bezieht sich auf die Lage am Fluss Dinkel. Die Stadt besticht mit ihren vielen Naturschutz- und Naherholungsgebieten sowie mit kulturellen Highlights wie das rock'n'popmuseum und das alljährliche Jazzfest, welches europaweit Besucher nach Gronau zieht.

Kulturbüro Gronau GmbH
Touristinfo und Stadtmarketing
Konrad-Adenauer-Straße 45
48599 Gronau
02562/99006
www.gronau-inside.de

Sehenswertes

▸ Wasserturm im Stadt- und Tierpark

Der Gronauer Wasserturm von 1903 ist eines der Wahrzeichen der Stadt. Der Turm befindet sich im Stadtpark mitten im Herzen der Stadt. Mit dem Stadtparkteich, zahlreichen Bänken und großzügigen Spielplätzen ist er die grüne Lunge von Gronau und Treffpunkt für Jung und Alt. Auch ein Tierpark mit zahlreichen Tierarten befindet sich dort.

Adresse: Eschweg, 48599 Gronau

▸ Rathausturm vom alten Rathaus

Der imposante Rathausturm von 1907 überstand die Bombardierung im März 1945, während das alte Rathaus selbst dabei zerstört wurde.

Das Inselparkgelände bietet eine Vielzahl von Möglichkeiten zum Entdecken und Erleben

‣ Schepers Mühle in Gronau Epe
Die restaurierte Wassermühle aus dem 14. Jahrhundert mit romantischem Mühlengarten befindet sich in dem kleinen Stadtteil Epe. Die Dinkelwiesen an der alten Wassermühle laden zu Spaziergängen und Radtouren ein.
Adresse: Ahauser Straße 1, 48599 Gronau-Epe

‣ St. Agatha
Die älteste Kirche von Epe, ursprünglich im 12. Jahrhundert erbaut, wurde Opfer der Flammen. In der heutigen Kirche (1890 und 1892) im neugotischen Stil sind ein romanischer Taufstein von ca. 1175, ein Relief der Gregoriusmesse aus dem 16. Jahrhundert, eine steinerne Pieta und eine Passionssäule zu bewundern.
Adresse: Von-Keppel-Straße 1, 48599 Gronau

Museum

‣ rock'n'popmuseum
Im neuartig gestalteten rock'n'popmuseum dürfen sich die Besucher auf einen thematisch und gestalterisch faszinierenden Gang durch die Dimensionen der Popmusik freuen. Aufwendig inszenierte Showcases formieren Themeninseln, die sich inhaltlich um Begriffe wie Rebellion, Live on Stage oder Performance gruppieren. Ein Besuch ist wie ein Live-Konzert mit der ganzen Familie!
Kontakt: Udo-Lindenberg-Platz 1, 48599 Gronau, 02562/81480, www.rock-popmuseum.com

Freizeit & Natur

‣ Inselparkgelände mit dem rock'n'popmuseum
Zur Landesgartenschau 2003 wurde das ehemalige Gelände der van-Delden-Spinnerei in einen Inselpark umgestaltet. Es wurden Grachten eingezogen und so einzelne Inseln geschaffen mit einer jeweils individuellen Gestaltung. Auf der Garten- und Wasserinsel befinden sich unterschiedliche Unterhaltungsmöglichkeiten. Highlights sind u. a. das rock'n'popmuseum, der Piratenspielplatz, das Wasserlabyrinth, die Skateranlage und die Pyramide mit einzigartigem Blick über Gronau.
Adresse: Udo-Lindenberg-Platz 1, 48599 Gronau

Radfahren
Die *Textil-Fahrradroute* (35 km) verbindet die Nachbargemeinden Gronau und Enschede (Niederlande), beides Städte mit Textiltradition. Daneben bietet ein ausgebautes Radwegenetz zahlreiche Touren mit der „Fietse" durch Wälder, Wiesen und Moore an.

Wasserspaß
Zwei Freibäder, ein Hallenbad, sowie der schöne Dreiländersee laden zum Schwimmen und Baden ein. Die Beliebtheit des Gronauer Dreiländersees ist nicht nur auf die ausgezeichnete Wasserqualität, sondern auch auf das umfangreiche Freizeitangebot zurückzuführen: Ob Baden, Minigolfspielen, Segeln, Reiten, Wandern, Wohnen oder Relaxen – der Dreiländersee ist immer eine empfehlenswerte Adresse.
Kontakt:
Hallenbad Gronau, Laubstiege 31, 02562/717-890, www.stadtwerke-gronau.de
Parkfreibad Gronau, Brändströmstraße 25, 02562/717-896, www.stadtwerke-gronau.de
Bültenfreibad Epe, Alfertring 48, 02562/717-898, www.stadtwerke-gronau.de
Drilandsee, www.driland-see.de

Tierpark am Stadtpark
Der weitläufige Stadt- und Tierpark befindet sich im Herzen der Stadt (Eintritt frei).
Kontakt: Am Stadtpark, 48599 Gronau, 0175/1819383

Veranstaltungen & Feste

Beim **Jazzfest Gronau** treten jedes Jahr Ende April/Anfang Mai über mehrere Tage die Größen des Jazz & Blues auf.
Im September sorgen die **Eper Musiknächte** in Epe auf Außenbühnen für musikalische Unterhaltung von Country über Soul, Jazz bis Pop. Und rund um das Inselparkgelände steigt das **Stadtfestival** mit Musik und Kinderprogramm.

Haltern am See

(Kreis Recklinghausen)

Haltern am See (38 700 Einwohner) befindet sich im Naturpark Hohe Mark – Westmünsterland im südlichen Münsterland. Die Halterner Wasser- und Waldlandschaft mit den Silberseen und dem Seebad gilt als „grüne Lunge des Ruhrgebiets" und ist ein beliebter Erholungsort. Die Stadt blickt auf eine über 2000-jährige Geschichte zurück, denn während der Germanienfeldzüge unter Kaiser Augustus befand sich hier ein römisches Lager, wovon die zahlreichen Ausgrabungsfunde zeugen. Die Stadtrechte erhielt Haltern am See 1289 durch den münsterschen Bischof. Der Halterner Stausee wurde 1930 gebaut, eine weitere Talsperre 1985.

Stadtagentur Haltern am See
Markt 1
45721 Haltern am See
02364/933365
www.haltern-am-see.de

Sehenswertes

Siebenteufelsturm
Der Siebenteufelsturm stammt von 1502 und ist ein Relikt der Stadtbefestigung.
Adresse: Turmstraße, 45721 Haltern am See

Altes Rathaus
Das Alte Rathaus am Marktplatz mit seinen Renaissancegiebeln wurde 1575 bis 1577 errichtet.
Adresse: Markt 1, 45721 Haltern am See

Schloss Sythen
Die ehemalige prähistorische Wall- oder Fliehburg ist heute ein soziokulturelles Zentrum und kann besichtigt werden.

Adresse: Stockwieser Damm 22, 45721 Haltern-Sythen

Das Alte Rathaus am Marktplatz ist ein besonderer Blickfang in der Innenstadt

▸ **Sythener Wassermühle**

Die 1331 erstmals genannte Sythener Wassermühle, eine ehemalige Korn- und Wassermühle, gehörte früher zum Besitz des nahe gelegenen Hauses Sythen der Grafen von Westerholt und ist heute eine Begegnungsstätte.
Adresse: Ecke Stockwieser Damm/Am Wehr, 45721 Haltern-Sythen

▸ **St. Sixtus**

Die katholische Kirche St. Sixtus (1874–1877) auf dem Marktplatz ist die Hauptkirche in Haltern am See. Die mittelalterliche Vorgängerkirche musste dem gotischen Bau weichen. Sehenswert sind das gotische Astkreuz und der Schnitzaltar. Das „Kreuz in St. Sixtus" ist sagenumwoben und ein Wallfahrtsziel.
Adresse: Markt 10, 45721 Haltern am See

Museum

▸ ☺ **LWL-Römermuseum mit Römerpark Aliso**

Das Museum bietet Einblicke und Informationen zur römischen Geschichte (u. a. Germanienfeldzüge und Varus-Schlacht) und präsentiert Funde aus den Römerlagern. Im „Römerlager Aliso" sind u. a. Überreste der römischen Militäranlage zu sehen.
Kontakt: Weseler Straße 100, 45721 Haltern am See, ✆ 02364/9376-0, 🌐 www.lwl-roemermuseum-haltern.de

Freizeit & Natur

▸ ☺ **Halterner Stausee**

Der Stausee mit 300 ha Fläche dient der Wasserversorgung und lädt ein zu Wassersport, Sonnenbaden am Natursandstrand, Seerundfahrten und Wanderungen auf dem 10-km-Rundwanderweg.

▸ **Westruper Heide**

Nahe am Stausee Haltern befindet sich die Westruper Heide. Die seit 1937 unter Naturschutz gestellte Heidelandschaft teilt sich in zwei Bereiche auf: weitläufig und offen zum Stausee, leicht hügelig mit wunderbaren Ausblicken und einer Landschaftsform mit bizarren Wacholderhainen. Die Landschaft reizt zum Wandern auf den vier ausgeschilderten Themenwegen. Es gibt auch rollstuhlgerechte Wege und solche für sehbehinderte Personen.

▸ ☺ **Ketteler Hof**

Im Freizeitpark in Lavesum mit Wildgehege kann man toben, klettern, rutschen u.v.m. – ein Erlebnispark zum Entdecken und Mitmachen.

Kontakt: Rekener Straße 234, 45721 Haltern am See, 02364/3409, www.kettelerhof.de

▸ Naturpark Hohe Mark

Der Naturpark Hohe Mark (einer der größten Naturparks in NRW) bietet ein vielseitiges Landschaftsbild mit Wäldern, Flüssen, Seen – ideal zum Wandern und Radfahren.

Kontakt: Tourist Info im Naturparkhaus, 02865/60910, www.naturpark-hohe-mark.de

▸ Radfahren & Wandern

Rund um Haltern gibt es viele schöne Wander-, Rad- und Reitwege wie z. B. die *100 Schlösser Route*, die *Römer-Lippe-Route*, die *Hohe Mark RadRoute*, eine 310 km Rundroute im nördlichen Naturpark. Als Familienradweg eignet sich die *SteverLandRoute*. Zum Wandern laden die Haard, ein Waldgebiet mit ca. 5500 ha Waldfläche, und die Westruper Heide ein. Zu Fuß kann man die Heide auf einem 10 km langen Wegenetz erkunden. Der *Hohe Mark Steig* führt auf 150 km durch Wälder, Moore, Seenlandschaften des Naturparks Hohe Mark.

Informationen: www.roemerlipperoute.de, www.100schloesserroute.de, www.hohemarkradroute.de

▸ Schwimmen

Im Freizeitbad Aquarell gibt es sowohl Hallenbad als auch Freibad und Sauna, außerdem ein vielfältiges Angebot wie Hundeschwimmen, Familiencamp, Technikführung. Im Sommer bietet das Seebad Haltern am Stausee mit 30 000 qm Wasserfläche Was-

Die Halterner Seenlandschaft ist nicht nur namensgebend, sondern auch beliebtes Freizeit- und Naherholungsgebiet

serfreude pur.
Das Sport- und Freizeitzentrum Sythen ist ein beheiztes Freibad mit Schwimmbecken, Rutschbahn und Sprungturm.

Kontakt:
Freizeitbad Aquarell, Hullerner Straße 45–49, 45721 Haltern am See, ✆ 02364/924027, 🌐 www.freizeitbad-aquarell.de
Seebad Haltern (Stausee), Hullerner Straße 52, 45721 Haltern am See, ✆ 02364/2539
Sport- u. Freizeitzentrum Sythen, Freibad, Mosskamp, 45721 Haltern-Sythen, ✆ 02364/6648

Silbersee II

Der Silbersee II (Dülmener See), einer von vier Silberseen um Haltern, die der Quarzsandgewinnung dienen, hält viele Wassersportangebote wie Baden, Tauchen, Surfen bereit und ist aufgrund seines feinen Sandstrands und der idyllischen Lage sehr beliebt.
Kontakt: Münsterstraße/Zum Vogelsberg, 45721 Haltern-Sythen

Veranstaltungen & Feste

Das **Sunset Beach Festival** im Juni bietet Sport, Spiel und Spaß am und auf dem Halterner See, das Drachenbootrennen sorgt für gute Unterhaltung.
An jedem dritten Samstag im August lockt das **Strand Comedy Festival** an den Halterner Stausee.
Das **Halterner Heimatfest** wird im Spätsommer (August/September) in der Innenstadt veranstaltet.
Für weihnachtliche Stimmung sorgt der **Nikolausmarkt** in der Innenstadt, der an den Adventswochenenden und um den Nikolaustag geöffnet hat. Auf dem Marktplatz gibt es einen **kreativen Künstlermarkt**. Am 6. Dezember kommt der Nikolaus über den See und zieht durch die Innenstadt auf den Marktplatz.

Havixbeck

(Kreis Coesfeld)

Die Gemeinde Havixbeck (12 200 Einwohner) liegt am Rande der Baumberge. Ihre genaue Gründungszeit ist zwar unbekannt, nachgewiesen ist aber eine vor- und frühgeschichtliche Besiedlung auf dem Havixbecker Gebiet. Erstmalig erwähnt wird Havixbeck als „Haueskesbeke“ im Jahr 1137. Im Havixbecker Gebiet gibt es drei der vielen historischen Wasserburgen im Münsterland, u. a. Burg Hülshoff.

Marketing Havixbeck e. V.
Hauptstraße 54
48329 Havixbeck
✆ 02507/1298
🌐 www.marketing-havixbeck.de

Sehenswertes

Burg Hülshoff

Diese typisch münsterländische Burganlage im Renaissancestil auf zwei Inseln ist seit 1417 im Besitz der Familie Droste zu Hülshoff. Hier wurde 1797 die berühmte Dichterin Annette von Droste zu Hülshoff geboren. Die Innenräume der Burg und der Park sind zu besichtigen.
Kontakt: Schonebeck 6, 48329 Havixbeck, ✆ 02534/1052, 🌐 www.burg-huelshoff.de

Haus Havixbeck

Die Dreiflügelanlage im Renaissancestil von 1562 und 1601 ist eines der typischen münsterländischen Wasserschlösser und befindet sich im Besitz der Freiherren von Twickel.
Die Außenanlagen können im Rahmen einer Führung besichtigt werden.
Adresse: Josef-Heydt-Straße 2, 48329 Havixbeck

▸ Haus Stapel
Das klassizistische Wasserschloss, (1211 erstmals erwähnt) entstand 1607/08, die Vorburg mit mächtigem Torturm ist von 1719, das Herrenhaus wurde 1828 vollendet. Das Schlossgut ist im Familienbesitz (Hermann Freiherr Raitz von Frentz), eine Außenbesichtigung ist auf Anfrage bei Marketing Havixbeck e. V. (☏ 02507/1298) möglich.
Adresse: Gennerich 18 b, 48329 Havixbeck

▸ Wasserturm
Der Wasserturm aus Baumberger Sandstein (1897–1899) sieht von Weitem aus wie der Bergfried einer Burganlage.
Adresse: Tilbeck 2, 48329 Havixbeck

▸ Klostermühle Hohenholte
Die Mühle aus dem 14. Jahrhundert besitzt ein großes Mühlrad. Eine Außenbesichtigung ist möglich.
Adresse: Walingen 11a, 48329 Havixbeck

▸ Stapelsmühle
Die Wassermühle zu Haus Stapel stammt von ca. 1800. Besichtigung bzw. Führung und Außenbesichtigung sind nach Vereinbarung möglich.
Kontakt: Familie Seesing, Gennerich 20, 48329 Havixbeck, ☏ 02507/3737

▸ Baumbergmühle
Sie zählt zu den großen Mühlenstümpfen in Westfalen und wurde um 1850 aus Baumberger Sandstein erbaut. Innen- und Außenbesichtigung sind möglich.
Kontakt: Familie Janning, Gennerich 31, 48329 Havixbeck, ☏ 02507/1484

Museen

▸ Baumberger Sandsteinmuseum
Der Baumberger Sandstein, auch „Marmor des Münsterlandes“ genannt, steht im Mittelpunkt dieses Museums. Das Museum

Auf Burg Hülshoff ist die Dichterin Annette von Droste-Hülshoff geboren und aufgewachsen

ist im alten, denkmalgeschützten Bauernhof Rabert untergebracht.
Kontakt: Gennerich 9, 48329 Havixbeck, ✆ 02507/1596, 🌐 www.sandsteinmuseum.de

▸ Droste-Museum Burg Hülshoff
Das Droste-Museum auf Burg Hülshoff, der Geburtsstätte der Dichterin Annette von Droste zu Hülshoff, gewährt Einblicke in die Wohnräume mit Gemälden, Möbeln und Bibliothek der Adelsfamilie Droste-Hülshoff und in das Leben der Dichterin sowie wunderschöne Ausblicke in den Schlosspark.
Kontakt: Schonebeck 6, 48329 Havixbeck, ✆ 02534/1052, 🌐 www.burg-huelshoff.de

▸ Rundfunkmuseum Holtstiege
Die Privatsammlung zeigt die Geschichte der Radio- und Fernsehtechnik und begeistert nicht nur Technikfans.
Kontakt: Benedikt Surmund, Altenberger Straße 22, 48329 Havixbeck, ✆ 0177/4330154, 🌐 www.rundfunkmuseum.baumberge.net

Freizeit & Natur

▸ ☺ Reiten
In Havixbeck und der Baumberge-Region kann man bei zahlreichen Ponyhöfen, Reitvereinen und Gestüten das Glück auf dem Rücken der Pferde finden.
Kontakt:
Reit- u. Fahrverein Havixbeck-Hohenholte, Herkentrup 4, ✆ 02507/3809
Ponyhof Schleithoff, Herkentrup 4, ✆ 02507/1227, 🌐 www.ponyhof.de
Ponyhof Mormann, Herkentrup 8, ✆ 02507/1259, 🌐 www.hof-mormann.de
Isländer-Gestüt Brock, Brock 25, 48329 Havixbeck, ✆ 02507/3816, 🌐 www.gestuet-brock.de

▸ Segway Baumberge
Bei einer geführten Segway-Tour durch die Baumberge erfährt man so manches über die Geschichte der Steinhauer.
Kontakt: Lasbeck 43, 48329 Havixbeck, ✆ 02507/9875420

Die Baumberge laden zum Wandern ein

▸ Wandern
Der *Baumberger Ludgerusweg* führt vom Stift Tilbeck durch die Baumberge von Havixbeck nach Billerbeck, vorbei an zahlreichen Sehenswürdigkeiten. Rund um das Gelände des Stiftes Tilbeck führt der 2,5 km lange *Barfußgang* durch Wald, über Wiesen, Kiesbett und Rindenmulch.
Kontakt: Tilbeck 2, 48329 Havixbeck

Veranstaltungen & Feste

Im historischen Festsaal von Haus Stapel finden jährlich im Mai und September Klavier- und Liederabende statt. Schlossbesitzerin Dr. med. Mechthild Freifrau Raitz von Frentz, deren Mutter eine geborene Droste-Hülshoff ist, lädt zu diesen **Haus-Stapel-Konzerten** im Wasserschloss ein.

Heek

(Kreis Borken)

Die Gemeinde Heek (8700 Einwohner) mit den Ortsteilen Heek und Nienborg liegt in den Dinkeldünungen im westlichen Münsterland. Der Name leitet sich von Eiche ab, denn einer Sage zufolge stand hier eine berühmte Eiche, die St. Ludgerus gefällt haben soll, um an dieser Stelle eine Kirche zu bauen. Diese Pfarre wird 1256 urkundlich erwähnt. Landschaftlich geprägt ist die Gegend um Heek von Heideflächen, weshalb die Schafzucht und Wollverarbeitung verbreitet waren. Daraus entwickelten sich später die Hausweberei und die Textilindustrie.

Gemeinde Heek
Bahnhofstraße 60
48619 Heek
02868/9300-0
www.heek.de

Sehenswertes

▸ Burg Nienborg

Im Ortsteil Nienborg befinden sich die Reste der Burg Nienborg aus dem späten 12. Jahrhundert. Sie wurde erbaut durch Hermann II. von Katzenelnbogen, den Fürstbischof von Münster. Erhalten sind drei Burgmannenhäuser, das Torhaus sowie Reste der Ringmauer. Das Hohe Haus mit Dreistaffelgiebel aus dem 14. Jahrhundert überragt die gesamte Burganlage. (www.wachtmeisterhaus.de)
Das Lange Haus aus dem 16. Jahrhundert ist ein lang gestrecktes, zweigeschossiges Giebelhaus. Es beherbergt heute die Landesmusikakademie.
Das Burgtor, ein quadratisches zweistöckiges Torhaus (14. Jahrhundert) mit Zeltdach, bildet den Eingang zum Burggelände. Die Stube des Burgtores ist bewohnt.
Die Keppelborg, ein zweiflügeliger Burgmannshof (15./16. Jahrhundert), war lange Zeit im Besitz der Familie Keppel, heute beherbergt sie u. a. ein Hotel.
Adresse: Burg, 48619 Heek-Nienborg, www.keppelborg.de

▸ Eppingscher Hof

Im Dorf Heek befindet sich dieser älteste erhaltene Bauernhof (1857), der von vielen Vereinen genutzt wird.
Adresse: Markt 10, 48619 Heek

▸ Mühlen

Die Wassermühle zum Ölschlagen (um 1400) wurde später zu einer Walkmühle umgebaut. Heute befindet sich die Mühle in Privatbesitz. Der über 200 Jahre alte Turmholländer „Flüecks Mühle“ (1807) dient als Trauzimmer.
Adresse: Mühlenfeld 58, 48619 Heek

▸ Wilder Bernd

Er rettete die Stadt im Dreißigjährigen Krieg vor der Belagerung und gilt als Symbolfigur für das Streben nach Freiheit und Gleichberechtigung. In Nienborg steht sein Denkmal.
Adresse: Heupstraße 18, 48619 Heek-Nienborg

▸ St. Ludgerus

Die katholische Kirche St. Ludgerus (1256) wurde im Laufe der Zeit mehrfach umgestaltet. Hervorzuheben sind das spätromanische Portal an der Südseite, der Taufstein und das als Gnadenkreuz verehrte Kreuz der Pfarrkirche.
Adresse: Kirchplatz, 48619 Heek

Freizeit & Natur

▸ Radfahren

Mit dem Rad z. B. entlang der *100 Schlösser Route* oder auf den sogenannten „Pättkes“, vorbei an Schlössern, Burgen und Naturschutzgebieten, lässt sich die Gegend rund um Heek aktiv erkunden.
Informationen: www.100schloesserroute.de

▸ Segway
Mit dem Segway oder Ninebot kann man Heek auf zwei Rädern erkunden.
Kontakt: Gemeinde Heek, Rathaus, 02568/930022

Veranstaltungen & Feste

Das **Schlöffken-Fest** mit Krammarkt findet traditionell am Montag nach dem 6. Januar statt. Beim traditionellen **Schlöffkengang** tragen Männer einen Holzschuh und einen Lederschuh, einen blau-weiß gestreiften Kittel, Stock und Mettwurst. Sie ziehen durch das Dorf und kehren in Gastwirtschaften ein. Zweimal im Jahr wird in Heek **Kirmes** gefeiert: am Wochenende des 4. Sonntags im Juni in Heek und am ersten Wochenende im August zusammen mit dem **Schützenfest** im Orstteil Nienborg.

Heiden

(Kreis Borken)

Die waldreichste Gemeinde des Kreises Borken liegt im Naturpark Hohe Mark. Wahrzeichen von Heiden (8200 Einwohner) sind die 4000 Jahre alten „Düwelsteene“ (Teufelssteine), die belegen, dass an dieser Stelle schon in der Jungsteinzeit Menschen siedelten. Urkundlich erstmalig belegt ist die Existenz von „Heidedorf“ seit 870. Die Pfarrei Heiden wurde 1209 zum ersten Mal urkundlich erwähnt.

Tourist-Info Heiden
Rathausplatz 1
46359 Heiden
02867/977211
www.heiden.de

In Flüecks Mühle wird heute nicht mehr gemahlen, dafür kann man sich hier vermählen

Sehenswertes

▸ Teufelssteine
In der Bauerschaft Nordick bei Heiden befinden sich die Teufelssteine („Düwelsteene“). Sie bilden ein altheidnisches Steinkammergrab aus der Jungsteinzeit, welches über 4000 Jahre alt ist. Der Sage nach hat der Teufel sie dort hingeworfen. Er war auf dem Weg nach Aachen, um den von Karl dem Großen erbauten Dom zu zerstören, gab seine mühsame Weiterreise aber auf, als ein kluger Schuster ihm anhand von zwölf verschlissenen Schuhpaaren im Gepäck weismachte, dass der Weg dorthin noch sehr weit sei.

Freizeit & Natur

▸ Artesischer Brunnen
Der Artesische Brunnen nahe dem Naturschutzgebiet „Schwarzes Venn“ ist ein Kneippbecken und sorgt für Erholung und Entspannung. Der Brunnen ist über den Venneweg zu erreichen.

▸ Minigolf
Im Freizeitzentrum befindet sich neben dem Park und in direkter Nachbarschaft zum Biergarten eine Minigolf-Anlage.
Kontakt: Am Sportzentrum 7, 46359 Heiden, 02867/9939935, www.monalisa-heiden.de

▸ Naturschutzgebiet Kranenmeer
Südlich von Heiden-Leblich befindet sich das Kranenmeer, ein Heideweiher umgeben von Birken, Erlen und Kiefern in einem der wenigen erhaltenen Heidemoore der Region. Der Weiher kann auf Rad- und Wanderwegen durch das Naturschutzgebiet erreicht werden.

▸ Reiten
Heiden liegt inmitten einer beliebten Pferderegion. Ob Ausritte, Reitstunden oder

Kutschfahrten, hier findet jeder Pferdefan das Richtige. Auf der *Münsterland-Reitroute* führt zudem der Abschnitt „Hohe Mark" von Heiden über Raesfeld, Reken und Dorsten bis nach Haltern am See und bietet neben eindrucksvollen Naturerlebnissen auch mehrere Rast- und Reitstationen, Picknickplätze und Reiterschutzhütten.

Kontakt:
Zucht-, Reit- und Fahrverein Heiden e. V., Reitweg 4, 46359 Heiden, 🌐 www.reitverein-heiden.de
Höings Hof Heiden, Ute und Markus Höing, Drögen Bokelt 3, 46359 Heiden, ✆ 02867/247, 🌐 www.hoeings-hof.de
Reitschule Natalie Bancken, Nordick 2, 46359 Heiden, ✆ 0176/10218136, 0171/2415063, 🌐 www.reitschule-natalie-bancken.de
Kutschfahrten Temminghoff, Dirk Temminghoff, Schubertstraße 26, 46359 Heiden, ✆ 02867/2230243, 🌐 www.kutschfahrten-temminghoff.de

▸ ☺ Schwimmen

Das HeidenSpassBad ist ein Frei- und Wellenbad, das in den Sommermonaten Wasserratten und Sonnenanbetern einen Heidenspaß verspricht.
Kontakt: Am Sportzentrum 3, 46359 Heiden, ✆ 02867/83333

▸ ☺ Vogelpark

Im kleinen, aber beliebten Vogelpark gibt es mehrere Volieren mit Sitticharten sowie mit Hühnerarten. Die Anlage wird vom Natur- und Heimatschutzverein Heiden betreut.
Adresse: Parkstraße, 46359 Heiden

Veranstaltungen & Feste

Am **Maibökendag** im April gibt es ein Volksfest mit verkaufsoffenem Sonntag.
Der Schützenverein Heiden lädt am zweiten Wochenende im August zum **Schützenfest mit Kirmes** auf der Schützenfestwiese im Sport- und Freizeitzentrum ein. Am Dienstag nach dem Schützenfest wird der Dullendienstag, ein Junggesellenschützenfest, veranstaltet.
An Pfingsten werden im Wechsel in Leblich und Nordick **Schützenfeste** gefeiert.
Der **Heidener Herbst** am letzten Wochenende im September mit Trödelmarkt, Fahrgeschäften und Attraktionen hat seinen Höhepunkt mit dem **Teufelslauf**, einem Volkslauf auf mehreren Distanzen.

Hörstel

(Kreis Steinfurt)

Die Stadtteile Bevergern, Dreierwalde, Hörstel und Riesenbeck bilden seit 1975 die Kleinstadt Hörstel (21 500 Einwohner) im Tecklenburger Land. Die Stadt und ihre Umgebung sind landschaftlich geprägt von der Münsterländer Parklandschaft und dem Teutoburger Wald mit dem 96 m hohen Huckberg sowie von der Nähe zum Torfmoorsee und zum Dortmund-Ems-Kanal.

Stadtmarketing Hörstel UG
Am Markt 8
48477 Hörstel
✆ 05459/9069348
🌐 www.stadtmarketing-hoerstel.de

Sehenswertes

▸ Kloster Gravenhorst

Es ist ein ehemaliges Zisterzienserkloster und wurde 1256 von Ritter Konrad von Brochterbeck und seiner Frau Amalgame von Budde gegründet. Das Kloster wurde zwar im Laufe der Zeit baulich verändert, stellt aber eine fast vollständige Klosteran-

lage dar. Heute wird es vom Förderverein Kloster Gravenhorst e.V. verwaltet und von Künstlerinnen und Künstlern genutzt, um zu gestalten, zu kommunizieren, zu produzieren und zu informieren. Es gibt Workshops, Kulturveranstaltungen u.v.m.
Kontakt: Klosterstraße 10, 48477 Hörstel, 05459/9146-0, www.da-kunsthaus.de

▸ Schloss Surenburg
Haus Surenburg in Riesenbeck aus dem 18. Jahrhundert ist eine der kleineren Wasserburgen Westfalens, ist aber besonders malerisch gelegen aufgrund der es umgebenden Alleen und des ausgedehnten Forsts. Keine Innenbesichtigung möglich.
Adresse: Surenburg 1, 48477 Hörstel-Riesenbeck

▸ Bodendenkmal Burg Bevergern
Die Burg Bevergern ist eine abgegange Burganlage im heutigen Ortskern der Ackerbürgerstadt Bevergern (Stadtteil von Hörstel) in der Region Tecklenburger Land. Sie war Mittelpunkt der Herrschaft in Bevergern und wurde 1860 von Ferdinand II. von Fürstenberg (Bischof von Münster) gesprengt.
Adresse: 48477 Hörstel-Bevergern

▸ Fachwerk- und Ackerbürgerhäuser in Bevergern
In Bevergern sind viele historische Fachwerkgebäude und Ackerbürgerhäuser zu bewundern, so die **Küsterei**, **Haus Papenhoek**, **Haus Kirchstraße 9**, **Haus am Markt 8** und das **Heimathaus**, eine Häusergruppe von drei Fachwerkgebäuden.
Adresse: 48477 Hörstel-Bevergern

▸ Nasses Dreieck
Hier treffen sich Dortmund-Ems-Kanal und Mittellandkanal. Das Kanaldreieck kann von der Aussichtsplattform des Red Box Info-Pavillons aus betrachtet werden.
Adresse: Am Hafen, 48477 Hörstel-Bergeshövede

Natur pur und Naherholung findet man am Torfmoorsee

Museum

▸ Landmaschinen-Museum Riesenbeck
Anhand von mehr als 600 Exponaten wird hier die Entwicklung der Landmaschinentechnik aufgezeigt.
Kontakt: Im Vogelsang 75, 48477 Riesenbeck, www.lm-museum-riesenbeck.de

Freizeit & Natur

▸ Erholungsgebiet Torfmoorsee
Der Torfmoorsee bietet Naherholungssuchenden zahlreiche Freizeitangebote wie Angeln, Segeln, Surfen, Baden, einen Rundwanderweg, einen Waldlehrpfad und einen Reitweg.
Kontakt: Am Torfmoorsee, 48477 Hörstel

▸ Radfahren
Die *Hörsteler Mühlenroute* bietet eine Entdeckungstour zu den Mühlen der Umgebung. Auf den *NaTourismus-Routen* lässt sich radelnd die Landschaft des Tecklenburger Landes zwischen Moor und Mittelgebirge genießen.

▸ Reiten
Hörstel nennt sich offiziell „Pferdefreundliche Gemeinde". Reiter und Pferdeliebhaber finden ausgezeichnete Reitrouten, Reitbetriebe, Meisterschaften und Veranstaltungen. Hörstel und Lienen gelten als Pferdehochburgen im Tecklenburger Land.
Kontakt:
Freunde des Reitsports Hörstel e. V., Elseckweg 8, 48477 Hörstel, www.fdr-hörstel.de
Pferdehof Wernsmann, Münsterdamm 16 a, 48477 Hörstel-Riesenbeck, 05459/802258, www.wernsmann.de
Reiterhof Landgasthaus Birkenhof, Saerbecker Damm 261, 48477 Hörstel-Riesenbeck, 05454/7630, www.landgasthausbirkenhof.de
Zucht-, Reit- und Fahrverein St. Hubertus Dreierwalde e. V., Venhäuser Weg 7, 48477 Hörstel, 05978/485, www.zrfv-dreierwalde.de

▸ Schöne Aussicht
Direkt am *Hermannsweg* gelegen, bietet das 116 m hohe Wahrzeichen von Riesenbeck einen schönen Ausblick auf die Münsterländer Parklandschaft.

▸ Wandern
Zahlreiche Wanderrouten laden zu Fußmärschen ein: Wandern auf den Hermannshöhen *(Waldauenweg und Bevergerner Pättken)* – der *Hermannsweg* von Rheine bis Horn-Bad Meinberg führt über Hörstel. Der *Klosterweg* führt von Riesenbeck nach Gravenhorst. Auch der *Tecklenburger-Land-Rundweg, Terra Trails,* der *Handelsweg* und die Wege rund um die Surenburg bieten sich für wunderschöne Wanderungen an.
Informationen: www.hermannshoehen.de, www.handelsweg.com, www.geopark-terravita.de

▸ Weidenreuse
Dieses begehbare Kunstwerk aus Weidenrouten des Künstlers Marcel Kalberer misst 50 m und hat die Form einer Fischreuse in Anspielung auf die Fischerei und Wasserbaukunst der Zisterzienserinnen des benachbarten Klosters Gravenhorst.
Adresse: Klosterstraße 10, 48477 Hörstel

Hopsten

(Kreis Steinfurt)

Hopsten (7700 Einwohner) ist eine Gemeinde im nördlichsten Zipfel des Münsterlandes, dem Tecklenburger Land an der Grenze zum Emsland, und gilt daher als das „Tor zu Westfalen". Sie umfasst seit 1975 neben dem „Töddendorf" Hopsten die Ortsteile Schale und Halverde. Von Moor- und Heidelandschaften umgeben, kann der Ort mit Naturschutzgebieten und unberührter Natur aufwarten. Die historischen Ortskerne sind Zeugen einer lebendigen Geschichte. Die Besiedlung des Gebietes um Hopsten reicht sogar bis in die Stein- und Bronzezeit zurück. Das Symbol des Tödden steht für die reisenden Händler, die seit dem 17. Jahrhundert mit ihren Waren durch das Land zogen.

Bürgerbüro Hopsten
Bunte Straße 35
48496 Hopsten
05458/9325-0 u. -33
www.hopsten.de

Sehenswertes

Historischer Dorfkern
Im historischen Dorfkern von Hopsten mit der romanischen St.-Georg-Pfarrkirche und dem barocken Bildstock sind viele alte Tödden- und Fachwerkhäuser zu bewundern.

Bürgerhaus Veerkamp
Der Amtssitz des Bürgermeisters aus dem Jahr 1808 wird seit 1988 von Bürgern, Vereinen und Gruppen der Gemeinde Hopsten für kulturelle und gesellschaftliche Veranstaltungen genutzt und beherbergt auch eine kleine heimatkundliche Sammlung der Gemeinde. Vor dem Bürgerhaus steht die Töddenfigur (2003), das Wahrzeichen und Symbol für die Geschäftstüchtigkeit Hopstens.
Adresse: Marktstraße 1, 48496 Hopsten

Haus Nieland
Das vom Töddengroßhändler Hermann Pogge erbaute Fachwerkhaus ist ein Wohnhaus-Museum. Tödden waren wandernde Kaufleute, u. a. im Tecklenburger Land.
Kontakt: Familie Kutscheidt, Haus-Nieland-Straße 6, 48496 Hopsten, 05458/936866

Zisterzienserinnen-Klosterkirche
Gegründet im Jahr 1278 blieb von dem ehemaligen Zisterzienserinnenkloster nur die Klosterkirche erhalten, die heute die Dorfkirche in Schale ist.
Adresse: 48496 Hopsten-Schale

Öl- und Kornmühle
Die Overmeyer Öl- und Kornmühle in Halverde ist noch betriebsbereit und kann besichtigt werden.
Adresse: 48496 Hopsten-Halverde

Museen

Bienenmuseum
In dem ehemaligen Backhaus von Halverde erfährt man vieles über Imkerei und Honiggewinnung, aber auch über den Torfabbau in der Region
Kontakt: Heimatverein Halverde e. V., Heinrich Echtermeyer, St.-Josef-Straße 5, 48496 Hopsten-Halverde, 05457/1294

Bültenschmiede
Der Heimatverein Schale führt nach Absprache durch die Schmiede mit originaler Einrichtung.
Kontakt: Heimatverein Schale e. V., Horst Hassink, Kirchstraße, 48496 Hopsten-Schale, 05457/1398

Heimatmuseum Altes Brauhaus
Das alte Brauhaus auf der Hofanlage Holling stammt aus dem Jahr 1730 und wurde vom Heimatverein Hopsten restauriert. Führungen nach Anmeldung, um historische Ausstellungsstücke über Leben, Arbeit und Bräuche der Region kennenzulernen.
Kontakt: Brenninkmeyerstraße 7, 48496 Hopsten, 05458/1676, www.heimatverein-hopsten.de

Kulturlandhaus Schale
Hier werden alte Trachten und Alltagsgegenstände aus damaligen Zeiten ausgestellt.
Kontakt: Zum Osteresch 3, 48496 Hopsten-Schale, 05457/932682

Freizeit & Natur

Naturschutzgebiete
Das Heilige Meer ist ein einzigartiges Biotop und der größte natürliche See Westfalens. Er entstand durch Erdeinbrüche vor 1000 Jahren. Um ihn rankt sich die Sage vom „versunkenen Kloster". Umgeben von Moor- und Heideland mit grasenden Mufflons lädt das Gebiet zu Spaziergängen ein. Im Halverder Moor, einem ehemaligen, trockengelegten Moorgebiet können Naturfreunde besondere Pflanzen und Tierarten entdecken. Die Feuchtwiesen bieten Lebensraum für viele Vogelarten.

Die ehemalige Klosterkirche ist heute die Dorfkirche in Schale

Radfahren & Wandern
Ein Wegenetz mit neun verschiedenen Rundwegen zwischen 12 und 35 km führt durch Felder, Wälder und Naturschutzgebiete (Heiliges Meer, Halverder Moor, Wiechholz). Themenradrouten und Wanderwege sind z. B. der *Töddenland-Radweg*, die *Premiumwanderwege Teutoschleifen*, die *Zwölf-Stämme-Tour*, die *Kirchwege*, der *Zitatenweg* und der *Töddenland-Rundwanderweg*.
Informationen: www.toeddenland-radweg.de, www.teutoschleifen.de

Reiten & Planwagenfahrten
In Hopsten, Schale und Halverde gibt es ein großes Angebot an Reitmöglichkeiten und Planwagenfahrten.
Kontakt:
Pferdesportverein Breischen e. V., St.-Annen-Straße 4, 48496 Hopsten
Planwagenfahrten Schmiemann, Alois Schmiemann, Marktstraße 6, 48496 Hopsten, ☎ 05458/7100
Ferienbauernhof Lömker, Reiten- und Kutschfahrten, Napoleondamm 3, 48496 Hopsten-Schale, ☎ 05457/1456, 🌐 www.ferienhof-loemker.de
Fam. Meese, Kirchstraße 1, 48496 Hopsten-Schale, ☎ 05457/97050
Pferdehof Lüxmann, Britta Lüxmann, Voltlager Damm 26, 48496 Hopsten-Halverde, ☎ 05457/1888, 🌐 www.pferdehof-luexmann.de
Reitschule Isdepsky, St.-Josef-Straße 1, 48496 Hopsten-Halverde, ☎ 0171/7143724, 🌐 www.reitsport-runge.de

Veranstaltungen & Feste

Das **Halverder Schützenfest** findet am dritten Wochenende im Juli statt.
Während der **St.-Anna-Woche** im August pilgern viele Gläubige zur Wallfahrtskapelle. Die Annenwoche endet mit einer sonntäglichen Prozession von der Pfarrkirche St. Georg zur Anna-Kapelle auf dem Breischen und einem großen Abschlussgottesdienst mit mehr als 1000 Teilnehmern.
Alle zwei Jahre im September starten beim **Halverder Ballon-Festival** zahlreiche Heißluftballons auf dem Sportplatz Halverde West. Besonderes Highlight sind das Ballonglühen und der Frühstart in der Morgendämmerung.
Am ersten Wochenende im Oktober sorgt die **Hopstener Kirmes** für Spaß und Unterhaltung.

Horstmar

(Kreis Steinfurt)

Die Stadt Horstmar (6800 Einwohner) mit der zugehörigen Ortschaft Leer ist mit ihrem viereckigen Grundriss einzigartig im Münsterland. In der sehenswerten Altstadt spiegeln sich mehr als 1000 Jahre Stadtgeschichte wider. Den Beinamen „Stadt der Burgmannshöfe" trägt Horstmar mit Stolz, denn bis heute sind vier der ehemals acht imposanten mittelalterlichen Anlagen erhalten, die dem Schutz der Stadt dienten. Horstmar liegt am Hang des Schöppinger Berges zwischen Münster und der niederländischen Grenze bei Groningen.

Stadtmarketingverein Horstmar Erleben e. V.
Schöppinger Straße 4
48612 Horstmar
☎ 02558/9979481
🌐 www.horstmarerleben.de

Sehenswertes

Historisches Rathaus
Sein heutiges Aussehen verdankt das Rathaus, in dem seit Jahrhunderten der Stadtrat tagt, einem Geschossaufbau aus Ziegelmauerwerk im Jahr 1571.
Adresse: Münsterstraße 1, 48612 Horstmar

Burgmannshöfe
Horstmar war ehemalige Burgmannsstadt. Burgmann ist ein Stand zwischen Uradel und Bauern. Burgmannshöfe wurden von Burgherren oder Landesherren auf oder neben größeren Burgen gebaut. Aufgrund der unterschiedlichen Fassaden und Architektur ist jeder Hof (11. Jahrhundert) einmalig und sehenswert, sechs von acht

sind noch erhalten und können besichtigt werden: Münsterhof, Sendenhof, Merveldter Hof, Borchhorster Hof, Valkenhof, Deipenhof.
Kontakt: Stadtmarketing-verein, Hubertus Brunstering, 02558/9979481

Mühlen
Im Ortsteil Leer liegen zwei Wind- und Wassermühlen am Leerbach, sie stammen beide wahrscheinlich aus dem Mittelalter.
Kontakt: Mühlen- und Heimat-verein Leer e. V., Josef Denkler, 02551/2163

Das Historische Rathaus mit den markanten blau-weißen Fensterläden

Und der sehenswerte Münsterhof mit den auffälligen gelb-roten Fensterläden

▸ Wasserburg Haus Alst
Ein historisches und architektonisches Kleinod ist die Wasserburg Haus Alst (1624) im niederländischen Renaissancestil, die noch heute bewohnt wird.
Adresse: Alst 1, 48612 Horstmar

Freizeit & Natur

▸ Radfahren
Zu ausgedehnten Radtouren laden die *100 Schlösser Route*, die *Aa-Vechte-Route* und die *NaTourismus-Route* ein. Horstmar hat auch eine direkte Anbindung an die *RadBahn Münsterland*.
Informationen: 🌐 www.100schloesserroute.de, 🌐 www.radbahn-muensterland.de

▸ Wandern
Der Schöppinger Berg ist mit 158 Metern die höchste Erhebung der Umgebung. Zu Spaziergängen und ausgedehnten Wanderungen lädt das ausgedehnte Waldgebiet Herrenholz ein. Jannings Quelle ist eine der größten Quellnischen in Westfalen.

Veranstaltungen & Feste

Eine **Schallplattenbörse** gibt es im März, im Juni findet der Markt **„Rosen, Garten & Ambiente“** statt, das **Sommernachtspicknick** lädt im August zum Mitmachen ein und **Kabarett- und Konzertveranstaltungen** werden im Herbst dargeboten.

Ibbenbüren

(Kreis Steinfurt)

Ibbenbüren (54 000 Einwohner) ist das wirtschaftliche und kulturelle Zentrum des Tecklenburger Landes. Zwischen der ersten urkundlichen Erwähnung der ehemaligen Bergbaustadt im Jahr 1146 und der Verleihung der Stadtrechte 1724 lagen knapp 600 Jahre. Bis 2018 war Ibbenbüren Standort eines der tiefsten Steinkohlenbergwerke Europas. Zu den „Bodenschätzen“ der Stadt gehört auch der weithin bekannte Ibbenbürener Sandstein. Die reizvolle landschaftliche Lage mit dem Teutoburger Wald im Süden und dem Schafberg-Plateau im Norden machen die Stadt zu einem beliebten Ausflugsziel. Die lebendige, durch Fachwerk und Ibbenbürener Sandstein geprägte City lädt zum Bummeln ein.

Stadtmarketing Ibbenbüren GmbH
Tourist-Information Ibbenbüren
Oststraße 28
49477 Ibbenbüren
☏ 05451/5454540
🌐 www.stadtmarketing-ibbenbueren.de

Sehenswertes

▸ Christuskirche
Die evangelische Christuskirche mit spätgotischem Kirchenschiff aus dem 16. Jahrhundert hat einen romanischen Westturm, dessen unterer Teil aus dem 12. Jahrhundert stammt. Der Kirchplatz, bis 1837 ein Friedhof, wird von denkmalgeschützten Häusern umsäumt.
Adresse: Kanalstraße 11, 49477 Ibbenbüren

▸ Alter Posthof
Erbaut 1743, bildete der Alte Posthof von 1781 bis 1856 als Sitz der Poststation das Zentrum von Ibbenbüren, wo Straßen, Kutschen, Reisende sich trafen.
Adresse: Poststraße 5, 49477 Ibbenbüren

▸ Kneipe am Kirchplatz
Das Haus „Kneipe am Kirchplatz“ trägt die Jahreszahl 1690, das zweistöckige Fachwerkhaus besticht durch das enggestellte Fachwerk.
Adresse: Kanalstraße 3, 49477 Ibbenbüren

▸ St. Mauritius
Die spätklassizistische katholische Mauritiuskirche, erbaut 1829 bis 1833 aus Ibbenbürener Sandstein, gilt als die größte und künstlerisch bedeutsamste Kirche des Klassizismus in Westfalen.
Adresse: An der Mauritiuskirche, 49477 Ibbenbüren

Museen

▸ Stadtmuseum
Das Stadtmuseum befindet sich in einem im Stil des Historismus 1892 erbauten Wohnhaus mit klassizistischer Fassade aus rotem Ziegel und heimischem Sandstein. Im Innern beeindrucken bemalte Stuckdecken, Holzvertäfelungen, Türportale, Jugendstil-Bodenfliesen und marmorierte Wände. Das Museum informiert über die geschichtliche und kulturhistorische Entwicklung Ibbenbürens.
Kontakt: Breite Straße 9, 49477 Ibbenbüren, ✆ 05451/5047795, 🌐 www.stadtmuseum-ibbenbueren.de

▸ Fahrzeug- und Technikmuseum „Alte Feuerwache"
Hier sind Oldtimer ab dem Baujahr 1920 und andere Sammlerstücke ausgestellt. Zudem ist eine Restaurationswerkstatt vorhanden und Fahrzeuge können auch ausgeliehen werden. Als besonderer Ausflugstipp empfiehlt sich ein Oldtimer-Picknick mit Roadmap und gefülltem Picknickkorb.
Kontakt: Püsselbürener Damm 23, 49477 Ibbenbüren, ✆ 0170/2722321, 🌐 www.altefeuerwache.net; *Oldtimer-Picknick:* ✆ 0170/2813760, 🌐 www.pd23.de

▸ Motorrad-Museum Ibbenbüren
In einem historischen Schulgebäude befindet sich das Motorradmuseum, in dem 180 Exponate vom Hochrad bis zur Rallye-Maschine die Herzen nicht nur von Motorradfans höherschlagen lassen.
Kontakt: Markweg 26, 49479 Ibbenbüren, ✆ 05451/6554, 🌐 www.motorradmuseum-ibbenbueren.de

▸ ☺ Heimathaus Ibbenbüren
Auf dem Gelände des Hofes Bögel-Windmeyer kann man eintauchen in das bäuerliche und handwerkliche Leben vergangener Zeit. Alte Berufe und Geräte werden hier gezeigt.
Kontakt: Am Sportzentrum 30, 49477 Ibbenbüren, Verein für Heimat- und Brauchtumspflege Ibbenbüren, ✆ 05451/16360

Freizeit & Natur

▸ ☺ Aasee-Park mit Beach-Club „IbbgoesBeach"
Der in der Nähe des Stadtzentrums gelegene See ist eines der beliebtesten Ausflugsziele in Ibbenbüren. Auf dem Rundweg von ca. 2,7 km Länge kann man bei einem Spaziergang die Seele baumeln lassen oder eine Radtour an dem Sandstrand des Beach-Clubs ausklingen lassen. Außerdem direkt am See: Skate-Park, Boule-Anlage, Tretboot-Verleih, Restaurant, Strandbar und mehrere Kinderspielplätze.

▸ Ballonfahren
Das Ballonteam Mettingen bietet Ballonfahrten rund um Ibbenbüren an.
Kontakt: ✆ 05452/935493, 0151/11851867, 🌐 www.ballonteam-mettingen.de

▸ ☺ Dampflokfahrten
Zwischen Ibbenbüren-Aasee und Dörenthe fährt der Teuto-Express, ein historischer Zug mit einer Dampflok aus dem Jahr 1923 und einer historischen Diesellok aus dem Jahr 1950. Tickets sind im Vorverkauf in der Tourist-Information Ibbenbüren (✆ 05451/5454540) erhältlich.
Informationen: 🌐 www.eisenbahn-tradition.de

Erlebnishof Löbke

Ein Besuch auf dem Erlebnishof Löbke ist ein Erlebnis für die ganze Familie. Ein Bauerngarten mit verschiedenen Kräutern, Blumen und alten Gemüsesorten lädt zum Bummeln ein. Der 6000 qm große Spielpark ist für Kinder ein wahres Paradies. Für Tierfreunde werden an Wochenenden gegen Gebühr Alpakawanderungen angeboten. Ein Hof-Restaurant und ein Hofladen bieten hofeigene Spezialitäten an.
Kontakt: Alstedder Straße 148, 49479 Ibbenbüren, 05451/5058300, www.loebke.com

Fröhlich und bunt geht es auf der Ibbenbürener Großkirmes zu

Kletterwald Ibbenbüren

Im Kletterwald Ibbenbüren warten über 145 Kletterelemente unterschiedlicher Schwierigkeitsgrade auf die Besucher. Ein besonderes Highlight ist die 185 m lange Seilbahn. Auch Teamtrainings werden angeboten.
Kontakt: Am Sportzentrum, 49477 Ibbenbüren, 05451/5448794, www.kletterwald-ibbenbueren.de

Lasertag-Arena „ibbinspace"

In der futuristischen Szenerie der 600 qm großen Arena treten Einzelspieler oder Teams, ausgestattet mit Phasern und sensorgesteuerter Westen, gegeneinander an. Schnelligkeit, Geschick und Taktik sind beim Taggen gefragt.
Kontakt: Münsterstr. 64, 49477 Ibbenbüren, 05451/9589980, www.ibbinspace.de

NaturaGart-Park mit Unterwasserpark

In dieser Garten- und Teichlandschaft kommen Naturliebhaber und Gartenfreunde auf ihre Kosten. Groß angelegte Teiche mit über 250 Seerosen-Sorten sowie das größte Kaltwasseraquarium in Deutschland machen den besonderen Reiz der Anlage aus. Im eigens angelegten Tauchpark werden Schnuppertauchkurse, Tauchgänge und Tauchausbildung angeboten. Auch Führungen sind möglich. Die Palmenhalle und das Café Seerose laden zum Einkehren ein.
Kontakt: Riesenbecker Straße 63, 49479 Ibbenbüren-Dörenthe, 05451/59340, www.naturagart.de

Naturdenkmal Dörenther Klippen

Die knapp 4 km lange Sandstein-Felsformation Dörenther Klippen liegt direkt am Hermannsweg auf dem Kamm des Teutoburger Waldes. Besonders markant ist der sagenumwobene Felsen „Hockendes Weib", um den sich eine bekannte Sage rankt. Von der Plattform der nahe gelegenen „Almhütte" hat man einen hervorragenden Ausblick in das Münsterland.
Startpunkt: Wanderparkplatz an der B 219 (Münsterstraße), 10–15 Gehminuten

Radfahren

Ibbenbüren liegt an zahlreichen überregionalen Radrouten wie der *100-Schlösser-Route*, dem *Dortmund-Ems-Kanal-Radweg*, der *Hase-Ems-Tour*, den *Natourismusrouten* und dem *Töddenland-Radweg*. Zudem laden örtliche und regionale Routen verschiedener Schwierigkeitsgrade zu Radtouren von rund 20 bis 60 km Länge ein, so zum Beispiel der Rundkurs *Kloster, Kanal und Klippen* oder die Touren *Ibbenbüren Total* (61 km); *Ibbenbüren kinderleicht* und *Ibbenbüren anspruchsvoll*.

▸ Schwimmen

Aaseebad Ibbenbüren: Neben dem großzügigen Außenbereich des Freibades mit Beach-Volleyballfeld, -Soccerfeld, Fußballgolfanlage und Matschspielplatz ziehen vor allem das Waterclimbing sowie die 100-m-Riesenwasserrutsche junge Badegäste in ihren Bann. Das große Indoor-Wellenbecken, eine Textilsauna, Massagedüsen, eine Grotte u. v. m. bieten Badespaß für die ganze Familie. Freibad Laggenbeck: Das Freibad im Ortsteil Laggenbeck ist ein Garant für Badespaß unter freiem Himmel. Auf der großen Liegewiese kann man die Sonne genießen und sich die Zeit mit Beachvolleyball, Tischtennis, Kicker oder Boule vertreiben.

Kontakt:
Aaseebad: An der Umfluth 99, 49479 Ibbenbüren, 05451/14770, www.aaseebad-ibbenbueren.de
Freibad: Tecklenburger Straße 11, 49479 Ibbenbüren, 05451/8208, www.freibad-laggenbeck.de

▸ Sommerrodelbahn & Freizeitpark

Der Freizeitpark Sommerrodelbahn – im Naturpark TERRA.Vita gelegen – ist eines der ältesten Ausflugsziele in NRW. Dort begeistern eine 120 m lange Schlittenpiste, ein Märchenwald mit liebevoll ausgestatteten Holzhäuschen, ein Oldtimer-Express und Spielplätze die Besucher. Eine „Reise um die Welt" führt u. a. in die Welt der Eskimos und Indianer.

Kontakt: Münsterstraße 265, 49479 Ibbenbüren, 05451/3226, www.sommerrodelbahn.de

▸ Wandern

Zahlreiche Wege in und um Ibbenbüren laden zum Wandern ein. Die bekannteste Strecke sind die *Hermannshöhen* (von Rheine bis Marsberg), eine Kombination aus Hermannsweg und Eggeweg. Sie bieten besonders auf der Strecke zwischen Hörstel und Ibbenbüren (Etappe 2) hervorragende Ausblicke in das Münsterland. Die Teutoschleifen *Dörenther Klippen* und *Heiliges Meer* sind Premiumwanderwege mit überwiegend naturnahen Strecken. Ergänzt wird das Wanderwegenetz durch einige X-Wege des Westfälischen Heimatbundes. Eine gute Wahl für eine Familienwanderung ist der *TERRA.Tipp „Dörenther Klippen"*, bei dem ein Abstecher zum Freizeitpark Sommerrodelbahn eingeplant werden sollte.

Informationen: www.hermannshoehen.de, www.teutoschleifen.de, www.stadtmarketing-ibbenbueren.de

Veranstaltungen & Feste

Zahlreiche Veranstaltungen machen Ibbenbüren zu einem lebendigen Mittelpunkt der Region. Für den Auftakt im Jahresverlauf sorgen u. a. das Stadtfest **„Ibbenbüren brummt"** mit Automarkt (Wochenende nach Ostern) und die **Motorrad-Veteranen-Rallye** an Pfingsten. Im Mai oder Juni lädt der **Radelsonntag „Ibbenbüren aufs Rad"** auf ausgeschilderten Strecken zum Mitradeln ein. Kunst und Kultur unter freiem Himmel gibt es in den Sommerferien bei der Programmreihe „Mittwochs draußen". Die **Ibbenbürener Großkirmes** am ersten Wochenende im September mit über 200 Schaustellern blickt auf eine lange Tradition zurück und ist die zweitgrößte Innenstadtkirmes ihrer Art. Beim **Kartoffelfest „Tolle Knolle"** am ersten Oktober-Wochenende dreht sich alles um den beliebten Erdapfel. Von Ende November bis Anfang Januar wird mit **„Ibbenbüren on Ice"** das coolste Eisspektakel im Münsterland gefeiert.

Isselburg

(Kreis Borken)

Bestehend aus sechs Ortsteilen – Isselburg, Anholt, Werth, Herzebocholt, Heelden und Vehlingen – und nahe an der niederländischen Grenze und dem Niederrhein gelegen, punktet Isselburg (11 100 Einwohner) mit einer Vielfalt touristischer Angebote. Ackerbürger, Weber, Töpfer, Bierbrauer und Glockengießer lebten in Isselburg, das 1441 zu den Stadtrechten kam.

Tourist-Info der Stadt Isselburg
Markt 5–7
46419 Isselburg
02874/942344
www.isselburg.de

Sehenswertes

▸ Wasserburg Anholt

Sie ist eine der größten und schönsten Wasserburgen im Münsterland mit dem charakteristischen Turm aus dem 12. Jahrhundert, ihrem Ausbau im Barockstil und den barocken Gärten (1705) mit Skulpturen. Sie ist nur teilweise zu besichtigen, denn der linke Flügel dient noch als Residenz der Fürstenfamilie zu Salm-Salm und beherbergt auch ein Museum, der rechte ist ein Hotel.
Kontakt: Schloß 1, 46419 Isselburg, 2874/90089-0, www.wasserburg-anholt.de

▸ Werther Mühle

Die Turmwindmühle von 1498 war ursprünglich ein Wehrturm der früher eigenständigen Stadt Werth, und wurde im 16. Jahrhundert zur Getreidemühle umgebaut. Ihr Antrieb erfolgte durch Segelflatterflügel. Das Antriebs- und Mahlwerk von 1554 ist noch erhalten. Eine Besichtigung ist möglich (über die Tourist-Info, 02874/942344).
Adresse: Zur Mühle 11, 46419 Isselburg

▸ Historisches Rathaus in Anholt

Das historische Rathaus wurde 1567 errichtet, es handelt sich um einen verputzten Backsteinbau mit geschweiftem Giebel und runden Fialen.
Adresse: Markt 14–16, 46419 Isselburg

▸ Mittelalterliches Rathaus in Werth

Von der mittelalterlichen Burg Werth, einer ehemaligen Wasserburg, ist nur das zur Stadtbefestigung gehörende Torhaus erhalten, das lange Zeit als Rathaus genutzt wurde. Heute dient es als Kulturzentrum.
Adresse: Deichstraße 16 a, 46419 Isselburg-Werth

Das barocke Schloss Anholt gilt als eine der schönsten Wasserburgen im Münsterland

▸ Stadtturm Isselburg

Die neu gegründete Stadt Isselburg hatte im 15. Jahrhundert eine Stadtmauer mit vier Türmen und drei Toren. Der Wehrturm aus dem 15. Jahrhundert mit 15 m Höhe und

1,75 m dicken Mauern ist der letzte erhaltene. In der Turmstube werden heute mittelalterliche Möbel, Geschirr- und Waffenrepliken ausgestellt.
Kontakt: Heimatkreis Isselburg e. V., 02874/750, www.heimatkreis.com

Museum

Museum Wasserburg Anholt

Das Museum in der Barockresidenz zeigt Porzellan, Wandteppiche, Mobiliar, eine Münzsammlung, die Bibliothek, die Waffenkammer, die Hofküche, das Verlies im Dicken Turm und als Highlight die Gemäldegalerie, u. a. mit Rembrandts „Diana und Actäon". Auch der Park kann gegen Eintrittsgeld das ganze Jahr besucht werden.
Kontakt: Schloß 1, 46419 Isselburg, 2874/90089-0, www.wasserburg-anholt.de

Freizeit & Natur

Biotopwildpark Anholter Schweiz

1893 ließ Fürst Leopold zu Salm-Salm in Erinnerung an seine Hochzeitsreise eine Nachbildung des Vierwaldstätter Sees mit dem Schweizer Haus und der Felsenlandschaft anlegen. Zum 100-jährigen Jubiläum wurde dieser „Englische Garten" zum 56 ha großen Biotopwildpark erweitert. Hier leben neben Kragenbären und Braunbären im tiergerechten Bärenwald 50 verschiedene Tierarten in artgerechten Gehegen und Großvolieren. 6 km Wanderwege führen durch den Park.
Kontakt: Pferdehorster Straße 1, 46419 Isselburg, 02874/45355, www.anholter-schweiz.de

Golf

Der Platz des Golfclubs Wasserburg Anholt e.V. ist umgeben von der Anlage der Wasserburg Anholt und dem benachbarten Tierpark und wird durchzogen von zwei Flussläufen. Die 18 Spielbahnen haben eine Länge von 5314 m (Damen) bzw. 6041 m (Herren).
Kontakt: Schloss 3, 46419 Isselburg-Anholt, 02874/915120, www.golfclub-anholt.de

Hochseilgarten Isselburg

In einer Höhe von bis zu 12 m und auf zwei Ebenen ist Geschicklichkeit gefragt.
Kontakt: Minervastraße 75, 46415 Isselburg, 02874/9234

Kanutouren

Ab Isselburg kann man auf der Issel Kanutouren z. B. nach Gendringen/Niederlande unternehmen.
Kontakt: Wolfgang Fischer, 2801/9844058, www.my-kanutours.de

Ponyhof

Auf dem Ponyhof Leiting gibt es viele Attraktionen für Kinder: Ponys, Streichelzoo, Trampolin, Kinderspielplatz, Autoscooter, große Traktoren u. v. m. lassen Kinderherzen höherschlagen.
Kontakt: Thomas Leiting, Alte Bundesstraße 3, 46419 Isselburg, 02873/757, www.ponyhof-leiting.de

Radfahren

Der Radweg *Bocholter Aa (Aa-Route)* führt durch idyllische flache Landschaften und historische Stadtkerne und verbindet die Orte Velen, Borken, Rhede, Bocholt und Isselburg. Die Königin der Radrouten im Münsterland ist die *100 Schlösser Route*, auf der man durch die Münsterländer Parklandschaft radelt und zahlreiche Wasserschlösser, Burgen, Herrensitze und Gräftenhöfe entdecken kann.
Informationen: www.100schloesserroute.de

Veranstaltungen & Feste

Das alljährliche **Stadtfest** in Isselburg wird immer am Samstag und Sonntag nach Fronleichnam gefeiert.

Ladbergen

(Kreis Steinfurt)

Die Gemeinde Ladbergen (7000 Einwohner) im Tecklenburger Land ist eine der kleinsten im Kreis. 950 wurde erstmalig ein Ort an dieser Stelle urkundlich erwähnt, jedoch legen Ausgrabungen eine wesentlich frühere Besiedlung nahe. 1149 wurde Ladbergen ein selbstständiges Kirchspiel. Im Mittelalter gehörte es zur Herrschaft der Grafen von Tecklenburg. Erwerbsquelle war über Jahrhunderte die Landwirtschaft, jedoch veranlasste der karge Sandboden viele Ladberger, im 20. Jahrhundert nach Amerika auszuwandern. Dafür entwickelte sich das Handwerk positiv, insbesondere das Tischlerhandwerk machte sich über die Region hinaus einen Namen.

Tourist-Info Ladbergen
Alte Schulstraße 1
49549 Ladbergen
05485/3635
www.ladbergen.de

Sehenswertes

Evangelische Kirche
Die Kirche wurde 1854 bis 1856 in einer Bauweise erbaut, die auf die Berliner Richtung und den Preußischen König Friedrich Wilhelm zurückgeht. Der Glockenturm ist von 1892.
Adresse: Dorftstr. 18, 49549 Ladbergen

Getreidemühle Erpenbeck
Bei der Getreidemühle Erpenbeck handelt es sich um eine 1840 fertiggestellte und 1991 restaurierte Öl-, Boke- und Zichorienmühle. Mahlvorführungen finden auf Anfrage statt.
Kontakt: Erpenbecker Straße, 49549 Ladbergen, 05485/96090

Der Afrouper ist der Ausrufer vor der Tourist-Info

Afrouper
Die Bronzeskulptur des „Ausrufers" (1994) erinnert an den alten Brauch, Nachrichten und Bekanntmachungen nach dem Gottesdienst auszurufen.

Museum

Heimatmuseum
Im Ladberger Heimatmuseum erhalten Sie Einblick in Ladbergens Geschichte, Kultur,

In der Getreidemühle Erpenbeck kann man noch heute sehen, wie Korn gemahlen wird

Leben und Bräuche bis in die Gegenwart.
Kontakt: Am Aabach 9, 49594 Ladbergen, 05485/1408

Freizeit & Natur

▸ Badesee Buddenkuhle

Der See lädt zum Angeln, Baden und Schwimmen ein, man kann Tennis und Volleyball spielen und es gibt Bocciabahnen.
Adresse: An der Buddenkuhle, 49549 Ladbergen

▸ Golf

Auf dem 9-Loch-Golfplatz der Golfanlage Ladbergen mit 20 Abschlagplätzen sind Gäste mit Platzreife gern gesehen.
Kontakt: Hölterweg 8, 49549 Ladbergen, 05485/831813, www.golf-ladbergen.de

▸ Radfahren

Die *Brachvogelroute*, eine der sechs *Na-Tourismus-Routen* im Tecklenburger Land, führt auf 40 km durch die Feuchtgebiete der Gegend. Drei Fernradwege führen zudem durch Ladbergen und die Region: die *Deutsche Fußball Route NRW*, die *Dortmund-Ems-Kanal-Route* und die *Friedensroute*.
Informationen: www.deutsche-fussballroute.de, www.friedensroute.de

▸ Reiten

Reitfreunde – ob für Reitunterricht oder Reitferien – sind auf dem Reiterhof Westerfeld richtig aufgehoben.
Kontakt: Familie Tegelmann, Westerweg 106, 49549 Ladbergen, 05485/2440, www.reiterhof-tegelmann.de

▸ Wandern & Pilgern

Durch Ladbergen verläuft eine Etappe des *Jakobswegs* (Weg I von Osnabrück bis Wuppertal-Beyenburg) und es gibt drei Stempelstellen.

Die *Kirchwege* laden zu insgesamt 16 Rundtouren (zu Fuß oder per Rad) durch das Tecklenburger Land ein, über 60 Kirchen gibt es zu entdecken.
Informationen: www.jakobspilger.lwl.org, www.jakobswege-westfalen.de

Veranstaltungen & Feste

Die traditionelle **Ladberger Sommerkirmes** mit Fahrgeschäften, Spielen und Musik findet immer am dritten Wochenende im August im Bereich Kirchplatz/Alte Schulstraße statt.
Am zweiten Adventswochenende öffnet das **Ladberger Weihnachtsdorf** seine Tore.

Laer

(Kreis Steinfurt)

Die Gemeinde Laer (6700 Einwohner) im nordwestlichen Münsterland besteht aus den Ortsteilen Laer und Holthausen. Beide Ortsteile habe eine lange Geschichte.
Laer wurde 1134 erstmalig erwähnt, auf dem Gebiet wurden jedoch Wälle einer alten Wehranlage aus dem 5. Jahrhundert entdeckt. Im 19. Jahrhundert blühte die Textilindustrie in Laer auf und war einer der stärksten Industriezweige. Mitte des 20. Jahrhunderts schloss die letzte Leinenweberei. Der Ortsteil Holthausen hat seinen Ursprung im Rittergeschlecht Holthausen um das Jahr 1000.

Gemeinde Laer
Mühlenhoek 1
48366 Laer
02554/910420
www.laer.de

Stolz ragt der Turm der katholischen Pfarrkirche St. Marien in den Himmel auf

Sehenswertes

▸ Schulzenhof Welling
Das Rathaus befindet sich im alten Schulzenhof Welling am Rathausplatz mit altem Speicher und Mühlenturm, umgeben von Park- und Teichanlagen. Der Schulzenhof Welling wurde 1248 erstmals urkundlich erwähnt. Die historische Klappwindmühle wird heute zu Wohnzwecken genutzt.
Adresse: Am Rathaus 1 – Alter Speicher, 48366 Laer

▸ St. Bartholomäus
Die römisch-katholische Pfarrkirche wurde erstmals 1181 urkundlich erwähnt und 1278 an die Johanniter in Burgsteinfurt verkauft. Die heutige spätgotische Hallenkirche aus Baumberger Sandstein wurde über dem romanischen Vorgängerbau errichtet. Der imposante Westturm trägt das Datum 1448.
Adresse: Kolpingweg 4, 48366 Laer

▸ St. Marien
Die römisch-katholische Kirche von Holthausen hat ihren Ursprung in der Pfarrei Holthausen von 1265. Vom Kirchenbau von 1448 ist noch der Chor erhalten.
Adresse: Borghof 14, 48366 Laer-Holthausen

Museum

▸ Holskenmuseum
Das Holzschuhmuseum befindet sich in einem denkmalgeschützten Haus aus dem Jahr 1935. Hier wohnte und arbeitete der Holzschuhmachermeister Clemens Bäumer mit seiner Familie. Heute kann man sich in dem vom Heimatverein eingerichteten Museum mit seinen Werkzeugen und Maschinen über das Holzschuhmacherhandwerk informieren.
Kontakt: Terup 25, 48366 Laer,
🌐 www.heimatverein-laer.de

Freizeit & Natur

▸ Kutsch- & Planwagenfahrten
Aus der Kutsche oder dem Planwagen heraus kann man in netter Gesellschaft die schöne Landschaft langsam an sich vorbeiziehen lassen.
Kontakt: Eigenbrodt, Am Bach 7, 48612 Horstmar-Leer, ☏ 02551/82614,
🌐 www.kutsch-planwagenfahrten-eigenbrodt.de

▸ Radfahren
Gut ausgebaute und ausgeschilderte Radrouten führen durch Laer und die Region: Die *Aa-Vechte Tour*, die *RadBahn Münsterland*, die *NaTourismus-Routen* sowie die *100 Schlösser Route*.
Informationen: 🌐 www.radbahn-muensterland.de,
🌐 www.100schloesserroute.de

Legden

(Kreis Borken)

Legden (7500 Einwohner) liegt eingebettet in die Münsterländer Parklandschaft in der Nähe der niederländischen Grenze. Die Gemeinde besteht seit 1969 aus den Ortsteilen Legden und Asbeck. Die erste urkundliche Erwähnung beider Orte geht auf das Jahr 1092 zurück. Legden trägt auch den Namen Dahliendorf, alle drei Jahre findet im September ein Dahlienblumenkorso statt und der Dahliengarten im Ortskern ist jeden Sommer zu bewundern. Asbeck hat seinen dörflichen Charakter als ehemaliges Stiftsdorf bewahrt, Dormitorium und Stiftsmuseum sind historische Zeugnisse dieser Zeit.

Touristik Legden und Asbeck
Hauptstraße 32
48739 Legden
02566/910-251
www.legden.de/tourismus-freizeit

Vor der Kulisse von St. Brigida erblühen im Sommer die Dahlien

Sehenswertes

Stift Asbeck

Im 12. Jahrhundert wurde das Klostergebäude als Wohnhaus der Äbtissinnen gebaut. 1805 wurde das Damenstift aufgelöst und von der Familie zu Salm erworben. Heute wird es als privates Wohnhaus genutzt. Eine Besichtigung der Reste des Südflügels vom Kreuzgang (hier befinden sich heute Ausstellungsräume eines Geschäftes) ist möglich. Das historische Torhaus (1630) ist der nördliche Eingang zum Stiftsbezirk. Die romanische Stiftskirche St. Margareta stammt aus dem 12./13. Jahrhundert. Im Dormitorium und Kreuzgang (um 1200) unterhält der Heimatverein Asbeck e.V. u.a. eine Stiftsdokumentation.
Adresse: Stiftsstraße, 48739 Legden

Dahliengarten

Mehr als 180 verschiedene Dahliensorten können mitten im Ortskern von Legden in der Blütezeit von Mitte Juli bis Mitte Oktober bewundert werden, der integrative Begegnungsgarten ist öffentlich und ganzjährig geöffnet. Es gibt verschiedene Veranstaltungen und geführte Besichtigungen nach Vereinbarung.
Informationen:
www.dahliengarten-legden.de

St. Brigida

Die spätromanische Pfarrkirche aus dem 13. Jahrhundert hat ein sehr altes Glasbrandfenster, das Wurzel-Jesse-Fenster mit der Darstellung des Stammbaumes Jesu.
Adresse: Kirchplatz 8, 48739 Legden

Haus Egelborg

Das Wasserschloss (1559–1713) im niederländischen

Renaissancestil kann von außen besichtigt werden.
Adresse: Beikelort 95, 48739 Legden

Düstermühle
Die Backsteinmühle am Ufer der Dinkel ist ein beliebtes Ausflugsziel mit Gastronomie.
Adresse: Wehr 252, 48739 Legden

Beim Dormitorium des Klosters Stift Asbeck aus dem 12. Jahrhundert treffen Alt und Neu aufeinander

Museum

Dormitorium Asbeck
Das Dormitorium und der Kreuzgang (ca. um 1200) wurden vom Heimatverein Asbeck e.V. erworben und umgebaut und werden heute als Saal für Begegnungen, Kunst und Kommunikation genutzt. Eine Stiftsdokumentation, eine Ausstellung zur Geschichte der Münsterländer Damenstifte, befindet sich im Obergeschoss.
Kontakt: Stiftsstraße 20, 48739 Legden-Asbeck, ✆ 02566/909419,
🌐 www.heimatverein-asbeck.de

Freizeit & Natur

Radfahren
Legden ist hervorragend an das überregionale Radwandernetz *(Flamingo-Route, 100-Schlösser-Route, Hamalandroute, Europaradweg R1)* angeschlossen und somit ein idealer Ausgangspunkt für Radtouren durch das schöne Münsterland. Für eine flexible Tourenplanung können mithilfe des Knotenpunktsystems individuelle Routen aber auch bekannte Radrouten kombiniert und zusammengestellt werden.
Für Erkundungen mit dem E-Bike gibt es unter www.legden.de eine Auflistung der einzelnen Ladestationen.
Informationen: 🌐 www.flamingoroute.com,
🌐 www.100schloesserroute.de,
🌐 www.r1-radweginfo.de

Reiten
Wanderritte sowie eine Reitschule und verschiedene Seminare bietet das Zentrum für Freizeitreiten an.
Kontakt: Elke Waning, Beikelort 85, 48739 Legden, ✆ 0171/2676188,
🌐 www.zentrum-fuer-freizeitreiten.de

SKULPTOURA – Skulptourenroute Asbeck
Im Stiftsdorf Asbeck gibt es einen 3,5 km langen Spazierrundweg, der am Dorfteich startet und endet. Der Weg führt vorbei an kulturellen Orten wie der Stiftsmühle, technischen Denkmälern, mehreren ehemaligen Kreuzwegstationen und historischen Bildstöcken. Der Rundweg gewährt außerdem reizvolle Ausblicke in die freie Natur und führt vorbei am Naturdenkmal „Dicke Linde", entlang der historischen Wallanlage am Haus Asbeck, bis hin zu Obstbaumwiesen und Blühstreifen.
Informationen: 🌐 www.legden.de/skulptoura

Veranstaltungen & Feste

Am 1. Mai findet traditionell der **Asbecker Schnadgang** statt, dabei werden die Grenzen

des Hauses Asbeck und des adligen Damenstiftes in historischen Kostümen abgeschritten.
Mit jährlich bis zu 80 000 Besuchern zählt der **Düstermühlenmarkt** im August zu den größten Volksfesten im Münsterland. Auf den Wiesen rund um die Düstermühle erwartet die Besucher ein abwechslungsreiches Angebot bestehend aus großer Agrarschau, Krammarkt, Kirmes, Pferde- und Kleintiermarkt.

Lengerich

(Kreis Steinfurt)

Die Stadt Lengerich (23 900 Einwohner) liegt zwischen Münster und Osnabrück im Tecklenburger Land am Südhang des Teutoburger Waldes. Erste Siedlungsspuren wurden in der Bauernschaft Wechte in den 1920er-Jahren gefunden. Reste von Megalithgräbern reichen etwa 4000 Jahre zurück. Lengerich selbst wird erstmals 1147 urkundlich erwähnt. Vom 14. bis 16. Jahrhundert ließ die jährliche Margarethenwallfahrt den Ort aufblühen. Im 19. und 20. Jahrhundert prägte die Industrialisierung neben der Landwirtschaft die Stadt.

Tourist-Information
Rathausplatz 1
49525 Lengerich
05481/339120
www.lengerich.de

Sehenswertes

Altes Rathaus
Im Alten Rathaus, 1897 errichtet, befinden sich heute die Tourist-Information, die Stadtbücherei und das Stadtarchiv.
Adresse: Rathausplatz 1, 49525 Lengerich

Haus Beccard
Das Heimathaus „Haus Beccard“ ist eines der ältesten Gebäude von Lengerich, die Ursprünge des für die Region typischen Ackerbürgerhauses liegen im 17. Jahrhundert, seine heutige Gestalt und die klassizistische Fassade erhielt es im 19. Jahrhundert.
Adresse: Bergstraße 10, 49525 Lengerich

Römer
Der Römer ist das Wahrzeichen der Stadt – der Friedhofsdurchgang mit Fachwerküberbauung wurde seit dem 16. Jahrhundert unterschiedlich genutzt: angefangen vom Wohnhaus über Rathaus und Archiv, Gefängnis und Feuerwehrgeräteunterstand bis hin zum Klassenzimmer. Heute ist er ein Restaurant.
Adresse: Rathausplatz 4, 49525 Lengerich

Kontor
Das Kontor aus dem 18. Jahrhundert mit spätklassizistischer Fassade aus den Jahren 1896 bis 1897 war das Wohnhaus der Familie Gembt, die früher eine Zichorien- und Pumpernickelfabrik betrieb, später aber Hanf- und Drahtseile hergestellte.
Adresse: Bahnhofstraße 14, 49525 Lengerich

Gempt-Halle und Schornstein
Das alte Fabrikgebäude der ehemaligen Drahtseilerei J.H. Gempt (1856 gegründet) ist heute Veranstaltungsort für Stadt und Region.
Adresse: Gemptplatz 1, 49525 Lengerich

Megalithgrab
Im Ortsteil Wechte befindet sich ein ca. 4000 Jahre altes Megalithgrab. Es ist typisch für die Begräbniskultur der Menschen jener Zeit.
Adresse: Brochterbecker Straße 71, 49525 Lengerich-Wechte

Gut Erpenbeck
Auf dem früheren Gräftenhof Gut Erpenbeck (1230 erstmalige urkundliche Erwähnung) befinden sich eine restaurierte Öl- und

Getreidemühle, ein Torbogen (1766), ein Speicher, ein Wohnhaus, eine Schinkenräucherei und eine 1100-jährige Eibe. Landwirtschaftliche Produkte kann man im Hofladen kaufen.
Adresse: Erpenbecker Straße 128, 49525 Lengerich

Blick über Lengerich

Museen

▸ Heimathaus „Haus Beccard“
Im Heimathaus sind Exponate zum Leben und Arbeiten in der Kleinstadt zu bestaunen. Besichtigung auf Anfrage.
Kontakt: Heimatverein Lengerich e.V., Bergstraße 10, 49525 Lengerich, Dr. Alois Thomes, ✆ 05481/1657

▸ ☺ Westfälisches Feldbahnmuseum
Feldbahnen, die für den Transport von Bodenschätzen eingesetzt wurden, werden in diesem Museum restauriert und ausgestellt.
Kontakt: Lienener Straße 33, 49525 Lengerich, ✆ 05481/6330, 🌐 www.eisenbahnfreunde-lengerich.de

Freizeit & Natur

▸ ☺ Dampflokfahrten
Mit dem Teuto-Express kann man Dampflokfahrten ab Lengerich durch das Tecklenburger Land unternehmen.
Informationen: 🌐 www.eisenbahn-tradition.de

▸ Lengericher Canyon
Der unter Naturschutz stehende Lengericher Canyon mit seinem aus einem stillgelegten Kalksandsteinbruch entstandenen türkisblauen See bietet einmalige Ausblicke von drei Aussichtsplattformen.
Kontakt: Canyon, 49525 Lengerich

▸ ☺ Schwimmen
Ein Hallen- und ein Freibad laden zum Schwimmen und Baden ein.
Kontakt: In den Rietbroken 8–10, 49525 Lengerich, ✆ 05481/5577, 🌐 www.bwg-baeder.de

▸ Skulpturenpark
Zwischen den beiden Krankenhäusern am Südhang des Teutoburger Waldes liegt der Skulpturenpark, der Teil des Landschafts- und Naturschutzgebietes „Am Kleeberg“ ist. Das kontinuierlich wachsende Projekt kann auf einem Rundwanderweg betrachtet werden.

▸ Wandern & Radfahren
Für Wandertouren bieten sich der *Hermannsweg*, der *Jakobsweg*, die *Teutoschleife Canyon Blick* an. Schöne Radtouren lassen sich z. B. auf der *Friedensroute*, der *100 Schlösser Route*, dem *Terra.vita Trail 11* und der *Sagenroute* unternehmen.
Informationen: 🌐 www.hermannshoehen.de, 🌐 www.teutoschleifen.de, 🌐 www.geopark-terravita.de, 🌐 www.friedensroute.de, 🌐 www.jakobswege-westfalen.de, 🌐 www.100schloesserroute.de,

Veranstaltungen & Feste

In Lengerich finden zahlreiche Veranstaltungen wie **Holländischer Markt** (Frühjahr), **Brunnenfest** (im Juni), **Stöppelmarkt** (im August), **Schaftag** (im September), **Römermarkt** (im Oktober) u. v. m. statt. Den Abschluss bildet der **Weihnachtsmarkt auf Gut Erpenbeck** am 3. Advent.

Lienen

(Kreis Steinfurt)

Die Gemeinde Lienen (8600 Einwohner) mit den Ortsteilen Lienen (staatlich anerkannter Erholungsort) und Kattenvenne sowie sechs Bauerschaften liegt am Südhang des Teutoburger Waldes, eine siebte Bauerschaft – Holperdorp – liegt nördlich des Berges. Der Westerbecker Berg bei Lienen ist mit 235 m die höchste Erhebung im Münsterland.
Der Name Lienen taucht 1088 erstmalig in einer Urkunde auf und bedeutet „Ort am Berg", während Kattenvenne 1312 zum ersten Mal urkundlich erwähnt wird und auf die Moor- und Heidelandschaft hinweist.

Tourist-Information
Haus des Gastes
Diekersdamm 1
49536 Lienen
05483/739650
www.lienen.de

Sehenswertes

Duvensteine in Holperdorp
Die Duvensteine sind Felsengebilde aus Sandstein, die dem Namen nach vorchristliche Kultstätten gewesen sein könnten.

Freizeit & Natur

Ballonfahren
Das Münsterland aus der Luft genießen, das kann man bei einer Ballonfahrt ab Lienen.
Kontakt: *Ballonteam Beckmann:* Hörster Brede 10, 49536 Lienen, 05481/6438 u. 0162/8103505, www.ballonteam-beckmann.de
H2 ballooning: 05484/6529940, www.ballon.team

Barfußpark
Barfuß laufen und spüren, wie sich unterschiedliche Naturmaterialen anfühlen, das ermöglicht der Barfußpark. Und der angrenzende Wasserspielplatz lädt die Kleinen zum Matschen und Klettern ein.
Kontakt: Haus des Gastes, Diekesdamm 1, 49536 Lienen, www.barfusspark-lienen.de

Radfahren
Radtouren durch die Münsterländer Parklandschaft bieten sich auf unterschiedlichen Radrouten an: Hecken und kleine Bauernwälder, Wiesen und Weiden säumen die *Heckenroute* (ein Rundkurs der *NaTourismus-Routen*) durch flache Landschaft. Die *Friedensroute* verbindet die historischen Rathäuser der Städte Münster und Osnabrück. Die *Grenzgängerroute Teuto-Ems* führt durch zwölf Städte und Gemeinden, teils auf alten Schmugglerpfaden.
Informationen: www.friedensroute.de, www.grenzgaengerroute.de

Reiten
In der pferdefreundlichen Gemeinde Lienen gibt es vielseitige Reitangebote. Die *Reitroute Lienen* ist ein 34 km langer Rundreitweg durch die Münsterländer Parklandschaft.
Kontakt:
Zucht-, Reit- und Fahrverein Lienen e. V., Meckelweger Straße 21, 49536 Lienen, 05483/749486, www.rv-lienen.de, Reit-

Das Münsterland ist eine pferdefreundliche Region

anlage: Nigge Weg, 49536 Lienen-Westerbeck
Reiterhof Hunsche, Reiterweg 5, 49536 Lienen, ☏ 05483/574, 🌐 www.reiterhof-hunsche.de

▸ Schwimmen
Im Hallenfreibad mit Innen- und Außenbecken, Liegewiese sowie Spielmöglichkeiten für Volleyball, Tischtennis und Schach ist für Erfrischung, Spiel und Spaß ganzjährig gesorgt.
Kontakt: Holperdorper Str. 37, 49536 Lienen, ☏ 05483/74298

▸ Wandern
15 Rundwanderwege zu den Höhen des Teutoburger Waldes und durch alte Buchenwälder laden zu abwechslungsreichen Touren ein. Der „Holperdorper" *(Teutoschleifen),* ein 13 km langer Rundweg, bietet viel Abwechslung. Der *Hermannsweg* ist im Teutoburger Wald häufig ein Kammweg.
Informationen: 🌐 www.teutoschleifen.de, 🌐 www.hermannshoehen.de

Veranstaltungen & Feste

Ob **Frühjahrskirmes** im März, **Mittelaltermarkt** im Barfußpark im Mai, das **Schützenfest mit Dorffest „Lienen in Grün"** am Dorfteich im Juni/Juli oder der Lienener **Herbst-** bzw. **Sonnenblumenmarkt** (im jährlichen Wechsel) – in Lienen gibt es viele Feste im Jahr zu feiern.

Lippetal

(Kreis Soest)

Die zwischen der Münsterländer Parklandschaft und der Soester Börde gelegene Gemeinde Lippetal (12 100 Einwohner) vereint seit 1969 elf Dörfer: Herzfeld, Lippborg, Brockhausen, Heintrop-Büninghausen, Hovestadt, Hultrop, Krewinkel-Wiltrop, Niederbauer, Nordwald, Oestinghausen und Schoneberg. Lippetal war ihr Planungsname, der beibehalten wurde. Die Lippe durchfließt die Gemeinde von Ost nach West. Felder, Wiesen und kleine Wälder prägen das landschaftliche Bild der Gemeinde.

Tourist-Information Gemeinde Lippetal
Rathaus in Hovestadt
Bahnhofstraße 7
59510 Lippetal
☏ 02923/980228
🌐 www.lippetal.de

Sehenswertes

▸ Schloss Hovestadt mit Barockgarten
Das Schloss, 1292 erstmals urkundlich erwähnt, wurde im Mittelalter mehrmals zerstört und 1563 bis 1572 als Wasserburg wieder aufgebaut. Schloss Hovestadt ist seit 1733 von den Grafen von Plettenberg bewohnt und kann daher nicht besichtigt werden. Die barocken Gartenanlagen sind in der Mitte des 18. Jahrhunderts angelegt worden und entsprechen den französischen Gärten dieser Zeit. Im Rahmen einer Führung ist eine Besichtigung der Parkanlagen möglich.
Adresse: Schloßstraße 1, 59510 Lippetal-Hovestadt; Führung über Gemeinde Lippetal, ☏ 02923/980-228

Verschiedene Baustile und Epochen lassen sich am Wasserschloss Haus Assen ablesen

▸ Wallfahrtsbasilika St. Ida Herzfeld

Der hohe Turm von St. Ida ist von Weitem zu sehen. Die neugotische Kirche wurde 1900 bis 1903 dort errichtet, wo um 790 die Gräfin Ida und ihr Mann Herzog Egbert eine Kirche bauen ließen. In der Krypta befindet sich der goldene Schrein mit den Reliquien der heiligen Ida. Die Grabeskirche der heiligen Ida wurde 2011 zur Päpstlichen Wallfahrtsbasilika erhoben.

Adresse: Kirchplatz 10, 59510 Lippetal-Herzfeld

▸ Wasserschloss Haus Assen

Das Wasserschloss wurde im 14. Jahrhundert errichtet und im 15. Jahrhundert erweitert. Im 16. Jahrhundert entstand das heutige Renaissance-Schloss. Seit 1653 war die Burg im Besitz der Familie von Galen und wurde bis 2002 von ihr bewohnt. Bernhard Graf von Galen übergab sie 1997 der Ordensgemeinschaft Servi Jesu et Mariae. Es finden regelmäßig öffentliche Gästeführungen und Veranstaltungen statt.

Kontakt: Assenweg 1, 59510 Lippetal-Lippborg, ✆ 02527/919990, 🌐 www.haus-assen.de

▸ Sändkers Mühle

Die Mühle aus heimischem Kalksandstein stammt aus dem Jahr 1813, ihre Flügel haben eine Spannweite von 20 m. Die Mühle ist noch betriebsfähig und kann besichtigt werden, eine Ausstellung informiert über die Geschichte.

Kontakt: Heintroper Str. 3, 59510 Lippetal-Heintrop, Fam. Sändker, ✆ 02307/6633899

Museum

▸ ☺ Museumseisenbahn

Betrieben von der Museumseisenbahn Hamm e. V. und den Hammer Eisenbahnfreunden e. V. verkehren historische Züge mit Dampf und Dieselloks zwischen Hamm-Süd und Lippborg-Heintrop, dem Landbahnhof in Lippetal.

Informationen: 🌐 www.museumseisenbahn-hamm.de

Freizeit & Natur

▸ Naturerlebnispunkte an Lippe und Ahse
Die Lippe- und Ahseaue gehören zu den erlebbaren Auenlandschaften in NRW. Hier kann man zahlreiche Vogelarten beobachten. Der Radweg Auenland verbindet 14 Naturerlebnispunkte miteinander.
Informationen: www.naturerlebnis-auenland.de

▸ Golf
Der Golfclub Stahlberg im Lippetal e. V. bietet auf der 18-Loch-Anlage einen abwechslungsreichen Course, gelegen inmitten einer schönen Naturlandschaft.
Kontakt: Ebbeckeweg 3, 59510 Lippetal-Lippborg, 02527/8191, www.golfclub-stahlberg.de

In der Auenlandschaft an Lippe und Ahse fühlen sich Graureiher wohl

▸ Radfahren
Das Radwegenetz hat Anschluss an überregionale Radwanderrouten wie die *Römer-Lippe-Route*, die *100 Schlösser Route*, die *LandesGartenSchau-Route*, den *Radweg Auenland*. Daneben führen auch regionale Themenrouten sowie die internationale Route *Fietsen naar Praag* durch die Region.
Informationen: www.roemerlipperoute.de, www.100schloesserroute.de, www.lgs-route.de

▸ Reiten
Reitfreunde finden in Lippetal ihr Glück.
Kontakt:
Reit-und Fahrverein Diestedde-Herzfeld e. V., Reitanlage: Beckumer Str. 44 a, 59510 Lippetal-Herzfeld, 02923/652272
Pferde, Freizeit und Natur in Lippetal e. V., Diestedder Str. 74, 59510 Lippetal-Herzfeld, 02923/65042

▸ Wallfahrt
Das Grab der heiligen Ida, Nichte Karls des Großen und Stammmutter des sächsischen Königshauses, in der Krypta von St. Ida ist als nationales religiöses Denkmal Ziel vieler Wallfahrer. Führungen durch die Basilika und Haus Idenrast werden angeboten.
Kontakt: Katholische Pfarrgemeinde St. Ida, Kirchplatz 3, 59510 Lippetal-Herzfeld, 02923/508, www.sankt-ida.de

Veranstaltungen & Feste

Karneval wird in Lippetal gerne und viel gefeiert, der **Rosensonntagsumzug** bildet einen Höhepunkt.
Am zweiten Sonntag im August können Fahrradfreunde beim **Lippetaler Fahrradthon** auf einem 42 km langen Rundkurs radeln.
Der traditionelle **Lippborger Markt** findet am letzten Wochenende und am letzten Dienstag im August mit Kirmes, Kram- und Viehmarkt statt.

Lotte

(Kreis Steinfurt)

Die Gemeinde Lotte (14 000 Einwohner) mit den Ortsteilen Lotte, Büren, Halen und Wersen liegt im Tecklenburger Land. Wersen tauchte um 1000 erstmals in einer Urkunde auf, 1150 entstand das Kirchspiel Wersen. Lotte wurde im 13. Jahrhundert erstmalig urkundlich erwähnt, das Kirchspiel Lotte gründete 1312 Graf Otto III. von Tecklenburg. Eine Besiedlung auf dem Gebiet von Lotte muss es schon in der Jungsteinzeit gegeben haben, darauf weisen die „Sloopsteine" (Megalithgrab) bei Wersen hin.

Gemeinde Lotte
Westerkappelner Straße 19
49504 Lotte
05404/8890
www.lotte.de

Sehenswertes

Sloopsteine
Die jungsteinzeitlichen Sloopsteine aus der Zeit um 3000 v. Chr. gelten als eine der größten prähistorischen Kulturstätten Nordwestdeutschlands.
Adresse: Sloopsteinweg, 49504 Lotte-Wersen, www.sloopsteine.de

Pfarrkirche in Lotte
Die gotische Pfarrkirche in Lotte (1312–1315) hat einen geneigten Kirchturm von 1644.
Adresse: Bahnhofstraße/Kirchplatz, 49504 Lotte

Wersener Dorfkirche
Die romanische Wersener Dorfkirche stammt aus dem Jahr 1271, wahrscheinlich wurde an ihrer Stelle 1120 durch die Tecklenburger Grafen eine Kapelle errichtet. Westturm und Südschiff entstanden erst 1886/1906.
Adresse: Westerkappelner Straße/Halener Straße, 49504 Lotte-Wersen

In Wersen steht diese idyllische Mühlenanlage der Mühle Bohle

▸ Mühle Bohle
Die über 300 Jahre alte Getreide- und Sägemühle im Ortsteil Wersen war bis 1975 in Betrieb. Sie wird vom Verein Mühle Bohle e.V. restauriert
Informationen: www.muehle-bohle.de

▸ Mühle Kluth und Mühle Tüchter
Die ehemalige Wassermühle Kluth diente als Boke- und Ölmühle (bis 1908), danach als Getreidemühle. Die Mühle Tüchter war eine Kornmühle (stillgelegt Ende der 1950er-Jahre) und seit 1865 im Besitz der Familie Tüchter. Beide Mühlen mussten sich das aufgestaute Wasser der Düte teilen.
Adresse: Alter Mühlenweg, 49504 Wersen

Freizeit & Natur

▸ Golf
Der Golfclub Osnabrück Dütetal e.V. verfügt über eine 18-Loch-Anlage und ein beheiztes Trainingscenter.
Kontakt: Wersener Straße 17, 49504 Lotte-Wersen, 05404/998610

▸ Radfahren
Der Radwanderweg *Lotter Acht* führt in drei Streckenabschnitten um und durch die Ortsteile Lotte, Wersen, Halen, Büren. Auf den *NaTourismus-Routen* kann man radelnd die Landschaft zwischen Moor und Mittelgebirge „erfahren".

▸ Wandern
Die Teutoschleife *Sloopsteener Seerunde* (6,7 km) führt zu den Sloopsteinen und umrundet den Niedrighaussee.
Start: Parkplatz Sloopsteinweg.
Der *Mühlenweg am Wiehengebirge* führt auf einer Rundstrecke von 97 km vorbei an Mühlen, Schlössern, Burganlagen, Hünengräbern und dem Schlachtfeld bei Kalkriese.
Informationen: www.muehlenweg-am-wiehengebierge.de

Lüdinghausen

(Kreis Coesfeld)

Die Stadt Lüdinghausen (24 800 Einwohner) liegt zwischen Münster und Dortmund am Dortmund-Ems-Kanal und am Fluss Stever mit seinen vielen Seitenarmen. Wasser ist daher ein prägendes Element im Stadtbild und begründet die Existenz vieler Brücken, Wasserburgen und Mühlen. Lüdinghausens Geschichte reicht bis 800 zurück, es tauchte in einer Schenkungsurkunde von Snelhard und Walfried auf, die ihren Hof in „Ludinchusen" samt Äckern, Wald, Weiden und Flussrechten dem heiligen Liudger übertrugen. 1309 verlieh sich Lüdinghausen eigenmächtig die Stadtrechte. Mit dem Bau des Dortmund-Ems-Kanals kam die große Schifffahrt nach Lüdinghausen.

Lüdinghausen Marketing e.V.
Borg 4
59348 Lüdinghausen
02591/78008
www.luedinghausen-marketing.de

Sehenswertes

▸ Historische Altstadt
In der Lüdinghauser Altstadt finden sich einige historische Gebäude wie das klassizistische Rathaus („Borg") aus dem 19. Jahrhundert und das Hakehaus, ehemaliges Armenhaus, ein Fachwerkbau von 1648.

▸ Burg Vischering
Die Burg aus dem Jahr 1271 mit Wehrmauern, Wassergräben, Schießscharten und Zugbrücken ist eine typische Festung aus dem Mittelalter. In der Burg befindet sich ein Museum.
Adresse: Berenbrock 1, 59348 Lüdinghausen

▸ Burg Lüdinghausen
In der Renaissanceburg aus dem 12. Jahrhundert tagten vor 500 Jahren die Geistlichen des Doms zu Münster. Heute steht sie für Kunst, Kultur, Empfänge, Veranstaltungen u. v. m. offen, lediglich die Vorburg ist tw. bewohnt.
Adresse: Amtshaus 14, 59348 Lüdinghausen

▸ Burg Kakesbeck
Sie ist mit einem Durchmesser von 1 km eine der größten mittelalterlichen Burgen im Münsterland. Sie hatte fünf Vorburgen. Die Gebäude stammen aus dem 13. bis 17. Jahrhundert. Seit 1971 wird sie von den jetzigen Eigentümern saniert und wieder bewohnbar gemacht. Heute befindet sich hier eine Reitakademie.
Kontakt: Bechtrup 63, 59348 Lüdinghausen, Besichtigungstermin über
☏ 02591/4643

▸ Burg Wolfsberg
Erstmals 1271 erwähnt, wurde die Burg im 19. Jahrhundert im klassizistischen Stil umgestaltet. Man sieht heute nur noch das Herrenhaus, aber die Burg hat eine interessante Geschichte: Der Bischof von Münster ließ sie zerstören, doch die Brüder Bernhard von Wolfsburg und Hermann von Burg Lüdinghausen bauten sie wieder auf und verliehen Lüdinghausen eigenmächtig die Stadtrechte.
Adresse: Wolfsberger Straße 8, 59348 Lüdinghausen

▸ Rosengarten
Im ehrenamtlich betriebenen Rosengarten in Seppenrade können ca. 700 Rosensorten auf 18 753 qm bewundert werden. 2,5 km Spazierwege führen durch das Areal.
Adresse: Am Rosengarten 6, 59348 Lüdinghausen-Seppenrade, 🌐 www.seppenrade.de

Burg Vischering gleicht einer typischen Festung aus dem Mittelalter

Die Renaissanceburg Burg Lüdinghausen stammt aus dem 12. Jahrhundert

Museum

▸ Münsterlandmuseum Burg Vischering
Hier werden Ausstellungen zum Leben im Mittelalter und der Frührenaissance, zur Geschichte der Burg und ihrer Bewohner präsentiert. Auch für kulturelle Veranstaltungen steht die Burg offen.
Kontakt: Berenbrock 1, 59348 Lüdinghausen, 02591/7990-0, www.burg-vischering.de

Freizeit & Natur

▸ Angeln
Klutensee, Stever sowie Kanal bieten Möglichkeiten zum Angeln. Den Fischereiverein gibt es seit 1887.
Kontakt: Fischereiverein Lüdinghausen e.V., Rohrkamp 29, 59348 Lüdinghausen, www.fvlh.de

▸ Bauerngolf
Beim Bauerngolf wird ein großer luftgefüllter Ball mit einem Schläger über das Grün in Löcher getrieben. Der Parcours hat zehn Löcher.
Kontakt: Große-Ophoff, Bechtrup 6, 59348 Lüdinghausen, 02591/3786, www.bauerngolf-lh.de

▸ Kanufahren
Kanuverleih und Kanutouren mit Rücktransfer kann man beim Gasthaus und Weinmarkt Ricordo buchen.
Kontakt: Sendener Straße 8, 59348 Lüdinghausen, 02591/940750, www.ricordo.de

Kinderbauernhof Heupferdchen
Auf dem Kinderbauernhof in Ondrup gibt es nicht nur Bauernhoftiere im Mini- und Maxizoo, sondern auch jede Menge Spielgeräte und Möglichkeiten zum Toben wie Trampoline, Heuschlachten, Kettcar-Parcours, Kletterwand etc. für die Kleinen. Derweil können die Großen das Landleben vor dem Herdfeuer oder im Schatten der Bäume genießen.
Kontakt: Familie Schulze Spüntrup, Ondrup 40, 59348 Lüdinghausen, 02591/88394, www.kinderbauernhof-heupferdchen.de

Klutensee
Am Rande von Lüdinghausen befindet sich der 7 ha große Klutensee, ein Baggersee zum Baden, Radfahren und Wandern.

Radfahren
Für Radtouren in die Lüdinghauser Umgebung bieten sich die Themenrouten *Kleeblatt-Naturrouten* rund um Lüdinghausen, der Stadtrundkurs *Lüdinghauser Acht* oder die längeren Strecken der *Dortmund-Ems-Kanal-Route* und *100 Schlösser Route* an.
Informationen: www.100schloesserroute.de

Schwimmen & Sauna
Im Hallenbad Klutenseebad kommen alle Wasserratten auf ihre Kosten. Es gibt auch eine Sauna.
Kontakt: Aquapark Management GmbH, Rohrkamp 23, 59348 Lüdinghausen, 02591/79932-0, www.klutensee-bad.de

Veranstaltungen & Feste

Das dreitägige Stadtfest im September steht im Zeichen von Musik, Marktgeschehen und Kinderspaß in der Lüdinghäuser Innenstadt.
Das Rosenfest in Seppenrade im August ist ein Fest für die ganze Familie.

Metelen

(Kreis Steinfurt)

Die Gemeinde Metelen (6400) Einwohner) liegt in der Münsterländer Parklandschaft am Fluss Vechte. Der liebevoll „Vechtestädtchen" genannte Ort hat eine über 1125-jährige Geschichte und entstand um den Stiftsbereich des Frauenklosters (889 gegründet) herum, der die Entwicklung des Orts stark geprägt hat. 1937 entstand Metelen durch die Zusammenlegung der Gemeinden Wigbold und Kirchspiel.

Gemeinde Metelen, Rathaus
Sendplatz 18
48629 Metelen
02556/8924
www.metelen.de

Sehenswertes

Pfarrkirche St. Cornelius und Cyprian
Die ehemalige Stiftskirche ging aus dem von Frau Friduwi 889 gegründeten Kloster an der Vechte hervor, aus dem sich im 15. Jahrhundert ein freiweltlich-adeliges Damenstift bildete. Der bestehende Bau wurde zum Ende des 12. Jahrhunderts begonnen und bis zur zweiten Hälfte des 13. Jahrhunderts fertiggestellt. Die Klosteranlage wurde von 1856 bis 1858 grundlegend umgebaut.
Adresse: Cyprianusstraße, 48629 Metelen

Plagemanns Mühle
Die Kornwassermühle entstand wahrscheinlich bereits um die Zeit der Klostergründung 889, ihr Name leitet sich vom letzten Besitzer Josef Plagemann ab. Seit 1985 ist die Mühle im Besitz der Stadt und wird vom Heimatverein betrieben, der darin ein Mühlen- und Sägewerksmuseum eingerichtet hat.

Adresse: Mühlentor 22, 48629 Metelen, www.heimatverein-metelen.de

Museen

▸ Eisenbahnmuseum
Die Eisenbahn-Interessengemeinschaft Metelen e.V. betreibt das Eisenbahnmuseum Metelen Land, an der Bahnstrecke Münster–Enschede gelegen. Hier können Eisenbahnfreunde von der Uniform- und Mützensammlung über Stellwerk, Gleisanlage mit Weiche, Schranke, verschiedene Waggons, Fahrkartendrucker bis zur Modellbahnanlage ihren Wissendurst löschen.
Adresse: Naendorf 74, 48629 Metelen, www.bahnhofsmuseum.de

▸ Kreatives Bauernstübchen
Im Hause Kirsch kann man altes Metelener Handwerk wie Blaudruck, Holzhandwerk, Spinnen sehen und erleben, es gibt auch ein Café.
Kontakt: Vitustor 1, 48629 Metelen, Maria Dittrich, 02556/510

Freizeit & Natur

▸ Radfahren
Von Metelen aus führen zahlreiche Radwege in die Umgebung und durch das Münsterland sowie in die Niederlande, u.a. die *Vechtetal-Route*, eine vielseitige, 225 km lange Fahrradroute zwischen Darfeld und Zwolle (NL) und die *Aa-Vechte-Tour*, die auf einem 150 km langen ausgeschilderten Rundkurs durch das Steinfurter Land führt. Auf der Rundtour *Rund um Metelen* (27 km) radelt man ab Plagemanns Mühle durch die Metelener Heide und das Naturschutzgebiet Strönfeld zurück zur Mühle.

Veranstaltungen & Feste

Den **Metelener Fettmarkt** gibt es bereits seit dem 14. Jahrhundert, er war früher ein Vieh-und Krammarkt, der sich bis heute zu einem Handwerker- und Krammarkt entwickelte. Der Markt findet im Oktober rund um den Sendplatz statt.

Plagemanns Mühle beherbergt ein Mühlen- und Sägewerksmuseum

Mettingen

(Kreis Steinfurt)

Die Gemeinde Mettingen (12 300 Einwohner) ist seit 1992 ein staatlich anerkannter Erholungsort im Tecklenburger Land.
Im Jahr 1088 wurde Mettingen in einer Schenkungsurkunde von Bischof Benno II. an das Kloster Iburg zum ersten Mal erwähnt. Die Gemeinde wird auch „Tüöttendorf" genannt, da das Tüöttenwesen im 17./18. Jahrhundert, auch Töddenhandel genannt, historisch bedeutsam für die Region war. Die Tödden oder Tüötten waren wandernde Kaufleute aus Westfalen, die Leinen in die Niederlande, später auch nach ganz Europa verkauften.

Touristeninfo Mettingen
Clemensstraße 2
49497 Mettingen
05452/5213
www.mettingen-tourismus.de

Sehenswertes

Schultenhof
Der Schultenhof, bestehend aus Haupthaus, Speicher, Remise, Scheune und Doppelheuerhaus, ist die Keimzelle der Ortsgeschichte und hat seine Ursprünge im 7. Jahrhundert. In ihm befinden sich ein Museum, ein Kunstspeicher, Gewerbe und Gastronomie.
Adresse: Burgstraße 9, 49497 Mettingen, www.schultenhof-mettingen.de

Heimathaus
Das Fachwerkhaus aus dem 17. Jahrhundert wurde bis 1968 genutzt. Der neue Besitzer Franz Brenninkmeyer ließ das Gebäude abbrechen und nach vorhandenen Inventurplänen des 19. Jahrhunderts wiedererrichten.
Adresse: Wieher Eschweg 79, 49497 Mettingen

Evangelische Pfarrkirche
Eine kleine Holzkirche war der Vorgänger einer vermutlich im 11. Jahrhundert aus Stein gebauten Kirche, die heutige spätgotische Kirche stammt aus dem 15. Jahrhundert. Damals war sie noch eine katholische Kirche, erst seit 1647 gehört sie der evangelischen Gemeinde. Im Laufe der Jahrhunderte erfuhr sie manche Veränderungen.
Adresse: Clemensstraße 8, 49497 Mettingen

Katholische Pfarrkirche St. Agatha
Die erste katholische Pfarrkirche wurde 1777 fertiggestellt, aufgrund von Platzmangel wurde im 19. Jahrhundert eine neue Kirche daneben gebaut. Die neugotische dreischiffige Basilika mit 75 m hohem Turm ist weithin sichtbar.
Adresse: Kardinal-von-Galen-Straße 8, 49497 Mettingen

Museen

Tüöttenmuseum
Im Tüöttenmuseum werden in einem Ensemble aus drei schmucken Fachwerkhäusern Brauchtum, Handwerk und Wohnkultur in alter Zeit anhand von Möbeln und Alltagsgegenständen wieder lebendig. Auch das Leben des Wanderhändlers und Packenträgers bis zum Großhandelskaufmann wird veranschaulicht.
Kontakt: Sunderstraße 2, 49497 Mettingen, 05452/9110

Postmuseum im Schultenhof
Ansichtskarten, Stempel, Schilder, Uniformen, alte Telefone und Briefmarken – alles rund um das Postwesen von damals wird hier gezeigt.
Kontakt: Burgstraße 9, 49497 Mettingen

Schulmuseum
Hier erfährt man auf anschauliche Weise, wie im letzten Jahrhundert in den Dorf- und

Im Hause Telsemeyer ist das Tüöttenmuseum beheimatet

Bauernschaftschulen, den Zwergschulen, unterrichtet wurde.
Adresse: Burgstraße 9, 49497 Mettingen, www.schultenhof-mettingen.de

▸ Draiflessen Collection
Das gemeinnützige Kunstmuseum ist eine private Initiative der Familie Brenninkmeijer. Die Ausstellungsthemen bewegen sich zwischen Spannungsfeldern wie Tradition und Zukunft, Glaube und Zweifel, Grenzen und Freiheit, Realität und Fiktion.
Kontakt: Georgstraße 18, 49497 Mettingen, 05452/91683500, www.draiflessen.com

▸ Mineralienmuseum
Ursprünglich als Schulsammlung entstand seit den 1970er-Jahren dieses Museum, in dem Mineralien, Gesteine und Fossilien aus der Umgebung gezeigt werden.
Kontakt: Am Markt 2, 49497 Mettingen

Freizeit & Natur

▸ Schwimmen
Das Hallenbad in Mettingen ist ein Familienbad mit Solewasser. Das Freibad punktet mit 50-m-Bahnen, Plantschbecken und Beachvolleyballfeld.

Kontakt:
Hallenbad, Bahnhofstraße 18–20, 49497 Mettingen, 05452/98377
Freibad, Neuenkirchener Straße 69, 49497 Mettingen, www.freibad-mettingen.de

▸ Wandern & Radfahren
Die Gegend rund um Mettingen lädt zum Wandern und Radfahren ein. Im Süden bieten die mittelgebirgsähnlichen Höhenzüge ein schönes Panorama, z. B. auf dem *Töddenland-Rundwanderweg* (135 km) oder auf den Spazierwegen im Köllbach-, Ölmühlen- und Fahlbachtal. Im Norden ist die Landschaft flacher und eignet sich daher ideal für Radtouren, z. B. auf den regionalen *Kleeblatt-Touren* sowie den *NaTourismus-Routen* und dem *Töddenland-Radweg,* der sich z. T. am *Töddenland-Rundwanderweg* orientiert.
Informationen: www.handelsweg.com, www.toeddenland-radweg.de

Der Schultenhof ist das Domizil des Postmuseums

Veranstaltungen & Feste

In Mettingen finden traditionell die kleine **Frühjahrskirmes** am letzten April-Wochenende und die große **Herbstkirmes** am letzten August-Wochenende auf dem Marktplatz rund um die Agatha-Kirche statt
Das **Ärappelfest** lockt im September mit Kinderflohmarkt, Musik, Showeinlagen und Mitmachaktionen.

Münster

(Kreisfreie Stadt)

Die Bischofs- und Universitätsstadt (314 000 Einwohner) ist nicht nur eine außergewöhnliche Fahrradstadt mit großem Freizeitwert, kulturellem Angebot und hoher Lebensqualität, sondern auch eine Stadt mit langer und bewegter Geschichte: 793 gilt als ihr Gründungsjahr, da ließ Karl d. Große durch den heiligen Liudger, den späteren Bischof von Münster (805–809), ein Kloster bauen, bereits 805 wurde Münster zum Bistum erhoben. Seit dem frühen Mittelalter war Münster Domstadt mit Marktrecht, später auch Residenzstadt. In Münster wurde 1648 der Westfälische Frieden geschlossen. Das Rathaus mit Friedenssaal ist als eine „Stätte des Westfälischen Friedens" zu besichtigen.

Münster-Marketing
Klemensstraße 10
48143 Münster
0251/4922710
www.tourismus.muenster.de

Das Rathaus (rechts) von Münster mit dem charakteristischen Giebel ist das Wahrzeichen der Stadt

Sehenswertes

▸ Historisches Rathaus mit Friedenssaal
Der gotische Bau aus dem 14. Jahrhundert mit seinem charakteristischen Giebel ist eines der Wahrzeichen der Stadt Münster. Im Zeiten Weltkrieg durch Bombenangriffe zerstört, wurde er in den 1950er-Jahren originalgetreu wieder aufgebaut. Im Friedenssaal fanden 1648 die Friedensverhandlungen zur Beendigung des Dreißigjährigen Krieges statt, hier und im Rathaus zu Osnabrück wurde der Westfälische Frieden geschlossen.
Adresse: Prinzipalmarkt 10, 48143 Münster

▸ Prinzipalmarkt
Mit seinen charakteristischen Giebelhäusern und Bogengängen zählt er zu den beliebtesten Plätzen Deutschlands und zeugt noch heute von der Hanse und den alten Kaufmannsfamilien.
Adresse: Prinzipalmarkt, 48143 Münster

▸ St.-Paulus-Dom
Der mächtige Paulusdom, der 1225 bis 1264 in romanisch-gotischer Bauweise errichtet wurde, hatte zwei Vorgängerbauten. Seit 1540 läuft hier eine Astronomische Uhr mit einem Kalender bis ins Jahr 2071. Im Dom befinden sich die Domkammer und die Grabstelle des ehemaligen Bischofs Clemens August Kardinal v. Galen. Auf dem Domplatz findet der große Wochenmarkt statt.
Adresse: Domplatz 28, 48143 Münster

▸ Dominikaner Kirche
Das heutige Kirchengebäude wurde nach Entwürfen von Lambert Friedrich Corfey im frühen 18. Jahrhunderts errichtet. Die Arbeit „Die Installation" von Gerhard Richter befindet sich im Zentrum des Gebäudes unter der Vierungskuppel. Sie besteht aus drei Teilen: dem Pendel, der Bodenplatte unter dem Pendel und den zwei grauen Doppelspiegeln. Sie bilden mit dem Raum eine Einheit.
Adresse: Salzstraße 10, 48143 Münster

▸ Fürstbischöfliches Schloss
Das barocke, reich verzierte Schloss wurde 1767 bis 1787 als dreiflügelige Anlage errichtet, nach den Zerstörungen im Krieg wurde die Fassade originalgetreu wieder aufgebaut. Die ehemalige fürstbischöfliche Residenz ist heute Teil der Universität.
Adresse: Schlossgarten 3, 48149 Münster

▸ Rüschhaus
Auf dem Landsitz in Nienberge, erbaut vom Barockbaumeister Johann Conrad Schlaun, lebte die Dichterin Annette von Droste-Hülshoff rund 20 Jahre. Ihre Wohnräume können im Rahmen einer Führung besichtigt werden, der Park ist frei zugänglich.
Kontakt: Am Rüschhaus 81, 48161 Münster-Nienberge, ✆ 02534/1052

Museen

▸ Stadtmuseum
Die Stadtgeschichte Münsters steht im Mittelpunkt dieses Museums.
Kontakt: Salzstraße 28, 49143 Münster, ✆ 0251/4924503, 🌐 www.stadt-muenster.de/museum

▸ Kunstmuseum Pablo Picasso Münster
Deutschlands erstes und bisher einziges Picasso-Museum befindet sich in Münster.
Kontakt: Picassoplatz 1, 48143 Münster, ✆ 0251/4144710, 🌐 www.kunstmuseum-picasso.muenster.de

▸ Museum für Lackkunst
Das Museum zeigt Sammlungen von Lackkunst aus der ostasiatischen, der europäischen sowie der islamischen Welt.
Kontakt: Windthorststraße 26, 48143 Münster, ✆ 0251/418510, 🌐 www.museum-fuer-lackkunst.de

Das LWL-Museum für Kunst und Kultur ist eines der größten Museen Westfalens

▸ LWL-Museum für Kunst und Kultur
Die abendländische Kunst der letzten 1000 Jahre steht hier im Fokus, einem der größten kunst- und kulturgeschichtlichen Museen Westfalens.
Kontakt: Domplatz 10, 48143 Münster, 0251/590701, www.lwl.org

▸ LWL-Museum für Naturkunde – Westfälisches Landesmuseum mit Planetarium
In diesem großen Naturkundemuseum befinden sich einzigartige Objekte, wie der weltweit größte Ammonit mit 1,80 m Durchmesser, Originale von Schwimmsauriern, ein 12 qm großes „Porträt der Milchstraße" und viele andere naturkundliche Exponate.
Kontakt: Sentruper Straße285, 48161 Münster, 0251/591-6050, www.lwl-naturkundemuseum-muenster.de

▸ Kunsthaus Kannen
Das Kunsthaus ist Bestandteil der Fachklinik für Psychiatrie und Psychotherapie Alexianer Münster GmbH. Es werden Langzeitpatienten, die ihre künstlerische Begabung durch ihre Kreativität zum Ausdruck bringen, gefördert und unterstützt.
Kontakt: Alexianerweg 9, 48163 Münster, 02501/96620000, www.kunsthaus-kannen.de

▸ Mühlenhof-Freilichtmuseum
Der Rundgang durch das Dorf mit z. T. Original-Bauwerken aus dem 16. bis 19. Jahrhundert vermittelt einen Eindruck vom Leben und Arbeiten der Menschen im Münsterland. Handwerke werden vorgeführt, die Gebäude können betreten werden und veranschaulichen, wie es einst zuging.
Kontakt: Verein De Bockwindmüel e. V., Theo-Breider-Weg 1, 48149 Münster,

0251/981200, www.muehlenhof-muenster.org

Freizeit & Natur

Allwetterzoo Münster

Der Allwetterzoo mit seinen vielen Erlebniswelten wie Africaneum, Affenanlage, Elefantenpark, Kinder- und Pferdepark, Pferdemuseum und zahlreichen Spielplätzen begeistert Jung und Alt.
Kontakt: Sentruper Straße 315, 48161 Münster, 0251/8904-0, www.allwetterzoo.de

Aasee-Park

Rund um und auf dem Aasee gibt es viele Möglichkeiten, aktiv zu sein, zu entspannen, einzukehren, zu segeln. Naturkundemuseum, Planetarium, Mühlenhof und der Allwetterzoo liegen direkt am Aasee.
Informationen: www.aaseepark.de

Ballonfahren

Schwebend zwischen Himmel und Erde in einem Heißluftballon das Münsterland von oben zu betrachten ist ein besonderes Erlebnis.
Kontakt:
SHM-Ballooning, Angelmodder Weg 92, 48167 Münster, 0175/5220438, www.shm-ballooning.de
H2 ballooning, Himke Hilbert, Dominik Haggeney, 05484/6529940, http://ballon.team

Bauernolympiade

Mit Freunden, Kollegen oder Familie kann man viel Spaß haben beim Wettmelken, Hufeisenwerfen, Tauziehen, Gummihähnchen-Boule, Traktorfahrten, Ferkelwiegen, Strohballenwettlauf, Stiefelwerfen.
Kontakt: Hof Konermann in Amelsbüren, Kappenberger Damm 340, 48163 Münster, 0251/784260, www.bauernolympiade-muenster.de

Bowling

Cosmo Bowling ist mit 28 Bahnen eine der größten Bowlinganlagen Europas.
Kontakt: Trauttmansdorffstraße 101, 48153 Münster, 0251/23908990, www.cosmo-bowling-muenster.de

Der Aasee ist ein beliebtes Naherholungs- und Freizeitgelände in der Stadt

Münster lässt sich am besten mit dem Rad erkunden

Botanischer Garten

Der Botanische Garten der Westfälischen Wilhelms-Universität im Schlossgarten wurde 1803 gegründet. Er ist eine Oase der Ruhe mitten in der Stadt.
Informationen: www.uni-muenster.de

Flugsimulator Münster

Für alle, die wissen möchten, wie ein Passagierflugzeug gesteuert wird und wie man sich als Pilot fühlt, gibt es die Simulatorflüge der Flugschule Fun Flight.
Kontakt: Flugplatz Münster-Telgte, Berede 53, 48291 Telgte, 02504/9879999, www.flugsimulator-ms.de

Kanufahren

Mit dem Kanu auf der Werse: Kanuverleih und Kanutouren kann man in Münster bei verschiedenen Anbietern buchen.
Kontakt:
Canu-Camp (Touren, Kurse, Verleih von Kanus und Fahrrädern), Homannstraße 64, 48167 Münster-Angelmodde, 02535/95052, www.canucam.de
RucksackReisen (Ausflüge, Events, Kanutouren u. -verleih u. v. m.), Pleistermühlenweg 278, 48157 Münster, 0251/87188-0, www.rucksack-reisen.de

Lasertag & Escape

Im Lasermaxx kann man in Gruppen Lasertag spielen. Es gibt auch Escape-Boxen.
Kontakt: Weseler Straße 675 E, 48163 Münster, 0251/97314860, www.lasermaxx.info

Radfahren

Münster gilt als die Fahrradstadt schlechthin. Auch die schöne Umgebung ist beliebt bei Radfahrern und hält zahlreiche Radrouten bereit.
Informationen: www.muensterland-tourismus.de

Rieselfelder

Im Europareservat für Wat- und Wasservögel gibt es viele Wege zum Spazierengehen, Radfahren, Inlineskaten, sodass die Tiere relativ ungestört leben und brüten können. Von verschiedenen Aussichtspunkten ist die Vogelbeobachtung möglich. Eine Biologische Station bietet Auskünfte und Führungen an.
Adresse: Rieselfelder, 48157 Münster

Schifffahrt

Auf dem Aasee kursiert das Solarschiff Solaaris und bietet Rundfahrten mit Anlegemöglichkeit an, um zu den Attraktionen wie dem Zoo und dem Freilichtmuseum zu gelangen.
Die MS Günter bietet vielfältige Eventfahrten an und dient als Veranstaltungsort für Firmenfeiern, Partys und Seminare.
Kontakt:
MS Günther: Hafenweg 26, 48155 Münster, www.ms-guenther.de
Solaaris: 0251/8493330, aaseeschiffahrt.overschmidt.de

Schwarzlicht-Minigolf

Eine Welt aus Farbe und Licht ist die 3-D-Schwarzlicht-Minigolfanlage in Münster-Roxel.

Kontakt: Am Rohrbusch 81, 48161 Münster, 02534/6450308, www.schwarzlicht-semester.de

Schwimmen
Wasserratten können sich in zahlreichen Schwimmbädern in Münster austoben.
Informationen: www.stadt-muenster.de/sportamt/baeder.html

Veranstaltungen & Feste

Der **Jahrmarkt Send** findet dreimal im Jahr statt: als Frühjahrs-, Sommer- und Herbstsend. Es gibt zahlreiche Buden und Fahrgeschäfte sowie ein großes Feuerwerk.
„Helau" heißt es beim großen **Rosenmontagsumzug** vom Schlossplatz über Servatiplatz, Ludgeriplatz und Prinzipalmarkt.
Fünf **Weihnachtsmärkte** laden in Münster in der Vorweihnachtszeit zum Flanieren, Entdecken und Genießen ein: rund um das Rathaus, am Kiepenkerl, auf dem Aegidiimarkt, vor der Lambertikirche am Prinzipalmarkt und an der Überwasserkirche.

Neuenkirchen

(Kreis Steinfurt)

Die Gemeinde Neuenkirchen (14 300 Einwohner) liegt im nördlichen Münsterland und hat mit dem Offlumer See ein beliebtes Naherholungsgebiet „vor der Türe". Neuenkirchen blickt auf eine 5000 Jahre alte Geschichte zurück, denn rund um den Ort wurden Funde aus dieser Zeit ausgegraben. 1247 wurde der Ort erstmalig urkundlich erwähnt, als der Bischof von Münster, Ludolf, den Bau einer „neuen Kirche" genehmigte. Wahrzeichen der Stadt ist denn auch eine Kirche, die neuromanische Pfarrkirche St. Anna.

KURTI – Verkehrsverein & Kulturbüro
Hauptstraße 36
48485 Neuenkirchen
05973/5454
www.neuenkirchen.de

Sehenswertes

Pfarrkirche St. Anna
Die neoromanische Kirche St. Anna wurde 1896 bis 1899 erbaut und bildet das Wahrzeichen der attraktiven Kleinstadt. Die mit Schmuckelementen dekorierten Außenwände sind für münsterländische Verhältnisse eher untypisch.
Adresse: Friedenstraße 6, 48485 Neuenkirchen

Villa Hecking
Die denkmalgeschützte Villa Hecking mit dem dazugehörigen Park ist über 200 Jahre alt. Früher war sie das Wohnhaus der gleichnamigen Textilfabrikantenfamilie, heute wird sie als Begegnungszentrum genutzt. Der Park lädt zu Spaziergängen ein, hier werden auch Skulpturen des Künstlers Otmar Alt ausgestellt.
Adresse: Alphons-Hecking-Platz 1, 48485 Neuenkirchen

Museum

Heimathaus
Das Heimathaus beherbergt ein Heimatmuseum, in dem altes Handwerk und ländliches Leben zu sehen sind, wie z. B. ein Tante-Emma-Laden und eine Weberei.
Kontakt: Mühlendamm 56, 05973/600554, Erich Krukkert, 05973/4305

Freizeit & Natur

Offlumer See
Rund um den ursprünglichen Baggersee, ein ehemaliges Kiesabbaugelände, kann man

spazieren gehen und die Flora und Fauna beobachten. Die Trichtertürme bieten einen schönen Ausblick.

▸ Radfahren
Auf der ehemaligen Bahnstrecke von Oberhausen nach Quakenbrück fahren heute keine Züge mehr, dafür aber Fahrräder durch die Münsterländer Parklandschaft. Am Wegesrand erfährt man einiges über die Bahngeschichte. Die *RadBahn Münsterland* ist ein erstklassiger Radweg fast ohne Steigung und verbindet die beiden Städte Coesfeld und Rheine.
Der *Milchradweg* informiert rund um das Thema Milch. Er führt auch vorbei am Melkhus auf dem Hof Leifker, wo man verschiedene Milchprodukte probieren kann und Einblick in die Milchviehhaltung bekommt.
Informationen: www.radbahn-muensterland.de,
www.kuhlturlandschaft.de

▸ Schwimmen
Das Naturfreibad Neuenkirchen öffnet im Sommer seine Tore für alle Wasserratten.
Adresse: Wettringer Straße 66, 48485 Neuenkirchen

Veranstaltungen & Feste

Am ersten Sonntag im Mai findet die **Motor Classics Neuenkirchen** statt, hier kann man jede Menge Oldtimer bewundern, dazu gibt es Musik.
Ein **Tag nur für Kinder** wird an jedem zweiten Samstag im Juni veranstaltet. Hier kann gespielt, getobt, gesungen und gebastelt werden, es gibt auch eine Kinderbühne und ein „Kinderoskar" wird an einen besonders kinderlieben Menschen verliehen.
Die Neuenkirchener **Kirmes** wird am dritten Wochenende im August gefeiert. Und im Oktober gibt es ein **Kürbisfestival**.

Nordkirchen

(Kreis Coesfeld)

Die Schlossgemeinde Nordkirchen (10 400 Einwohner) im südlichen Münsterland ist berühmt für ihre imposante barocke Schlossanlage mit Barockgarten, auch das „Westfälische Versailles" genannt. Nordkirchen wird Anfang des 11. Jahrhunderts in einer Urkunde des Bischofs Siegfried von Münster zum ersten Mal erwähnt. Zwischen dem 13. und dem 17. Jahrhundert wurde Nordkirchen von der Familie Morrien verwaltet und gerichtet. Nach dem Aussterben der Morriens ging der Besitz an den Fürstbischof von Münster, Christian von Plettenberg, über, der 1708 bis 1734 das barocke Wasserschloss errichten ließ.

Tourist Information Nordkirchen
Schlossstraße 11
59394 Nordkirchen
02596/917500
www.nordkirchen.de

Sehenswertes

▸ Historischer Ortskern
Dunkelrote Ziegelsteine dominieren das Ortsbild von Nordkirchen. Im Ortskern steht die barocke katholische Kirche St. Mauritius von 1715 und die ehemalige Vikarie, ein Fachwerkhaus von 1675. Am Kirchplatz befinden sich außerdem einige historische Gebäude von Johann Conrad Schlaun, wie die ehemalige Küsterei (1733/34), das ehemalige Armenhaus (1730–1733). Auch die ehemalige Rentei und die Johannes-von-Nepomuk-Kapelle (1722) wurden von Schlaun erbaut.

Das Versaille von Westfalen: die Schlossanlage Nordkirchen aus der Luft

▸ Schloss Nordkirchen
Die barocke Schlossanlage nach französischem Vorbild, auch das „Westfälische Versailles" genannt, entstand 1703 bis 1733. Sie wurde von Gottfried Laurenz Pictorius begonnen und vom bedeutenden Architekten des Barock, Johann Conrad Schlaun, vollendet. Ihre Vorgängerin war eine Wasserburg im 15. Jahrhundert, die im 16. Jahrhundert zur Burganlage mit Dämmen und Wehrtürmen ausgebaut wurde. Sie galt als die größte und stärkste im Münsterland und bestand ca. 150 Jahre. In der neobarocken Parkanlage von Schloss Nordkirchen stehen über einhundert Skulpturen.
Adresse: Schloß 1, 59394 Nordkirchen

Freizeit & Natur

▸ Golf
Die 18-Loch-Anlage des Golf- und Landclub Nordkirchen e. V. liegt im Herzen des Münsterlandes. Dies ist hier der drittälteste Club.
Kontakt: Am Golfplatz 6, 59394 Nordkirchen, 02596/9190, www.glc-nordkirchen.de

▸ Konifez
Bei diesem lustigen Wurfspiel für draußen müssen die Spieler mit „konifez"-Wurfsäckchen auf ein Loch in einem Holzspielbrett zielen. Konifez können gegen Pfand in der Tourist Information ausgeliehen werden.
Kontakt: Tourist Information, 02596/917-500

Das Barockschloss trägt architektonisch die Handschrift von Johann Conrad Schlaun

‣ Planwagenfahrten

Rundfahrten mit dem Planwagen durch die Münsterländer Parklandschaft können über die Tourist Information gebucht werden.
Kontakt: Tourist Information, ☏ 02596/917-500

‣ Radfahren

Zahlreiche Radwege führen durch Nordkirchen, so auch die *100 Schlösser Route* und die *Burg & Schloss Tour*. Außerdem eignen sich acht *Nordkirchener Pättkestouren* für Tagestouren mit dem Rad.
Informationen: www.100schloesserroute.de

‣ Sinnesgarten

Auf dem Gelände der Kinderheilstätte gibt es einen Sinnes- und Spielgarten sowie einen Streichelzoo.
Adresse: Mauritiusplatz 6, 59394 Nordkirchen

‣ Wandern

Auf der *Schlösserachse* zwischen dem Schloss Nordkirchen und dem Schloss Westerwinkel lässt es sich in abwechslungsreicher Natur- und Kulturlandschaft herrlich wandern.
Informationen: www.schloesserachse.de

Veranstaltungen & Feste

Beim festlichen **Musikfest Schloss Nordkirchen** vor atemberaubender Kulisse des Barockschlosses treten im Sommer internationale Stars der Extraklasse auf.
Im Ortskern von Nordkirchen gibt es im Oktober einen **Herbstmarkt**.

Nordwalde

(Kreis Steinfurt)

Die Gemeinde Nordwalde (9700 Einwohner) liegt in der Münsterländer Parklandschaft zwischen Münster und Steinfurt und unweit der niederländischen Grenze. Der Ort setzt sich aus dem früheren Kirchspiel Nordwalde und den Bauerschaften Kirchbauerschaft, Feldbauerschaft, Suttorf, Westerode und Scheddebrock zusammen. Der Name „Northwalde" taucht 1151 erstmalig in einer Urkunde des Bischofs Werner von Münster auf. Alte Herrensitze zeugen noch heute von der Entstehung und Besiedlung Nordwaldes.

Gemeinde Nordwalde
Bispingallee 44
48356 Nordwalde
02573/9290
www.nordwalde.de

Sehenswertes

Barockorgel der Kirche St. Dionysius
Die Barockorgel von Mencke/Bensmann gilt als Kleinod und Rarität westfälisch-norddeutscher Orgelbaukunst.
Adresse: Kirchstraße, 48356 Nordwalde

Bispinghof
Der Bispinghof (= Hof des Bischofs) ist ein Gräftenhof und gilt als die Keimzelle von Nordwalde. Er wird für kulturelle Veranstaltungen genutzt.
Adresse: Bispingallee, 48356 Nordwalde, www.bispinghof.de

Pröbstinghof
Der sächsische Haupthof wurde 1265 erstmals urkundlich erwähnt. Es war der Hof des Dompropstes zu Münster. Erhalten ist heute nur noch der mittelalterliche Speicher.
Adresse: Pröbstingstraße 22, 48356 Nordwalde

Rittergut Haus Althaus
Das ehemalige Rittergut war früher durch Gräften geschützt, ein großes Steinhaus wurde Mitte des 18. Jahrhunderts abgerissen und war der Vorgängerbau des jetzigen Herrenhauses, das sich seit 1875 im Besitz des Fürsten zu Bentheim-Steinfurt befindet.
Adresse: Westerode 3, 48356 Nordwalde

Schäferei Reckfort
Die Hofanlage der Schäferei ist ca. 400 Jahre alt und steht unter Denkmalschutz. Hier gibt es Schafe, Lammfell- und Wollprodukte sowie einen Hofladen.
Kontakt: Westerode 33, 48356 Nordwalde, 02573/3936, www.schaeferei-reckfort.de

Museum

Heimatmuseum
Das Georg-Kramann-Heimatmuseum ist eine vom Heimatverein Nordwalde und der Gemeinde getragene Kultureinrichtung. Es bietet Einblicke in materielle Zeugnisse von Kunst-, Kultur-und Naturgeschichte.
Adresse: Heimatverein Nordwalde e.V., Sieverts Kamp 7, 48356 Nordwalde, www.heimatverein-nordwalde.de

Freizeit & Natur

Reiten
In und um Nordwalde gibt es zahlreiche Reitanlagen, ob klassisch, englisch, isländisch, Western, es ist für jeden was dabei. Auch gibt es einen *Integrativen Reitweg* durch das Steinfurter Land.
Kontakt:
Reit- u. Fahrverein Nordwalde e.V., Bahnhofstraße, 48356 Nordwalde, 02573/1220

Reiterhof Rohmann, Westerode 41, 48356 Nordwalde, 02573/552
Reitschule Simone Linkies, Suttorf 11, 48356 Nordwalde, 0174/1695641, www.simonelinkies.jimdo.com

Veranstaltungen & Feste

In Nordwalde sind zahlreiche Schützenvereine aktiv, die Schützenfestsaison beginnt am ersten Maiwochenende und dauert bis in den August.
Am Samstag vor dem ersten Oktobersonntag wird die Nordwalder Herbstkirmes offiziell auf der Rathaustreppe eröffnet, dort werden Lebkuchenherzen an die Kinder verteilt.
Das Kirmesgeschehen findet rund um die St.-Dionysius-Kirche statt.

Nottuln

(Kreis Coesfeld)

Die Gemeinde Nottuln (20 250 Einwohner) liegt am Südwestrand der Baumberge.
Die Baumberge sind seit über 1000 Jahren Abbaugebiet für den berühmten Baumberger Sandstein und heute eine abwechslungsreiche Kulturlandschaft mit vielen Rad-, Wander- und Reitwegen, Schlössern und Burgen. Nottuln wurde nach einem Brand 1748 vom Barockarchitekten Johann Conrad Schlaun wieder aufgebaut, die sehenswerte historische Altstadt zeugt davon.

Baumberge-Touristik Nottuln
Stiftsplatz 8
48301 Nottuln
02502/9420
www.nottuln.de

Sehenswertes

Historische Altstadt
Der sehenswerte historische Ortskern wurde nach einem Brand 1748 durch den Architekten des Barock, Johann Conrad Schlaun, wiederaufgebaut. Dabei wurde der Baumberger Sandstein eingesetzt.

Spätgotische Hallenkirche St. Martin
Die Pfarrkirche und ehemalige Stiftskirche gilt neben der Lamberti-Kirche in Münster als die bedeutendste und schönste spätgotische Hallenkirche Westfalens.
Adresse: Kirchplatz 2, 48301 Nottuln

Wassermühle Hof Schulze Westerath
In Stevern bei Nottuln steht die spätmittelalterliche ehemalige Doppelmühle, mit der sowohl Öl geschlagen als auch bis 1974 Korn gemahlen wurden. Der frühere Wohnturm von 1538 ist noch erhalten und kann von außen und nach Absprache auch von innen besichtigt werden.
Kontakt: Förderkreis Wassermühle Schulze Westerath e.V., Stevern 37, 48301 Nottuln, 02502/9261, www.wassermuehle-stevertal.de

Longinusturm
Auf dem Westerberg steht der 32 m hohe Longinusturm (erbaut 1897–1901). Er besteht aus dem Baumberger Sandstein.
Adresse: Baumberg 45, 48301 Nottuln, www.longinusturm.de

Museum

Blaudruckerei Kentrup
Sehr spannend ist ein Besuch der ältesten Blaudruckerei Nordrhein-Westfalens, die in der siebten Generation von Familie Kentrup geführt wird. Die Technik des Blaudrucks

Vom Longinusturm hat man einen herrlichen Rundumblick

stammt aus dem 17. Jahrhundert aus Indien, ebenso wie die meisten Motive und Muster, die heute noch auf die Naturfaser gedruckt werden. Man kann die Blaudruckerei besichtigen und die Produkte käuflich erwerben (Öffnungszeiten beachten).
Kontakt: Kirchplatz 8, 48301 Nottuln, 02502/9347, www.kentrup.eu

Freizeit & Natur

▸ Bildhauerkurse
Der blassgelbe Sandstein ist bei Bildhauern sehr beliebt. Mit Knüpfel, Meißel und Stemmeisen kann man sich in Bildhauerei ausprobieren. ARTelier bietet Schnupperkurse und auch Führungen durch den Steinbruch an.
Informationen: www.sandsteinakademie.de

▸ Radfahren
Das gut ausgebaute Radwegenetz führt nicht nur durch die Baumberge-Region, sondern ist auch mit der *100 Schlösser Route* oder der *Sandstein-Route* verbunden.
Informationen: www.100schloesserroute.de

▸ Schwimmen
Das Wellenfreibad mit Beachvolleyballfeld und Matschanlage lädt im Sommer zur Abkühlung ein. In der kühleren Jahreszeit steht das Hallenbad allen Schwimmern offen.
Kontakt: Rudolf-Harbig-Straße 16, 48301 Nottuln, 02502/6339

▸ Wandern & Pilgern
Für Wanderer bietet sich neben den vielen lokalen Rundwegen der 30 km lange *Baumberger Ludgerusweg* an.

Der überregionale *Westfälische Jakobsweg* führt durch die Gemeinde Nottuln von Münster nach Coesfeld. Den Pilgerstempel gibt es in der Baumberge-Touristik Nottuln oder im Pfarrbüro St. Martin.
Informationen: www.ludgerusweg.de, www.jakobspilger.lwl.org

Veranstaltungen & Feste

Das **Frühlingsfest mit Stiftslauf** bildet Anfang Mai den Auftakt der Saison.
Bei der **Daruper Landpartie** im August verwandelt sich Darup in ein Künstlerdorf.
Alljährlich am ersten oder zweiten Wochenende im November findet drei Tage lang seit 1622 in Nottuln der traditionelle **Martini-Markt** statt, eine Mischung aus Kirmes, Kram- und Kunsthandwerkermarkt.

Ochtrup

(Kreis Steinfurt)

Ochtrup (21 000 Einwohner), in der Münsterländer Parklandschaft und in Nachbarschaft zu den Niederlanden gelegen, ist eine Töpfer- und Textilstadt mit Geschichte. In einer Stiftsurkunde des Klosters Clarholz wurde der Name „Ohtepe" zum ersten Mal 1143 erwähnt. Archäologische Funde deuten auf eine Besiedlung schon in der Jungsteinzeit hin. Aus dieser Zeit stammen auch vorgefundene Tongefäße (Urnen). Die „Pottbäckerei", das Töpferhandwerk, hat also eine sehr lange Tradition. Im 17./18. Jahrhundert gab es in fast jedem Haus eine Töpferei. Im 19. Jahrhundert hielt mit der Baumwollweberei das Textilhandwerk Einzug.

Ochtrup Stadtmarketing und Tourismus GmbH
Bahnhofstraße 32–34
48607 Ochtrup
02553/98180
www.touristinfo-ochtrup.chayns.net
www.ochtrup.de

Sehenswertes

Bergwindmühle
Die Kornwindmühle auf dem Ochtruper Berg stammt aus dem Jahr 1848 und ist eine der letzten Windmühlen vom Typ Wallholländer. 1955 wurde der Mühlenbetrieb eingestellt, 35 Jahre später wurde die Mühle saniert und kann seither wieder betrieben werden. Am Mühlentag und anderen Brauchtumsfesten öffnet das Kulturdenkmal und ermöglicht einen Einblick in das alte Müllerhandwerk. Familie Nobbenhuis, seit 1887 im Besitz der Mühle, betreibt neben der Mühle eine Gaststätte.
Kontakt: Turmstraße 24, 48607 Ochtrup, Hermann Nobbenhuis, 02553/6623, www.windmuehle-nobbenhuis.de

Stift Langenhorst
Die doppeltürmige Stiftskirche mit den Stiftsgebäuden prägt das Ortsbild von Ochtrup. Der Stiftsbezirk mit Kirche war Nachfolger der Wasserburg der Grafen von Wettringen. 1178 wurde dort ein Augustinerinnenkloster gegründet, Unterkunft für die Klostergemeinschaft war die Burg Langenhorst. 1567 wurde das Kloster in ein freiweltliches, adliges Stift umgewandelt, 50 Jahre später aber wieder rekatholisiert. 1811 wurde es unter Napoleon säkularisiert. Der Innenraum der Kirche St. Johannes Baptist (1230) beherbergt zahlreiche Kunstwerke sowie die Stiftskammer mit kostbaren Reliquien.

Kontakt: Hauptstraße 48607 Ochtrup, ✆ 02553/80854; Führungen und Besichtigung der Stiftskammer nach Voranmeldung im Pfarrbüro, ✆ 02553/98035

▸ Wasserburg Haus Welbergen
Aus Vor- und Hauptburg bestehend und umgeben von einem Gräftenring und einer geometrischen Gartenanlage, gilt die Wasserburg als Musterbeispiel eines mittelgroßen Adelssitzes im Münsterland. Die erstmalige urkundliche Erwähnung der Herren von Welbergen datiert von 1282. Das von Wasser umschlossene barocke Haupthaus öffnet seine Tore zu besonderen Anlässen, Konzerten oder auch für Gruppenführungen nach Anmeldung. Die nach historischen Vorbildern angelegte Gartenanlage mit dem Brunnen im Zentrum ist tagsüber frei zugänglich. Mit der Kapelle, dem alten Torhaus und der Wassermühle am Eingang zur Vorburg lädt die gesamte Anlage zu einem Rundgang ein.

Kontakt: Bertha-Jordaan-van-Heek-Straße, 48607 Ochtrup, ✆ 02553/1333

▸ Villa Winkel
Die 1899 im Stil des Historismus erbaute Villa war Wohnsitz des Textilindustriellen Anton Laurenz, sie ist umgeben von einer schönen Parkanlage. In dem historischen Gebäude, das 1969 mitsamt dem Parkareal von der Stadt erworben wurde, ist heute u. a. ein Trauzimmer des Standesamtes, das Stadtarchiv und die Hauptgeschäftsstelle des Volkshochschul- und Musikschulzweckverbandes.
Adresse: Winkelstraße 1, 48607 Ochtrup

Museen

▸ Töpfereimuseum
Im Töpfereimuseum, einem Ackerbürgerhaus von 1678, das später von der Töpferfamilie Eiling bewohnt wurde, kann man sich über

Wasserburg Haus Welbergen

die Töpfertradition und das Töpferhandwerk der vergangenen Jahrhunderte in Ochtrup informieren. Neben der Dauerausstellung finden Sonderausstellungen mit moderner Keramik statt und es werden Töpferkurse für Jung und Alt angeboten.
Kontakt: Töpferstraße 10, 48607 Ochtrup, 02553/80854

Puppenmuseum und Spielzeugmuseum

Das kleine Museum stellt zahlreiche Celluloid-Puppen u. a. der Marken Schildkröt, Minerva, Cellba sowie alte Spielzeuge wie Kaufläden und Puppenstuben des 20. Jahrhunderts aus. Es gibt sogar eine Puppenklinik.
Kontakt: Gronauer Straße 57, 48607 Ochtrup, Betty Schürmann, 02553/2465, www.puppenmuseum-ochtrup.de

Leineweberhaus

Im Leineweberhaus in der Beckerpassage erinnern zeitgeschichtliche Dokumente, Webstuhl, Spinnräder, Flachsbreche und 200 Jahre alte Kleidungsstücke an das Handwerk, das über Jahrhunderte die Stadt prägte und zu ihrem wirtschaftlichen Aufschwung führte. Im Leineweberhaus hat auch der Ochtruper Leineweber-, Trachten- und Kiepenkerlverein sein Domizil.
Kontakt: Laurenzstr. 5–7, 48607 Ochtrup, Reinhard Leusder, 02553/2281

Der Wallholländer ist noch in Betrieb

Freizeit & Natur

Minigolf, Boule und mehr

Mitten im Stadtpark lädt die Minigolfanlage mit 18 Bahnen in den Sommermonaten zum Spielen ein. Direkt daneben gibt es eine Boulebahn, eine weitere befindet sich

im Stadtteil Langenhorst beim Landhotel Althoff. Auch Tischtennisplatte, Fußballfeld und Spielplatz bieten die Möglichkeit, sich auszutoben. Naturfreunde locken das Wildgehege und das Bienenhaus.
Adresse: Stadtpark, 48607 Ochtrup

▸ Radfahren
In Ochtrup und Umgebung verlaufen viele Radrouten wie die *100 Schlösser Route,* die *Aa-Vechte-Route,* die *Vechtetalroute* und die *Ochtruper Fietsentouren,* die durch schöne Landschaften und zu Sehenswürdigkeiten führen, wie dem Wasserschloss Haus Welbergen oder der Villa Winkel.
Informationen:
www.100schloesserroute.de

▸ Schwimmen
Das modernisierte Bergfreibad Ochtrup bietet im Sommer Spaß für die ganze Familie mit 50-m-Becken, Nichtschwimmerbecken, Babybecken, Rutschen, Sprudeldüsen, Wasserfall, Beachvolleyballplätzen, Tischtennisplatte und Spielplatz..
Kontakt: Am Freibad 3, 48607 Ochtrup, 02553/71-9389, www.stadtwerke-ochtrup.de

▸ Designer Outlet
Das McArthurGlen Designer Outlet lädt alle Schnäppchenjäger im architektonisch eindrucksvollen Beltmann-Bau von 1893 des ehemaligen Textilunternehmens Gebr. Laurenz zum Shoppen ein.
Kontakt: Laurenzstraße 51–55, 48607 Ochtrup, 02553/97300, www.mcarthurglen.com

▸ Wandern
Über verschiedene Hauptwanderwege kann man um und durch Ochtrup und dessen Stadtteile wandern: z. B. über die Hauptwanderwege *X 7* (Gronau – Riesenbeck) und *X 12* (Bad Bentheim – Dülmen) des Westfälischen Heimatbundes.

Veranstaltungen & Feste

Der **Rosenmontagsumzug**, die **Frühjahrskirmes** am letzten Wochenende im April und die **Herbstkirmes** am dritten Sonntag im August bieten Spaß und Unterhaltung.
Beim **Night Light** im August gibt es Livemusik auf dem Lamberti-Kirchplatz.
Am **Leinewebersonntag** (September) steht die Ochtruper Textilgeschichte im Mittelpunkt, Textilhandwerk und altes Handwerk wie Weben, Klöppeln etc. werden vorgeführt.
Um altes Handwerk geht es auch beim **Pottbäckermarkt** am letzten Sonntag im Oktober.
Beim **Advent in allen Winkeln** im Dezember geht es rund um die Villa Winkel und im Stadtpark weihnachtlich zu.

Oelde

(Kreis Warendorf)

Die Stadt Oelde (30 000 Einwohner) im Herzen Westfalens besteht aus den Stadtteilen Oelde, Lette, Stromberg und Sünninghausen. Oelde blickt auf eine über 1100-jährige Geschichte zurück. Lettes Ursprung geht auf das Kloster Lette-Clarholz im 12. Jahrhundert zurück. Stromberg ist eine alte Titularstadt und ein viel besuchter Ausflugsort für Wallfahrer. Sünninghausen wurde 890 erstmalig erwähnt.

Tourist-Information Oelde
Ratsstiege 1
59302 Oelde
02522/72800
www.oelde.de

Sehenswertes

Wasserschloss Haus Geist

Das Wasserschloss wurde zwischen 1560 und 1568 im Stil der Lipperenaissance und des Barock erbaut. Teile der Gräben wurden im 19. Jahrhundert aufgefüllt. Auch erhebliche Teile der Bauten wurden abgebrochen.
Adresse: Haus-Geist-Weg, 59302 Oelde

St. Johannes der Täufer

Die katholische Pfarrkirche ist eine der ältesten der Diözese. Teile stammen noch von der Hallenkirche des 14. Jahrhunderts, die 1457 abbrannte.
Adresse: Eickhoff 1, 59302 Oelde

Kreuzkirche Stromberg

Die 1344 geweihte Kreuzkirche auf dem Gelände der Burgruine der Burg Stromberg gilt als einer der bedeutsamsten Bauten der Hochgotik Westfalens. Sie ist wegen des in ihr aufbewahrten Kruzifixes eine Wallfahrtskirche. Mehrfach wurde das heilige Kreuz geraubt und beschädigt, ist aber immer wieder zurückgekehrt und bildet das Herzstück der 800-jährigen Stromberger Wallfahrt.
Adresse: 59302 Oelde-Stromberg

Museen

Georg-Lechner-Biermuseum

Hier dreht sich alles um die Brautradition und man erfährt, wie der Gerstensaft heute entsteht, anschließende Kostprobe inbegriffen. Auch der Fasskeller der Kornbrennerei Schwarze kann besichtigt werden.
Kontakt: Potts Naturparkbrauerei, In der Geist 120, 02522/93320, www.potts.de

Kindermuseum Klipp Klapp

Im Kindermuseum Klipp Klapp im Vier-Jahreszeiten-Park gibt es vieles zu entdecken, zu lernen, auszuprobieren, mitzumachen. Rund um die Wassermühle vermitteln drei Themenwelten Wissenswertes: Wassermühle, Wasserlandschaft, Gläserne Küche.
Kontakt: Vier-Jahreszeiten-Park, Konrad-Adenauer-Allee 20, 59302 Oelde, 02522/72-822, www.vier-jahreszeiten-park.de

Museum für Westfälische Literatur

Im ehemaligen Rittergut Haus Nottbeck steht die Literaturgeschichte der Region im Mittelpunkt. Auch vielfältige kulturelle Angebote, kreative Aktivitäten, Konzerte und Theater finden hier statt.
Kontakt: Kulturgut Haus Nottbeck, Landrat-Predeick-Allee 1, 59302 Oelde-Stromberg, 02529/949457, www.kulturgut-nottbeck.de

Leica Museum

In der Leica Galerie NRW, die Lars Beseuker führt, gibt es wechselnde Ausstellungen zu zeitgenössischer Fotografie in einzigartiger Architektur, denn die Galerie versteht sich als Hommage an Mies van der Rohes Barcelona-Pavillon der Weltausstellung 1929.
Kontakt: Mies-van-der-Rohe-Weg 1, 59302 Oelde, 0176/64947982, www.leica-galerie.nrw

Deutsches Zentrifugen Museum®

Anhand von mehr als 100 Exponaten vom Butterfass bis zur Hightech-Zentrifuge kann man die technische Entwicklung der Zentrifugen vom 17. Jahrhundert bis zur Gegenwart verfolgen.
Kontakt: GEA Westfalia Separator Group GmbH, Werner-Habig-Straße 1, 59302 Oelde, 02522/77-0, www.deutsches-zentrifugen-museum.com

Freizeit & Natur

Burgbühne Höhenburg Stromberg

In der einzigen Freilichtbühne im Kreis Warendorf wird seit 90 Jahren auf den Stufen

der Wallfahrtskirche Heilig Kreuz in Stromberg in den Sommermonaten unter freiem Himmel Theater gespielt.
Kontakt: Freilichtspiele Burgbühne e. V., Burgstraße 5, 59302 Oelde-Stromberg, 02529/948484, www.burgbuehne.de

Gesaris Brunnenkino
Die Faszination Wasser lässt sich eindrucksvoll in der Wasserinstallation, kombiniert mit Musik, Licht und Bildern, erfahren.
Kontakt: Potts Naturparkbrauerei, In der Geist 120, 02522/93320, www.potts.de

Radfahren
Landschaft und Kultur in der Umgebung Oeldes im Kreis Warendorf können auf Radtouren, insbesondere Themenrouten, erkundet werden: Der *Werse Rad Weg* verläuft auf 122 km meist entlang der Werse, die *100 Schlösser Route* führt durch das grüne Münsterland zu mittelalterlichen Wasserburgen, die *LandesGartenSchau-Route* quer durch das Kulturland Westfalen verbindet sechs kunstvoll angelegte Parkanlagen.
Informationen: www.werseradweg.de, www.100schloesserroute.de, www.lgs-route.de

Schwimmen
In Oelde gibt es drei Schwimmbäder zum Baden und Schwimmen drinnen wie draußen.
Kontakt:
Freibad Stromberg im Graßbachtal, Am Hang 20, Oelde-Stromberg, 02529/477,

Das Kindermuseum Klipp Klapp im Vier-Jahreszeiten-Park

www.freibad-gassbachtal-stromberg.de
Hallenbad Oelde, Weitkampweg 1,
02522/72740
Parkbad Oelde, Zum Mühlenteich 16,
02522/72740

Wandern

Der *Pflaumenwanderweg* in Stromberg zeigt auf 12,8 km Geschichte, Anbau, Ernte und Weiterverarbeitung der Stromberger Pflaume. Der *Rundwanderweg Stromberg* führt zur Höhenburg und zu weiteren Sehenswürdigkeiten rund um den Stromberg. Auf dem *Pfad rund um die Landwirtschaft* vermitteln 18 Schautafeln Wissenswertes und Unterhaltsames.

Vier-Jahreszeiten-Park

Hier gibt es alles, was Kinderherzen höherschlagen lässt: das Kindermuseum Klipp Klapp, eine Spielburg mit Matschspielplatz, einen Waldspielplatz, einen Niedrigseilgarten, eine Floßfähre, eine Erlebnisfarm und ein Schwimmbad.
Kontakt: Konrad-Adenauer-Allee 20, 59302 Oelde, 02522/72820,
www.vier-jahreszeiten-park.de

Veranstaltungen & Feste

Jedes Jahr wird an Pfingstsonntag und Pfingstmontag um gemeinsam aufgestellte Pfingstbäume getanzt, der sogenannte **Tanz um den Pfingstenkranz**.
Die **Margaretenkirmes** hat eine jahrhundertelange Tradition. Sie wird immer am dritten Wochenende im Juli gefeiert.
Ein vielfältiges Angebot bietet sich dem Besucher zum **Stromberger Pflaumenmarkt** im September. Für das leibliche Wohl ist mit frischen Pflaumen sowie Pflaumenprodukten wie Spirituosen, Wein, Punsch, Kuchen, Pfannkuchen und Mus gesorgt.
Im November treten beim **Kneipenfestival „Oelde Live“** Bands in verschiedenen Kneipen auf.

Olfen

(Kreis Coesfeld)

Die Kleinstadt Olfen (13 000 Einwohner), mit Stever, Lippe und dem Dortmund-Ems-Kanal von Wasser umgeben, bildet das Tor zum Münsterland. Dass Wasser in dieser Kleinstadt ein prägendes Element ist, davon zeugen nicht nur die historischen Bauwerke wie Wasserschloss, Mühle und Brückenbauten, sondern auch die Naturschutzgebiete Steveraue und Lippeaue. Der Name Olfen geht übrigens auf das Jahr 889 zurück, als Bischof Wolfhelm vom Oberhof Ulfloa seinen Besitz dem Kloster Werden schenkte.

Tourist-Info im Naurparkhaus Steveraue
Kökelsumer Straße 66 a
59399 Olfen
02595/389-720
www.olfen.de

Sehenswertes

Schloss Sandfort

Schloss Sandfort wurde erstmals im 13. Jahrhundert erwähnt, es war ursprünglich eine umwallte Wasseranlage. Das Herrenhaus stammt aus dem 17. oder 18. Jahrhundert. Die Burg befindet sich in Vinnum und ist im Besitz der Grafen Hagen-Plettenberg. Eine Besichtigung ist nur von außen möglich.
Adresse: Schloß Sandfort 1, 59399 Olfen-Vinnum

Füchtelner Mühle

Die ehemalige Wassermühle (1301–1306), erbaut von Fürstbischof Otto III., Graf von Rietberg, gehörte zur Wasserburg Haus Füchteln und wurde als Sägemühle genutzt.
Adresse: Kökelsumer Straße, 59399 Olfen

Floßfahrten auf der Stever sind beliebt

▸ Brückenbauten
An der „Alten Fahrt", einem stillgelegten Abschnitt des Dortmund-Ems-Kanals, sind drei sehenswerte Brückenbauwerke erhalten geblieben: die **Kanalbrücke Alte Fahrt** (um 1895), die den Kanal bei Lehmhegge über die Lippe führt, die **Schiefe Brücke** (1897), die ihn über die Oststraße leitet, und die **Dreibogenbrücke** (1894), die die „Alte Fahrt" über den Fluss Stever führt.

Ein ganz besonderes Schwimmbad, das Naturbad Olfen

Freizeit & Natur

‣ Floßfahrten
Eine Floßfahrt auf der Stever kann von Mai bis September als Gruppe oder Einzelperson gebucht werden.
Kontakt: Naturparkhaus Steveraue,
☏ 02595/389-720

‣ Minigolf
Die Gartenanlage mit Teich der Olfen Lodge garantiert Spielspaß auf 18 Bahnen. Und danach geht's in den Biergarten.
Kontakt: Kanalstraße 9, 59399 Olfen,
☏ 02592/9144, 🌐 www.olfenlodge.de

‣ ☺ Naturschutzgebiet Steverauen
Die Steverauen kann man per Rad oder zu Fuß entdecken, vorbei an Wasserwegen, Baudenkmälern, Heckrindern, Konikpferden und Poitou-Eseln. Auch Kräuterführungen werden angeboten.
Kontakt: Naturparkhaus Steveraue,
☏ 02595/389-720

‣ Radfahren
Radtouren entlang der *100 Schlösser Route*, der *Römer-Lippe-Route*, der *Burg und Schloss Tour* vorbei an Schlössern und Burgen oder durch den Naturpark Hohe Mark – rund um Olfen gibt es viele Rundwege für Radfahrer.
Informationen: 🌐 www.roemerlipperoute.de,
🌐 www.100schloesserroute.de,

‣ ☺ Schwimmen
Im Naturbad Olfen steht in den Sommermonaten die Natürlichkeit beim Baden und Sonnen im Vordergrund: ob Schwimmbecken, Sandstrand, Wasserfälle, Geysire, Rutsche, Hüpfkissen oder Matschplatz – es bleiben keine Wünsche offen.
Kontakt: Alleeweg 4, 59399 Olfen,
☏ 02595/389700

Veranstaltungen & Feste

In Olfen gibt es zahlreiche Feste und Feiern: den Karnevalsumzug, im Sommer das Hafenfest, das Steverauenfest, die SummerSpecials, den Olfener Frühling sowie das Oktoberfest.

Ostbevern

(Kreis Warendorf)

Die Gemeinde Ostbevern (11 200 Einwohner) mit den Ortsteilen Ostbevern und Brock liegt im Nordosten des Münsterlandes, umgeben von Waldgebieten und Parklandschaften. 1088 wurde der Ort erstmals urkundlich erwähnt. Seit Jahrhunderten prägen die Landwirtschaft und das Handwerk, z. B. die Holzschuhmacherei, das Dorfleben.

Ostbevern Touristik e. V.
Großer Kamp 6
48346 Ostbevern
☏ 02532/4310350, 9559260
🌐 www.ostbevern-touristik.de

Sehenswertes

‣ Schloss Loburg
Haus Loburg tauchte 1294 zum ersten Mal in einer Urkunde auf. Der einstmalige Bauernhof wurde 1412 zum Rittergut umgebaut und schließlich 1760 zum Schloss, dessen barocker Charakter auf den Architekten Johann Conrad Schlaun zurückgeht. Früher war die Anlage von Gräften umgeben, sie wurden zugeschüttet. Erhalten ist der Schlosspark mit Rhododendren und Douglasien. Während das Schlossgebäude Domizil einer Schule ist und nicht besichtigt werden kann, kann der Park nach Voranmeldung besucht werden.
Adresse: Loburg 15, 48346 Ostbevern

Pfarrkirche St. Ambrosius
In der großen dreischiffigen Hallenkirche verschmelzen verschiedene Bauepochen. Der untere Teil des Kirchturms stammt von der ersten Pfarrkirche Ostbeverns aus dem 12. Jahrhundert. Der gotische Saal mit Chor entstand Anfang des 16. Jahrhunderts. Der Kirchturm wurde 1886 auf 60 m aufgestockt, gleichzeitig wurde die Kirche erweitert. 1960 bis 1962 wurde noch ein neuer Kirchenraum angebaut.
Adresse: Hauptstraße 13, 48346 Ostbevern

Altes Pastorat
Das sehenswerte eingeschossige Fachwerkhaus aus dem Jahr 1640 bildet mit der Pfarrkirche den Mittelpunkt des Dorfes, es beherbergte früher das Pastorat und heute eine Altentagesstätte.
Adresse: Hauptstraße 13, 48346 Ostbevern

Kock's Mühle
Die ehemalige Kornmühle an der Bever stammt aus dem späten 18. Jahrhundert. Sie wurde in den 1960er-Jahren von Familie Kock gekauft und wird privat bewohnt.
Adresse: Mühlenweg 20, 48346 Ostbevern

Museen

Museum der historischen Waschtechnik
Vom Waschbrett bis zur Kaltmangel wird hier anhand von über 5000 Ausstellungsstücken die mühevolle Arbeit des Wäschewaschens zu Großmutters Zeiten anschaulich gezeigt.
Adresse: Schmedehausener Straße 6, 48346 Ostbevern-Brock

Heimathaus Ostbevern
Im Geburtshaus des Bischofs Johannes Poggenburg von Münster (1862–1933), einem Fachwerkhaus aus dem 19. Jahrhundert, hat heute der Heimatverein Ostbevern sein Domizil und betreibt hier eine kleine Ausstellung über handwerkliches und bäuerliches Brauchtum der Region.
Kontakt: Lienener Damm 28 a, 48346 Ostbevern, www.heimatvereinostbevern.de

Freizeit & Natur

Beverland
Das Resort vereinigt Hotel, Bauernhof und Outdoorcenter und bietet für Gruppen Aktivitäten wie Bosseltouren, Bauerngolf, PoolBall®, Riesentandemfahrten, Planwagenfahrten, Kanutouren, Trikeralley, Geo-Caching, Eisstockschießen u. v. m. an.
Kontakt: Landhotel Beverland, Beverlandplatz 1, 48346 Ostbevern, 02532/9568-10, www.beverland-resort.de

Radfahren
Radelspaß, reizvolle Landschaft und schöne Aussichten bieten die fünf *Biberrouten*. Diese Radwanderwege der Gemeinde Ostbevern haben eine Länge zwischen 18 und 25 km. Auch findet man in Ostbevern Anschluss an die überregionalen Radrouten: die *100 Schlösser Route*, die *Friedensroute* von Osnabrück nach Münster auf historischen Wegen der Postkuriere von 1648 und die *Grenzgängerroute Teuto-Ems* durch Münsterländer Parklandschaft, Osnabrücker Land und Ostwestfalen.
Informationen: www.friedensroute.de, www.100schloesserroute.de, www.grenzgaengerroute.de

Reiten
Die *Warendorfer Reitroute* führt auf 200 km durch die Münsterländer Parklandschaft. Es gibt sieben kleine Rundkurse und einen großen von 130 km, die miteinander kombinierbar sind, mit vielen Rast- und Reitstationen am Weg. Der Rundkurs Ostbevern-Telgte ist 49 km lang.
Kontakt:
Reiterhof Haverkamp, Familie Haverkamp, Schlichtenfelde 3, 48346 Ostbevern, 02532/8035, www.reiterhof-haverkamp.de

Ferienhof Haselheide, Bernd Gerbert, Haselheide 2, 48346 Ostbevern, ☏ 02532/7307, 🌐 www.fewo-haselheide.de
GehöftOase Haverkamp, Loburg 39, 48346 Ostbevern, ☏ 02532/959550, 🌐 www.gehoeftoase.de

▸ Schwimmen
Das kombinierte Hallen- und Freibad Beverbad ist ganzjährig für Schwimmer und Badefreunde jeden Alters geöffnet.
Kontakt: Hanfgarten 22, 48346 Ostbevern, ☏ 02532/1833

Veranstaltungen & Feste

Die **Frühjahrskirmes** mit Schaustellern und Buden findet in Ostbevern im April statt. Der **Kastaniensonntag** im November ist eine Mischung aus privatem Flohmarkt, Angeboten und Ständen von Einzelhändlern und Rahmenprogramm.

Raesfeld

(Kreis Borken)

Die Gemeinde Raesfeld (11 500 Einwohner) mit den Ortsteilen Raesfeld, Erle und Homer liegt mitten im Naturpark Hohe Mark und bildet das Tor des Münsterlandes zum Rheinland. In Raesfeld entspringt die Issel, die Deutschland mit den Niederlanden verbindet und ins Ijsselmeer mündet. Raesfeld taucht als „Hrotusfeld" (gerodetes Feld) erstmalig 889 in einer Urkunde auf.

Tourist-Info im Naturparkhaus
Hagenwiese 40
46348 Raesfeld
☏ 02865/60910
🌐 www.raesfeld.de

Sehenswertes

▸ Schloss Raesfeld
Das imposante Wasserschloss Raesfeld mit Vorburg und Hauptburg sowie Schlosskapelle stammt aus dem 14. bis 17. Jahrhundert und liegt inmitten der Münsterländer Parklandschaft. Mit 52,5 m hat es den höchsten Turm aller Schlösser in Westfalen. In dem Schloss hat die Akademie des Handwerks ihren Sitz. Außenführungen sind möglich.
Adresse: Freiheit 27, 46348 Raesfeld

▸ Turmwindmühle
Die Turmwindmühle Schwane bei Erle wurde Mitte des 19. Jahrhunderts gebaut. 1894 wurde die Mühle mit einer Dampfmaschine angetrieben. Heute ist sie im Privatbesitz und wird bewohnt.
Adresse: Schermbecker Straße, 46348 Raesfeld-Erle

Museum

▸ Museum am Schloss
In diesem Heimatmuseum werden unter dem Titel „Raesfeld 1939–1945" Kriegsalltag, Lebenswelt und Erfahrungen der Raesfelder im Zweiten Weltkrieg dokumentiert.
Kontakt: Freiheit 19, 46348 Raesfeld, Hans Brune, ☏ 0152/33990881

Freizeit & Natur

▸ Femeiche
Eine ca. 1500 Jahre alte Femeiche steht in der Nähe der Erler Pfarrkirche. 1441 wurden unter dieser Eiche die Gebrüder Diepenbrock wegen Schöffenmordes verfemt, bis zum Jahre 1589 wurde hier Gericht gehalten.
Adresse: Ekhornsloh, 46348 Raesfeld-Erle

Malerisch schön liegt das imposante Schloss Raesfeld in der Münsterländer Parklandschaft

▸ Kleine Brennerei im Münsterland
In der Kornbrennerei Böckenhoff, die seit 1865 in sechster Generation von der Familie betrieben wird, kann man erleben und probieren, wie aus dem Getreidekorn der hochprozentige Korn wird.
Kontakt: Kirchplatz 2, 46348 Raesfeld-Erle, ☏ 02865/217, 🌐 www.kornbrennerei-boeckenhoff.de

▸ ☺ Kunst- und Sagenweg
Anhand von Scherenschnitten an 13 Stationen zwischen dem Dorfkern und dem Schloss erfährt man einiges über Sagen aus Raesfeld, Erle und Homer.

▸ Pilgern
Der rund 195 km lange Abschnitt auf dem *Jakobsweg* (Weg 4) führt in zehn Etappen von Bielefeld nach Wesel und dabei auch durch Raesfeld. Eine Stempelstelle gibt es in der Tourist-Info.
Informationen: 🌐 www.jakobspilger.lwl.org

▸ Radfahren
Radwandern zu den schönsten Plätzen in und um Raesfeld und zu den umliegenden Wasserschlössern kann man neben den örtlichen Radrundwegen z. B. auf folgenden Radwanderrouten: der *3-Flüsse-Route* durch die Region Lippe-Issel-Niederrhein, der *100 Schlösser Route* kreuz und quer durchs Münsterland und der *Hohe Mark RadRoute*, die zehn Orte des Feriengebietes Hohe Mark verbindet. Außerdem kann man Touren mit dem Riesen-Tandem mit 8, 12 oder 14 Sitzen über die Tourist-Info buchen (☏ 02865/60910).
Informationen: 🌐 www.3-flüsse-route.de, 🌐 www.100schloesserroute.de, 🌐 www.hohemarkradroute.de

Reiten & Planwagenfahrten
Planwagenfahrten im Naturpark Hohe Mark, durch den Dämmerwald und die Erler Heide können über die Tourist-Info gebucht werden (02865/60910). Reiten kann man bei zwei Reiterhöfen.
Kontakt:
Reiterhof Erler-Heide, Familie Gröniger, Alter Postweg 10, 46348 Raesfeld-Erle
02865/6136, www.reiterhof-erler-heide.de, www.reiten-erler-heide.de
Reitschule Erle, Myriam Lohuis, Marienthalerstraße 79, 46348 Raesfeld-Erle,
0179/2354652

Tiergarten Raesfeld
Aus dem 17. Jahrhundert stammt der Tiergarten und gilt als einer der ältesten Renaissance-Tiergärten. Seine Struktur mit den gewollten Sichtachsen ist nach historischem Vorbild erhalten worden. Auf Rundwanderwegen kann man den Park durchlaufen, vorbei an Teichen und zur Ruine der alten Wassermühle.
Ein ca. 5000 qm großes Gebiet am Tiergarten lädt mit Kletter- und Balancierpfaden, Niedrigseilgarten, Zapfenweitwurfanlage, Astbaustelle u. v. m. zum Spielen in der Natur und mit der Natur ein.
Kontakt: Tourist-Info im Naturparkhaus, Tiergarten Schloss Raesfeld, Hagenwiese 40, 46348 Raesfeld, 02865/60910,

Veranstaltungen & Feste

Der **Rosenmontagsumzug** ist der Höhepunkt des Raesfelder Karneval.
Am zweiten Sonntag im August stellen Antiquare und private Anbieter auf dem **Raesfelder Büchermarkt** ihre Waren aus.
Der **historische Kappesmarkt** in Raesfeld findet immer Samstag und Sonntag nach Allerheiligen statt. Es gibt Klumpentanz, Kappesdelikatessen sowie einen Kappes-, Bauern- und Kunstmarkt.
Am zweiten Adventswochenende sorgt von Donnerstag bis Sonntag der **Raesfelder Adventsmarkt** vor der einzigartigen Schlosskulisse für weihnachtliche Stimmung..

Am Langen Teich treffen sich Spaziergänger und Radfahrer

Recke

(Kreis Steinfurt)

Die Gemeinde Recke (11 200 Einwohner) mit den Ortsteilen Steinbeck, Obersteinbeck und Espel liegt an den Ausläufern des Teutoburger Waldes, grenzt im Westen an das Naturschutzgebiet Heiliges Meer und im Norden an das Landschafts- und Naturschutzgebiet Recker Moor. Der Mittellandkanal durchzieht das Gemeindegebiet. Der Ort Recke entstand durch die Gründung einer Kirche und wurde 1189 erstmals urkundlich erwähnt. Zu den wichtigsten Erwerbszweigen entwickelten sich die Landwirtschaft, der Hollandgang und der Töddenhandel mit Leinen, außerdem der Bergbau in der Region.

Tourist-Information Recke
Hauptstraße 28
49509 Recke
05453/91012
www.recke.de

Sehenswertes

Evangelische Kirche
Die mitten im Ortskern gelegene spätromanische Saalkirche aus dem 9. Jahrhundert mit romanischem Taufstein ist die älteste von drei Dionysius-Kirchen in Recke.
Adresse: Bodelschwinghstraße 5, 49509 Recke

Pfarrkirche St. Dionysius
Die in den 1950er-Jahren errichtete Kirche ist bekannt für ihren barocken Hochaltar von 1755.
Adresse: Vogteistraße 10, 49509 Recke

Pfarrkirche St. Philippus und Jakobus in Steinbeck
Die neugotische Steinbecker Pfarrkirche (erstmalige Erwähnung 1189) wurde 1889 bis 1892 durch Wilhelm Rincklake erbaut.
Adresse: Dorfstraße 13, 49509 Recke-Espel

Museum

Heimat- und Korbmuseum „Alte Ruthemühle“
In der ehemaligen Wassermühle dreht sich alles um die Themen Handwerk, Landwirtschaft, Bergbau und Leben in der Region, außerdem ist ein Korbmuseum integriert, im Backhaus gibt es Brot und Kuchen.
Kontakt: Steinbecker Straße 40, 49509 Recke, 05453/91012

Freizeit & Natur

Naturschutzgebiete
Moorflächen und Feuchtwiesen im Recker Moor bieten vielen Vogelarten und anderen Tieren optimalen Lebensraum. Das Naturschutzgebiet darf erkundet werden. Ein Rundweg mit Informationstafeln und ein Aussichtsfernrohr bieten Einblicke in das Moor.
Auch das Naturschutzgebiet Heiliges Meer in Recke-Hopsten ist ein Eldorado für Naturfreunde: Auf ausgeschilderten Rundwanderwegen kann der größte natürliche See Westfalens umwandert werden.

Schwefelbad Steinbeck
Im Schwefelbad Steinbeck, der einzigen staatlich anerkannten Heilquelle im Münsterland, erwarten den Besucher ein Schwefel-Thermalbecken, Saunabäder, Ruhezonen und Sonnenterrassen.
Kontakt: Fam. Helmut Determeyer, Bad 40, 49509 Recke-Steinbeck, 05453/8155, www.schwefelbad-steinbeck.de

Schwimmen
Schwimmer und Wasserratten können sommers im Badeteich des Waldfreibades und winters im Hallenbad ihre Bahnen ziehen.
Kontakt:
Waldfreibad Recke, Auf der Haar, 49509 Recke, 05453/8717, www.freibad-recke.de, www.baeder-recke.de
Hallenbad Recke, Brookweg 11, 49509 Recke, 05453/932084, www.baeder-recke.de

Sportboothafen „Marina Recke“
Über den Mittellandkanal ist Recke an das Wasserstraßennetz der westdeutschen Binnenschifffahrt angeschlossen. Der Sportboothafen am Mittellandkanal liegt unmittelbar am Recker Waldfreibad.
Kontakt: Hafenmeisterin Monika Robbes, Auf der Haar 23, 49509 Recke-Steinbeck, 0171/8952001, www.marina-recke.com

Radfahren
Der *Töddenland-Radweg* führt durch die Kulturregion des Tecklenburger Landes und des südlichen Emslandes, die mit der Geschichte der „Tödden“ (reisenden Händler) verbunden sind.
Informationen: www.toeddenland-radweg.de

Reiten & Planwagenfahrten
Reitsportanlagen und Reitkurse gibt es in Recke bei den folgenden Vereinen und Anbietern:
Kontakt:
Reit- und Fahrverein Recke e. V., Am Wall 45, 49509 Recke, 05453/8293, www.rv-recke.de
Haflingerhof Feldmann, Hörsteler Straße 69, 49509 Recke, 05453/8603

Planwagenfahrten, Familie Knöpke, Am Mühlenbach 45, 49509 Recke-Steinbeck, ☏ 05453/8892

Veranstaltungen & Feste

In der Karnevalshochburg Recke gibt es gleich **zwei Karnevalsumzüge**, einen am Rosensonntag und einen am Rosenmontag. Beim **Recker Herbst** im Oktober lockt ein großer Herbstmarkt in die Innenstadt.

Reken

(Kreis Borken)

Die Gemeinde Reken (15 000 Einwohner) im westlichen Münsterland ist staatlich anerkannter Erholungsort und liegt eingebettet zwischen den Höhenzügen Rekener Berge, Borken-Ramsdorfer Berge und Hohe Mark. Die Gemeinde blickt auf über 1100 Jahre Geschichte zurück, sie wurde 889 als „Regnum“ erstmals urkundlich erwähnt.

Tourist-Info Reken
Kirchstraße 14
48734 Reken
☏ 02864/9440-35
www.reken.de

Sehenswertes

▸ Wehrkirche
Die ehemalige katholische Pfarrkirche St. Simon und Judas in Groß Reken ist eine Saalkirche mit romanischem Westturm. Sie hat ihren ursprünglichen Charakter weitgehend erhalten. Seit 1969 befindet sich hier ein Sakrales Museum.
Kontakt: Surkstamm 50 a, 48734 Reken, Raimund Wolter, ☏ 02864/4759

▸ Haus Uphave
Beim Haus Uphave (1742) handelt es sich um eine ehemalige sogenannte Heuerlingsstelle. Die damaligen Bewohner, eine Familie Uphave, mussten als Pacht drei Tage im Monat Handdienste für den Haupthof leisten. Bis 1971 wurde das Haus bewohnt. 1980 ging es in den Besitz der Gemeinde Reken über, wurde restauriert und dient heute als Begegnungsstätte. Ein Bauerngarten mit Biotop befindet sich hinter dem Haus.
Adresse: Harrierstraße 11, 48734 Reken

Museum

▸ ☺ Heimatmuseum Windmühle
Die Rekener Turmwindmühle, die weithin sichtbar auf einem Hügel steht, ist eine der schönsten und ältesten in Westfalen. Mit ihrem Bau wurde bereits 1775 begonnen, erst 1807 konnte sie in Betrieb gehen. Ihre Flügel haben eine Spannweite von 22 m, der Turm ist 12 m hoch. Der Heimatverein Reken betreibt seit 1972 in der Mühle ein Museum. Neben der Mühle gibt es in diesem kleinen Freilichtmuseum auch ein „Backhus“, ein „Immenschur“ (Bienenhaus) und ein „Pütthus“ (Kühlbrunnen).
Kontakt: Mühlenberg, 48734 Reken, Georg Holthausen, ☏ 02864/2030

Freizeit & Natur

▸ ☺ Freizeitanlage
In der für jedermann zugänglichen Freizeitanlage im Ortsteil Groß Reken gibt es Tennisplätze, eine Skaterbahn, eine Rollschuhbahn, eine Beachvolleyball-Anlage und einen Soccerplatz.
Kontakt: Gemeinde Reken, ☏ 02864/944158

▸ Golf
Auf der 18-Loch-Anlage der Familie Bolle kann man in familiärer Atmosphäre Golf spielen.

Die Rekener Turmwindmühle ist weithin sichtbar

Kontakt: Uhlenberg 8, 48734 Reken, ☏ Golfclub 02867/907237, ☏ Fam. Bolle 02864/72372, 🌐 www.uhlenberg-reken.de

▸ Kutschfahrten

Wie wär's mit einer gemütlichen Kutschfahrt durch die idyllische Landschaft?
Kontakt:
Ludger Niewerth, ☏ 0172/9033510 o. 02864/6383
Ewald Bröking, ☏ 02864/7697

▸ ☺ Niedrigseilgarten & Walderlebnispark

Klettern und Balancieren auf 100 m Länge kann man kostenfrei und ohne Anmeldung im Niedrigseilgarten in einem Waldstück in der Nähe des Berghotels Hohe Mark. Von dort zum Aussichtsturm am Melchenberg gibt es einen Wanderweg (3 km) mit zwölf Erlebnisstationen, an denen die Besucher spielerisch etwas über den Wald erfahren. Am Melchenberg bietet der Aussichtsturm (60 m) eine Aussichtsplattform (30 m) auf 162 m über NN mit Blick über das Münsterland bis ins Ruhrgebiet.

▸ PoolBall®-Arena

PoolBall® ist eine Mischung aus Fußball und Billard, man spielt es auf einem überdimensionalen Billardtisch, was nicht nur Ballgefühl, sondern auch Köpfchen erfordert.
Kontakt: Carl-Benz-Straße 1, 48734 Reken, ☏ 0176/47667973, 🌐 www.poolball-arena.com

▸ ☺ Reiten

Am Campingplatz Brockmühle werden Reitkurse für jedermann angeboten. Das Reitzentrum Reken ist auf Unterricht für erwachsene Späteinsteiger spezialisiert, aber auch fortgeschrittene Reiter finden eine große Auswahl an verschiedenen Reitkursen. Die Island Pferde Gemeinschaft verfügt über 2 Reithallen, 2 Ovalbahnen und einen

Spielepark/Hindernistrail. Aber auch beim Ausreiten im Gelände macht Reiten Spaß.
Kontakt:
Campingplatz Brockmühle, Zum Heubach 34, 48734 Reken, 02864/7759, www.gerwert-camping.de
FS Reit-Zentrum Reken, Frankenstraße 37, 48734 Reken, 02864/2434 o. 2819, www.fs-reitzentrum.de
IPG Island Pferde Gemeinschaft, Frankenstr. 41, 48734 Reken, 02864/883663, www.ipg-reken.de

Radfahren
Zahlreiche beschilderte Radwege durchqueren die Gegend rund um Reken, wie die *5-Herzen-Touren* (14–20 km), und überregionale Themenrouten, wie die *Hohe Mark RadRoute* und die *BahnLandLust Radroute*, die von Dorsten über Reken nach Coesfeld führt (79 km).
Informationen: www.bahnlandlust.de, www.hohemarkradroute.de

Schwimmen
Das Frei- und Hallenbad der Gemeinde Reken bietet Bade- und Schwimmvergnügen bei jedem Wetter.
Kontakt: Berge 2, 48734 Reken, 02864/944500

Vogelpark Maria Veen
Hier haben rund 50 Vogelarten – Sittiche und Aras – ihr Zuhause. Über 400 Vögel in ca. 90 Volieren können beobachtet werden.
Kontakt: Drosselweg, 48734 Maria Veen, Natur- und Vogelschutzverein, Werner Homoet, 02864/2808

Wildpark Frankenhof
Im Wildpark Frankenhof leben über 500 Wildtiere, außerdem gibt es für Kinder einen großen Erlebnis-Spielplatz, das Trollland mit Kletterpilzen und einen Märchenwald. Eine Attraktion ist das Abenteuergelände, das einer Sägemühle aus den Weiten Kanadas nachempfunden wurde.
Kontakt: Frankenstraße 32, 48734 Reken, 02864/1715, www.wildpark-frankenhof.de

Veranstaltungen & Feste

In Reken gibt es ein aktives Karnevals- und Schützenvereinsleben, so finden auch jährlich **Schützenfeste** und ein **Karnevalsumzug** statt.

Rhede

(Kreis Borken)

Die liebenswerte Stadt Rhede (19 300 Einwohner) im westlichen Münsterland liegt am Schnittpunkt zwischen dem Niederrhein, den Niederlanden und dem Ruhrgebiet. Die Stadt mit ihrem ländlichen Charakter ist landschaftlich geprägt durch Wald-, Moor- und Heidegebiete. Als „Rethi" tauchte der Ort erstmals 1050 in einer Urkunde auf, im 13. Jahrhundert wurde ein Rittergeschlecht von Rethe urkundlich erwähnt, das wahrscheinlich Gründer der Pfarrkirche St. Gundula war, um die Rhede heranwuchs.

Tourist-Info
Bahnhofstraße 1
46414 Rhede
02872/930100
www.rhede.de

Sehenswertes

Pfarrkirche St. Gudula
Vorgängerin der heutigen katholischen Pfarrkirche (1898–1901), einer neugotischen Hallenkirche, war eine romanische Stein-

kirche, die jedoch Ende des 19. Jahrhunderts abgerissen wurde.
Adresse: Kirchplatz 2, 46414 Rhede

▸ Schloss Rhede
Gegenüber dem Schloss Rhede befand sich die „Borg" der Herren von Rethe (13. Jahrhundert), die im 14. Jahrhundert abgerissen wurde. Der Bischof von Münster genehmigte 1426 einen Wiederaufbau, das heutige Renaissanceschloss. Es ist seit 1850 der Wohnsitz der Fürstenfamilie zu Salm-Salm. Eine Besichtigung ist nicht möglich.
Adresse: Schlossstraße 4, 46414 Rhede

▸ Alte Herrensitze
Die Geschichte von Haus Kretier geht zurück auf das 14. Jahrhundert. Teile des früheren Grabensystems sind noch erhalten. Haus Tenking in seiner heutigen Form wurde 1710 gebaut, der Vorgängerbau stammte aus dem 15. Jahrhundert. Beide Herrensitze sind im Besitz der Nachkommen von Freiherr Johann Hermann van Hövell.
Adressen:
Haus Kretier, Im Kretier 11,
46414 Vardingholt
Haus Tenking, Tenkingallee 2, 46414 Rhede

▸ Holländer Turmwindwühle
Die Windmühle Habers stammt aus dem Jahr 1880. Ihr Mahlwerk ist funktionstüchtig und kann besichtigt werden.
Adresse: Habers Mühle 4, 46414 Rhede,
www.muehlenpower-krommert.de

Museen

▸ Medizin- und Apothekenmuseum
Eine Dauerausstellung informiert über das ländliche Gesundheitswesen in der Region und die Auswirkungen der Lebensbedingungen auf die Gesundheit in alter Zeit. Vorübergehend wegen Umbaus geschlossen.
Kontakt: Markt 14, 46414 Rhede,
02872/7923, www.heimat-und-museumsverein-rhede.de

▸ Spielzeugmuseum Max und Moritz
Die hier präsentierte Sammlung von Puppen, Teddys, Puppenstuben, Kaufläden u. v. m. aus der Zeit von 1850 bis 1950 lässt nicht nur Kinderaugen leuchten.
Kontakt: Auf der Kirchwiese 1, 46414 Rhede,
02872/4785, www.max-u-moritz.de

Freizeit & Natur

▸ Alte Brennerei
Im Zentrum von Rhede befindet sich die alte Kornbrennerei von 1852, die zwar nicht mehr in Betrieb ist, dennoch wird hier nach alten Rezepten die „Rheder Ampel", ein Likör aus Anis, Pfefferminze und Schlehe, hergestellt. Die Brennerei mit den alten Geräten ist heute ein Trauort.
Kontakt: Stadthöfe, 46414 Rhede

▸ Bürgerpark
Der Mehrgenerationenpark im Herzen der Stadt lädt ein zum Spazierengehen, Radfahren, Sonnen, Picknicken und lockt mit Spiel- und Sportgeräten sowie einem Erlebnispfad.

▸ Burlo-Vardingholter Venn
Das Burlo-Vardingholter Venn mit seinem Moor- und Heidegebiet und der typischen Flora und Fauna ist ca. 4500 Jahre alt. Das Naturschutzgebiet ist ideal zum Wandern und Radfahren. Da die deutsch-niederländische Grenze durch das Venn verläuft, sind hier noch alte Grenzsteine von 1766 zu finden.
Kontakt: Kreis Borken, Burloer Straße 93, 46325 Borken, 02861/939252,
www.borken.de

▸ Dingdener Heide
Im Naturschutzgebiet Büngerner und Dingdener Heide bieten Infotafeln Einblicke in die

historischen Hintergründe, die Pflege der Beispielflächen und die Tierwelt von Heide, Wald und Wiese.
Adresse: Elsenweg, 46414 Rhede, 🌐 www.dingdener-heide.com

Einzigartig, gemütlich und offen für alle – so präsentiert sich der Rheder Bürgerpark

▸ **Versunkene Bokelt**
Ein weiteres Naturschutzgebiet befindet sich westlich von Rhede, das Versunkene Bokelt. Das Trittsteinbiotop in der Aue der Bocholter Aa ist ein Brut- und Überwinterungsgebiet für Vögel. Hier kann man Eisvögel, Flussregenpfeifer, Kiebitze und andere teils seltene Wasservögel beobachten.
Adresse: Heßlingsstegge, 46414 Rhede, 🌐 www.nabu-borken.de

▸ **Radfahren**
Durch und um Rhede kann man auf über 60 km Radwegen die Natur und Kulturlandschaft genießen: Viele Radwege laden zu Thementouren ein: *Bocholter Aa-Radweg, Schloss-Raesfeld-Tour, Schloss-Anholt-Tour, Weseke-Tour, Naturräume-Touren, Schloss-Diepenbrock-Tour* etc.
Informationen: 🌐 www.rhede.de/radeln

▸ ☺ **Reiten**
Es gibt eine Rundroute für Reiter durch Rheder Gebiet mit Strecken von neun bis 16 km. Zahlreiche Reiterhöfe stehen Pferdefreunden offen.
Kontakt:
Ausbildungs- und Pensionsstall Könemann, Renzelhook 5, 46414 Rhede-Krommert, ✆ 02872/9243527, 🌐 www.gerd-koenemann.de
Hof Schulze Renzel, Renzelhook 7, 46414 Rhede, ✆ 02872/2308, 🌐 www.schulze-renzel.de
Walkers Islandhof, Barbara und Thomas Walker, Raesfelder Weg 13, 46414 Rhede, ✆ 02872/9480686 o. 0172/4186956
Informationen: 🌐 www.rhede.de/reiten

▸ **Wandern**
Vier Wanderrouten rund um Rhede bieten wahre Naturerlebnisse: *Aasee* (Route 1, 10 km), *Schloss Diepenbrock* (Route 2, 13/16 km), *Dingender Heide* (Route 3, 16/23 km), und *Haus Pröbsting* (Route 4, 23 km).
Informationen: 🌐 www.rhede.de/wandern

Veranstaltungen & Feste

Der **Karnevalszug** zieht am Tulpensonntag durch die Stadt.
Höhepunkt im Jahr ist die **Rheder Kirmes**, die Ende August vier Tage lang gefeiert wird.
Informationen: 🌐 www.rhede.de/veranstaltungen

Rheine

(Kreis Steinfurt)

Die Stadt Rheine (77 000 Einwohner) ist die zweitgrößte Stadt im Münsterland. Sie liegt an der Ems im nördlichen Münsterland. Ihren historischen Ursprung hat die Stadt vor fast 1200 Jahren: Als „Curtus Reni" wurde das auf einem Kalkhügel gelegene Gut „Reni" im Jahr 838 in einer Schenkungsurkunde von Kaiser Ludwig dem Frommen an die Benediktinerinnen des Stiftes Herford bezeichnet. Die Stadtrechte bekam Rheine 1327 von Fürstbischof Ludwig II., Bischof von Münster und Landgraf von Hessen, verliehen. Im 19. Jahrhundert entwickelte sich Rheine zu einem wichtigen Textilstandort, was sich heute noch bemerkbar macht.

Rheine.Tourismus.Veranstaltungen e. V.
Bahnhofstraße 14
48431 Rheine
05971/800650
www.rheine-tourismus.de

Sehenswertes

Historischer Marktplatz

Der von prachtvollen Bürgerhäusern umsäumte Marktplatz hat seinen mittelalterlichen Charakter erhalten. Sehenswerte Gebäude sind u. a. das Haus am Markt 12, das Pfarrheim St. Dionysius (Markt 14), Beilmannsche Haus (Markt 15), Haus Nienkemper (Markt 2).

St. Dionysos

Der Bau der katholischen Pfarrkirche wurde nach 120 Jahren Bauzeit mit dem Guss der ältesten Glocke 1520 beendet. Die Glocke trägt den Namen des Pfarrpatrons, ihre Inschrift lautet „Dionysos schützt und vertreibt Unheilsblitze".
Adresse: An der Stadtkirche 12, 48431 Rheine

Basilika St. Antonius

Die romanische Basilika aus dem 11./12. Jahrhundert wurde nach dem Vorbild der Michaelskirche in Hildesheim erbaut. Ihr Turm ist 102,5 m hoch und damit im Münsterland unübertroffen.
Adresse: Osnabrücker Straße 34, 48429 Rheine

Kloster Bentlage

Das frühere Kreuzherrenkloster am Ufer der Ems wurde 1437 gegründet. Sein gotisches Konventsgebäude ist sehr gut erhalten. 1803 wurde das Kloster säkularisiert und von einer belgischen Adelsfamilie als Schloss genutzt.
Adresse: Bentlager Weg 130, 48432 Rheine

Rote und Gelbe Villa

Bauherren der beiden Villen (1886) waren die Textilfabrikanten Hermann und Karl Kümpers. Die Gelbe Villa wurde im Stil einer italienischen Gartenvilla der Hochrenaissance und die Rote im Stil der deutsch-niederländischen Renaissance erbaut.
Adresse: Münsterstraße, 48431 Rheine

Museen

Kloster Bentlage

Seit 1978 im städtischen Besitz, entwickelte sich das Kloster Bentlage zu einem Zentrum für zeitgenössische Kunst und bietet Ausstellungen zur Kunst- und Kulturgeschichte Westfalens sowie kulturelle Veranstaltungen an.
Kontakt: Bentlager Weg 130, 48432 Rheine, 05971/918400, www.kloster-bentlage.de

Mächtig ragt der über 100 m hohe Turm der Antonius-Basilika in den Himmel

Apothekenmuseum
Die Löwenapotheke wurde 1677 erstmals urkundlich erwähnt, stammt aber wahrscheinlich aus der Mitte des 15. Jahrhunderts. Im Museum kann man historische pharmazeutische Geräte wie Mörser, Gefäße, Waagen und alte Einrichtungsgegenstände bewundern.
Adresse: Marktstraße 2, 48431 Rheine

Falkenhofmuseum
Der Falkenhof aus dem 9. Jahrhundert ist die Keimzelle Rheines. Er beherbergt heute das Stadtmuseum mit Exponaten zur Stadtgeschichte (archäologische Funde), einem Grafikkabinett und der Kasimir-Hagen-Sammlung.
Kontakt: Tiefe Straße 22, 48431 Rheine, 05971/920610, www.rheine.de

Golf
Optimales Golfvergnügen verspricht die 27-Loch-Anlage im Golfclub Rheine-Mesum Gut Winterbrock e.V.
Kontakt: Wörthstraße 201, 4843 Rheine, 05975/9490, www.golfclub-rheine.de

Im NaturZoo in Rheine kommt man den Tieren manchmal ganz nahe

Freizeit & Natur

Eislaufen
Freunde des Kufensports kommen in der Eissporthalle Rheine voll auf ihre Kosten.
Kontakt: Kopernikusstraße 34, 48429 Rheine. 05971/8696681, www.eissporthalle-rheine.de

Emstouren
Die Ems kann man auf unterschiedliche Weise befahren: mit dem Drachenboot, dem Floß oder dem Kanu; zu buchen über den Verkehrsverein Rheine.
Kontakt: Rheine.Tourismus.Veranstaltungen. e.V., 05971/800650, www.rheine-tourismus.de

Kartbahn
Im Kart Center Rheine kann man Formel-1-Feeling selbst erleben.
Kontakt: Sandkampstraße 70, 48432 Rheine, 05971/9569567, www.kartcenter-rheine.de

Minigolf
Im Stadtpark Rheine kann man (in den Sommermonaten) Minigolf und Boule spielen.
Kontakt: Stadtpark Rheine, Kopernikusstraße, 48429 Rheine, 05971/65893

NaturZoo Rheine
Affenwald, Volieren, Streichelzoo, Seehundbecken – im NaturZoo können die Tiere von

Nahem und in ihren natürlich gestalteten Gehegen beobachtet werden.
Kontakt: Salinenstraße 150, 48432 Rheine, 05971/16148-0, www.naturzoo.de

Radfahren & Wandern
Ein dichtes Radwegenetz durch und um Rheine lädt zu Touren mit dem Fahrrad ein, so z. B. der *EmsRadweg*, die *Emslandroute* oder die *Hase-Ems-Route*.
Von Rheine aus startend kann man auf dem *Hermannsweg*, einem der schönsten Höhenwege Deutschlands, wandern.
Informationen: www.emsradweg.de, www.hermannshoehen.de, www.rheine-tourismus.de

Salinenpark & Salzwerkstatt
Die Saline Gottesgabe blickt auf 1000 Jahre Salzgewinnung zurück.
Im Besucherzentrum Dreigiebelhaus erhält man zahlreiche Informationen. Es gibt sonntags eine Gästeführung zu unterschiedlichen Themen aus den Gebieten Salz, Kloster und Kultur.
Kontakt: Salinenstraße 105, 48432 Rheine, Führungen über Städtische Museen, 05971/92060

Schwimmen
Wasserratten haben gleich drei Bäder in Rheine zur Auswahl: das Hallenbad Rheine wird mit Solewasser betrieben. In Mesum ist das Hallenbad für seine Piratenlandschaft beliebt. Das neue Kombibad Aqua Reni ist ein Erlebnisbad mit Hallen- und Freibad, zwei Riesenrutschen und Sole-Außenbecken.
Kontakt:
Hallenbad Rheine, Hemelter Straße 38, 48429 Rheine
Hallenbad Mesum, Hassenbrockweg 55, 48432 Rheine-Mesum, 05971/45320
Kombibad Aqua Reni, Kopernikusstraße 58, 48429 Rheine, www.kombibad-rheine.de

Stadtpark
Mitten im Zentrum der Stadt liegt der 80 000 qm große Stadtpark, der zu Spaziergängen, Spiel und Freizeitsport sowie zum Betrachten der 29 Skulpturen und Kunstobjekte einlädt. Für Familien mit Kindern gibt es einen großen Spielplatz und eine Scooteranlage. Minigolfanlage, Boulebahn, Skaterplatz, Tischtennisplatten und Schachecke ergänzen die Angebotsvielfalt.

Walshagenpark
Der Bürgerpark ist ein herrlicher Ort für Naherholungssuchende. Unter 150 Jahre alten Eichen kann man flanieren, zur Blütezeit lockt der Rhododendronpfad, sehenswert sind zudem die Teichanlage, die Statuen und Brunnen, das Feuchtbiotop und der Bauerngarten. Auch wer sich „austoben" will, ist hier richtig, auf dem Trimm-Dich-Pfad, dem großen Kinderspielplatz und den Fußballfeldern.
Kontakt: Walshagenpark Verein Rheine e. V., Karl-Arnold-Straße 3, 48429 Rheine, 05971/8030459

Veranstaltungen & Feste

Rosenmontagsumzug: Die Rheiner Karnevalsvereine ziehen mit ca. 40 fantastischen Wagen und fast 50 tollen Fußgruppen durch die Innenstadt.
EmsFestival (Juli): Auf der Emsbühne und am Emsufer gibt es Musik unter dem Motto „Umsonst & Draußen!".
Deutschlands größter Kinderflohmarkt (August): In der gesamten Innenstadt kann man nach Schnäppchen, Sammelstücken und Kuriositäten suchen.
Rheines Stadtfest (September): Noch ein musikalisches Highlight ist die große Straßenparty.
Herbstkirmes (Oktober): Sie ist die schönste Herbstkirmes im Münsterland.

Rosendahl

(Kreis Coesfeld)

Die Gemeinde Rosendahl (11 200 Einwohner) entstand 1975 aus den Dörfern Darfeld, Holtwick und Osterwick. Die Geschichte der drei Dörfer beginnt aber schon im Jahr 890, damals wurden sie erstmalig in einer Urkunde erwähnt. Die Gemeinde liegt im westlichen Münsterland am Fuße der Baumberge. Die Vechte entspringt in Darfeld und die Dinkel in Osterwick. Der Name Rosendahl setzt sich übrigens zusammen aus „Dahl", einer Gemarkung zwischen den Dörfern, die als gemeinsames Weideland genutzt wurde, und „Rosen", denn dort in einer Senke befand sich ein guter Standort für Heckenrosen.

Gemeinde Rosendahl
Hauptstraße 30
48720 Rosendahl
02547/770
www.rosendahl.de

Sehenswertes

Schloss Darfeld
Das Wasserschloss Darfeld wurde 1612 bis 1618 im Stil der venezianischen Renaissance aus Baumberger Sandstein erbaut. Die zweigeschossigen Bogenhallen, die Rundbögen, Verzierungen und Kapitelle sind ein gelungenes Beispiel südländischer Baukunst. Das Schloss hat eine wechselvolle Geschichte und viele Bewohner erlebt. Nach einem Brand 1899 wurde das Schloss 1902 bis 1904 wieder aufgebaut. Heute wird es privat bewohnt. Es kann nur von außen besichtigt werden.
Adresse: Schlossallee, 48720 Rosendahl

Holtwicker Ei
Beim Holtwicker Ei handelt es sich um den größten westfälischen Findling aus der Eiszeit, der vor ca. 150 000 Jahren aus Schweden nach Rosendahl gelangte. Um den Findling ranken sich viele Sagen, z. B. jene, dass der Teufel damit die neu gebauten Kirchen zertrümmern wollte.

Torhaus
Das Torhaus von Haus Holtwick von 1670 ist das älteste Gebäude in Holtwick. Die frühere Hofstelle wurde 890 urkundlich erwähnt. Auf die Hofstelle gelangte man über eine Zugbrücke durch das Torhaus.
Adresse: Haus Holtwick 7 a, 49720 Rosendahl

Schloss und Stift Varlar
Schloss Varlar ist ein 1828 im klassizistischen Stil umgebautes Prämonstratenserkloster. Stift Varlar wurde im frühen 12. Jahrhundert von den Grafen von Cappenberg gegründet und mit der Säkularisation 1803 aufgehoben. Danach diente die Anlage als gräfliche Residenz und ist heute im Besitz der Familie Salm-Horstmar. Sie kann nur von außen besichtigt werden.
Adresse: Bauerschaft Varlar, 49720 Rosendahl-Osterwick

Freizeit & Natur

Barfußpfad
Im Dorfpark Osterwick lädt der Barfußpfad ein, Sinneserfahrungen mit den Füßen zu machen und zu erleben, wie entspannend das Barfußlaufen auf den unterschiedlichen Bodenmaterialien sein kann.
Adresse: Dorfpark, 48720 Rosendahl-Osterwick

Naturschutzgebiet Vechtequelle
In der Bauerschaft Oberdarfeld entspringt die Vechte aus mehreren sprudelnden Grundquellen, die man von einer kleinen

Brücke aus sehen kann. Die Vechtequelle wurde 2003 zum Naturschutzgebiet erhoben. Hier beginnen die Vechtetal-Route und auch ein Wanderweg.

▸ Wandern & Radfahren

Mit Rückenwind die Region um Rosendahl erradeln, das kann man auf zahlreichen ausgeschilderten regionalen Rundwegen oder auf den überregionalen Fahrradrouten wie der *RadBahn Münsterland,* der *Vechtetal-Route,* der *100 Schlösser Route* und dem *Europaweg R1.* Als einer der schönsten Radwege des Münsterlandes gilt ein Weg, auf dem einst Mönche wandelten: *Poaters Pättken.* Die *Baumberger Sandsteinroute* (152 km) führt Radler und Wanderer in die Welt des sagenumwobenen Sandsteins und durch die wunderschöne Hügellandschaft der Baumberge.

Informationen: www.sandsteinroute.de, www.radbahn-muensterland.de, www.100schloesserroute.de, www.r1-radweginfo.de

▸ Reiten

Die *Rosendahler Reitroute* ist ca. 60 km lang und bietet drei miteinander kombinierbare Routen an, die sich um die Dörfer schlängeln. Sie ist ausgeschildert.

Kontakt:

Reit- und Fahrverein Darfeld e.V., Sudetenstraße, 48720 Rosendahl, www.rv-darfeld.de

Reitverein Osterwick e.V., Holtwicker Straße 56, 48720 Rosendahl, 02547/7652, www.rv-osterwick.de

Pension Immenhof, J. Börsting, Hennewich 1, 48720 Rosendahl, 02545/429

▸ Wasserlehrpfad

Der Wasserlehrpfad rund um das Pfarrhaus der Kirchengemeinde St. Fabian und Sebastian macht Wasser direkt erlebbar. Hier kann man ein Stauwehr speisen, Pegel messen, Wasser schöpfen, Wasserpflanzen kennenlernen und sich über die Bedeutung und Wichtigkeit von Wasser für die Menschen und die Umwelt informieren.

Kontakt: Kirchengemeinde St. Fabian und Sebastian, Fabianuskirchplatz 7, 48720 Rosendahl-Osterwick, 02547/7138

Saerbeck

(Kreis Steinfurt)

Das charmante Dorf (7100 Einwohner) liegt an der Ems, mitten im Kreis Steinfurt. Erstmals erwähnt wurde Saerbeck um 1100 in der Freckenhorster Heberolle, mit der Bauern zu Naturalabgaben an das Stift Freckenhorst verpflichtet wurden. Die Landwirtschaft war hier über Jahrhunderte der prägende Wirtschaftszweig. Heute ist Saerbeck ein attraktiver Wirtschaftsstandort, wichtiger Schulstandort, lebenswerter Wohnraum und Klimakommune.

Gemeinde Saerbeck
Ferrières-Straße 11
48369 Saerbeck
02574/890
www.saerbeck.de

Sehenswertes

▸ Bürgerhaus Hof Hunnekuhl

Der frühere Hof Hunnekuhl, später Jochmaring-Gerdemann, gehört zu den Althöfen Saerbecks. Aus der Zeit um 1400 stammt die erste urkundliche Erwähnung des Hofes, der außerhalb der damaligen dörflichen Besiedlung lag und zur Bauerschaft Middendorf gehörte. Das Fachwerkhaus in Dreiständerbauweise mit Diele, Stallungen, Küchen- und Stubenteil stammt vom Beginn

des 19. Jahrhunderts. Seit der Sanierung 1983 dient der Saerbecker Althof als Bürgerhaus.
Adresse: Ferrières-Straße 12, 48369 Saerbeck

▸ Rathaus Hof Münninghoff

Hof Münninghoff (= Mönchshof) gehörte ehemals zur Bauerschaft Middendorf, seine Geschichte lässt sich bis 1122 zurückverfolgen. Der namentliche Bezug lässt vermuten, dass er in Verbindung mit dem Kloster Cappenberg stand. Das heutige Haupthaus stammt von 1870. Im Jahr 2000 erwarb es die Gemeinde Saerbeck und nutzt es nun als Rathaus.
Adresse: Ferrières-Straße 11, 48369 Saerbeck-Middendorf

Um den Münsterländer Doppelkorn geht es im Kornbrennerei-Museum

▸ Pfarrkirche St. Georg

Die Pfarrkirche St. Georg ist von alters her der Mittelpunkt des Dorfes. Eine Urkunde aus dem Jahr 1161 nennt erstmals eine Kirche und der erste urkundliche Nachweis der Pfarrei stammt aus dem Jahr 1196. Etwa zu dieser Zeit wird wahrscheinlich schon ein steinerner Kirchenbau existiert haben. Anfang des 16. Jahrhunderts fand der Umbau des damaligen Gotteshauses in spätgotischem Stil statt – über dem Turmportal ist die Jahreszahl 1526 eingemeißelt. Mit ihrer Ausmalung, Verglasung, Ausstattung und den Schmuckfliesen verkörpert die Kirche in ihrer Gesamtwirkung heute ein im westfälischen Raum seltenes Beispiel neugotischer Sakralarchitektur.
Adresse: Am Kirchplatz 2, 48369 Saerbeck

▸ Sinninger Mühle

Die Sinninger Mühle ist eine von drei noch erhaltenen Holländerwindmühlen im Kreis Steinfurt. Das Baudenkmal wurde 2000/2001 grundlegend restauriert. Leider ist die Antriebstechnik nicht vollständig erhalten und die Mahlgänge existieren nicht mehr. Funktionsfähig ist aber noch die Flügelwelle, sodass sich die Flügel gelegentlich im Wind drehen. Das Kulturdenkmal dient heute als Fahrzeug- und Gerätehaus der Freiwilligen Feuerwehr Saerbeck, Löschzug Sinningen. Im Obergeschoss wird eine Ausstellung zur Geschichte der Saerbecker Wind- und Wassermühlen präsentiert. Eine Außenbesichtigung der Mühle ist jederzeit möglich, Innenbesichtigung und Führung nach vorheriger Anmeldung.
Kontakt: Förderkreis Sinninger Mühle e.V., Heinrich Beermann, Sinningen 51, 48369 Saerbeck, ✆ 02572/952110

Im Wildfreigehege leben viele Arten

Museen

▸ Kornbrennerei-Museum

In dieser ehemaligen landwirtschaftlichen Brennerei erfahren Sie, wie aus festen Getreidekörnern flüssiger Münsterländer Doppelkorn wird, warum der Zoll sein wachsames Auge auf Kornbrennereien richtet und was der Schnaps mit Rindvieh zu tun hat. Die landwirtschaftliche Kornbrennerei Dalmöller-Niehaus wurde im Jahr 1812 von Ferdinand Kaspar Dalmöller gegründet und bis 1976 als „Nebengewerbe" des bäuerlichen Familienbetriebes geführt. Als einzige von ehemals drei Saerbecker Kornbrennereien ist sie vollständig erhalten.
Kontakt: Grevener Straße 8, 48369 Saerbeck, Führungen nach Vereinbarung über den Heimatverein Saerbeck, Martin Wenners, ☏ 02574/98660, Jürgen Zepp, ☏ 02574/798, 🌐 www.heimatverein-saerbeck.de

▸ Heimatmuseum

Im Heimatmuseum steht die Saerbecker Geschichte im Mittelpunkt. Die ausgestellten archäologischen Funde reichen bis in das späte Eiszeitalter zurück. Handwerkliche und bäuerliche Geräte aus dem 18., 19. und 20. Jahrhundert informieren über das Holzschuhmacherhandwerk, die Leinwandherstellung, die Herstellung von Butter und über die Bedeutung des offenen Herdfeuers in einem Bauernhaus, als es noch keine Zentralheizung gab.
Kontakt: Heimatverein Saerbeck, Grevener Straße 8, 48369 Saerbeck, 🌐 www.heimatverein-saerbeck.de

Freizeit & Natur

▸ ☺ Badesee

In der Nähe zum Dorf liegt der Badesee mit Sandstrand und Liegewiese. „Pättkes" entlang des Mühlenbachs und um den Badesee laden zu Spaziergängen ein.

▸ ☺ Naturschutzgebiet Feuchtwiesen

Die Feuchtwiesen dienen der Erhaltung von Lebensraum für den Großen Brachvogel und allerlei Watvögel. Vom Aussichtsturm beim Parkplatz kann man die Vogelwelt beobachten.

▸ ☺ Reiten

Für Freunde des Reitsports und des Freizeitreitens gibt es in Saerbeck vielfältige Angebote und Reiterhöfe. Und auf zwei Islandpferdehöfen (Steenhaar und Landskron)

kann man sogar im Tölt reiten und die Eigenschaften dieser absolut netten „Nordländer" kennenlernen.
Kontakt:
Reiterhof Helmig, Westladbergen 16, 48369 Saerbeck, 02574/489, www.hof-helmig.de
Reiterhof Werning, Eichengrund 7, 48369 Saerbeck, 02574/8170
Reithalle Ottmann, Ibbenbürener Straße 47, 48369 Saerbeck, 02574/8128 o. 1314
Gestüt Steenhaar, Westladbergen 11, 48369 Saerbeck, 02574/767, www.steenhaar.de
Islandpferdehof Landskron, Middendorf 62, 48369 Saerbeck, 0172/5662495, www.reittherapie-landskron.de

Wandern & Radfahren

Saerbeck liegt für Radfreunde günstig an der *Dortmund-Ems-Kanal-Route* und dem *EmsRadweg*. Die *Brachvogelroute* verläuft durch die Feuchtwiesen und verbindet auf einem Radrundkurs die Naturschutzgebiete in Saerbeck und Ladbergen.
Die Emsaue sowie die Feuchtwiesen laden zu Wanderungen und Spaziergängen ein. Der Wanderweg *Weg des Friedens*, der durch die Gemeinde Saerbeck führt, informiert an 14 Stationen über historische Ereignisse und gegenwärtige Projekte.
Informationen: www.emsradweg.de

Wildfreigehege Nöttler Berg

Neben heimischen Arten wie Rotwild, Wildschweinen, Haushühnern und Ziegen leben im Wildfreigehege allerlei fremdartige Tiere wie Bisons, vietnamesische Hängebauchschweine und malaysische Kampfhähne. Viele Tiere bewegen sich in dem weitläufigen Gelände auf „Tuchfühlung" mit den Besuchern. Für Kinder wird auch Ponyreiten angeboten.
Kontakt: Westladbergen 30, 48269 Saerbeck, 02574/474, www.wildfreigehege-saerbeck.de

Sassenberg

(Kreis Warendorf)

Die Stadt Sassenberg (14 200 Einwohner) war ehemals Residenz der Fürstbischöfe von Münster und liegt in der Münsterländer bzw. der Parklandschaft des Kreises Warendorf. Mit der Industrialisierung gewann die Kammgarnspinnerei und Färberei an Bedeutung und führte zu wirtschaftlichem Aufschwung. Der Stadtteil Füchtorf ist die Spargelmetropole im Münsterland.

Verkehrsamt Sassenberg
Schürenstraße 17
48336 Sassenberg
02583/3090
www.sassenberg.de

Sehenswertes

Schloss von Ketteler

Schloss von Ketteler wurde von 1754 bis 1767 vom fürstbischöflichen Feldhauptmann Johann L. M. Gröninger erbaut, mit Unterbrechung durch den Siebenjährigen Krieg.
Adresse: Harkotten 1, 48336 Sassenberg

Schloss von Korff

Schloss von Korff im klassizistischen Stil wurde 1805/06 nach dem Vorbild von Schloss Wörlitz erbaut. Das Schloss beherbergt u. a. ein Museum.
Adresse: Harkotten 2, 48336 Sassenberg-Füchtorf, www.schlossharkotten.de

Altes Zollhaus

1734 errichtet, ist das Fachwerkhaus eines der ältesten erhaltenen Häuser in Sassenberg. Ursprünglich diente es als Bürgerhaus, von 1890 bis 1906 kassierte man dort Gebühren von Reisenden zwischen Münster und Warendorf. Zu dieser Zeit gab es auch

eine Schankwirtschaft. Das restaurierte Haus ist heute eine kulturelle Begegnungsstätte.
Adresse: Schürenstr. 6, 48336 Sassenberg

▸ Haus Schücking

Das Backsteingebäude wurde 1754 nach Plänen von Johann Conrad Schlaun erbaut und diente dem bischöflichen Kanzler Schücking als Wohnhaus.
Adresse: Von-Galen-Straße 2, 48336 Sassenberg

▸ Alte Mühle

Die fürstliche Mühle von 1578 lag früher auf einer Insel und erfuhr über die Jahrhunderte mehrere Umbauten, 1947/48 wurde sie aufgestockt. Heute befindet sich in der Mühle ein Begegnungszentrum.
Adresse: Von-Galen-Straße 3, 48336 Sassenberg

▸ Pfarrkirche St. Johannes

Die Hallenkirche wurde 1670 bis 1678 unter Fürstbischof Christoph von Galen erbaut.
Adresse: Lappenbrink, 48336 Sassenberg

Freizeit & Natur

▸ ☺ Feldmarksee

Der Badesee mit beliebtem Strandbad bietet auch die Möglichkeit zu segeln, zu surfen, Tretboot zu fahren, zu angeln und zu wandern.

▸ ☺ Schwimmen

Neben dem Strandbad am Feldmarksee verspricht auch das familienfreundliche Freibad im Sportgelände Brook Badevergnügen im Sommer.
Kontakt: Graffelder Esch 5, 48336 Sassenberg, ☏ 02583/1251

Die fürstliche Mühle von Sassenberg stammt aus dem 16. Jahrhundert

Radfahren
Von Sassenbergs über Füchtorf und Warendorf bietet ein 50-km-Rundweg entspannten Fahrradspaß. Außerdem führen verschiedene Themenrouten durch Sassenberg, wie die *100 Schlösser Route*, die *Deutsche Fußball Route*, der *EmsRadweg*, der *Werse Radweg* und der *Europaradweg R1*. Besonders zu empfehlen ist auch die *Grenzgängerroute Teuto-Ems*, die zwölf Städte und Gemeinden im Grenzgebiet miteinander verbindet.
Informationen: www.emsradweg.de, www.100schloesserroute.de, www.deutsche-fussballroute.de, www.werseradweg.de, www.r1-radweginfo.de, www.grenzgaengerroute.de

Reiten
Der Pferdesport ist im Kreis Warendorf beheimatet. Die 200 km lange *Warendorfer Reitroute* mit zahlreichen Landgaststätten und Reiterhöfen auf der Strecke bietet attraktive Rundkurse zwischen neun und 130 km für Ross und Reiter. Mehrere Reitvereine und Reitanlagen sind in Sassenberg beheimatet.
Kontakt:
Reitanlage Gäher, Steinkamps Heide 1, 48336 Sassenberg, 2583/4987, www.reitanlage-gaeher.de
Zucht-, Reit- und Fahrverein St. Hubertus Füchtorf, Gröblinger Straße 27, 48336 Sassenberg, 0160/96711501, www.hubertus-fuechtorf.info
Reitanlage Messerschmidt-Hahn GmbH, Milter Straße 2, 48336 Sassenberg, 05426/806176
Lindenhof – Reitanlage Theodorescu GmbH & Co. KG, Ravensberger Straße 30, 48336 Sassenberg, 05423/3336, www.theodorescu.de

Veranstaltungen & Feste

Im März findet in Sassenberg der **Schachblumenmarkt** statt, eine Schachblumenkönigin wird gekürt. Ende April wird die **Spargelsaison** in Fürchtorf eröffnet und die Deutsche Meisterschaft im **Tractor-Pulling** beginnt. Anfang November gibt es einen **Allerheiligenmarkt** mit Kindertrödelmarkt.

Schöppingen

(Kreis Borken)

Die Gemeinde Schöppingen (7100 Einwohner) mit den Ortsteilen Schöppingen und Eggerode liegt im westlichen Münsterland. Hier entsteht die Vechte und erhebt sich der Schöppinger Berg mit 158 m. Die Gemeinde Schöppingen wird erstmals 838 urkundlich erwähnt, im 14. Jahrhundert entstand die Stadtbefestigung. Eggerode taucht 1151 im Heberegister des Stiftes Asbeck auf. Mit der Madonnenskulptur in der Gnadenkapelle ist es als Wallfahrtsort Ziel vieler Pilger.

Gemeinde Schöppingen
Amtsstraße 17
48624 Schöppingen
02555/88-38, -39
www.schoeppingen.de

Sehenswertes

Altes Rathaus
Das Alte Rathaus mit den pittoresken rot-weißen Fensterläden wurde im Jahr 1583 erbaut und ist das Schmuckstück von Schöppingen. Es ist ein typisch münsterländischer Renaissancebau mit Dreistaffelgiebel und klaren Formen.
Adresse: Hauptstraße 29, 48624 Schöppingen

Pfarrkirche St. Brictius
Die Vorgängerkirche von St. Brictius stammt aus dem 8. Jahrhundert und wurde unter

Bischof Liudger zur Pfarrkirche. Um 1100 erfolgte ein Neubau der Kirche, vom dem heute noch der mächtige Turm erhalten ist. 1453–1455 wurde die Kirche nach einem Brand abermals als gotische Hallenkirche neu errichtet. Sehenswert ist der Flügelaltar von 1455.
Adresse: Kirchplatz 7, 48624 Schöppingen

▸ **Schutzengel auf dem Schöppinger Berg**
Der „Große Schutzengel" steht seit 1913 auf dem Schöppinger Berg und wacht über den Ort. Seine Sockelinschrift lautet: „Reise glücklich, und Gott sei auf eurem Wege, und sein Engel begleite euch."

▸ **Wallfahrtsort Eggerode**
Die Gnadenkapelle in Eggerode von 1843 ist der zweitälteste Wallfahrtsort im Bistum Münster. Ziel vieler Pilger ist die Madonnenskulptur „Unserer lieben Frau vom Himmelreich", die vermutlich von einem der Kreuzzüge (1096–1270) stammt. Das Gnadenbild ist 1338 erstmals urkundlich belegt.
Adresse: Marienplatz 7, 48624 Schöppingen-Eggerode

Das Alte Rathaus ist das Schmuckstück von Schöppingen

Freizeit & Natur

▸ **Ballonfahrt**
Wer hoch in die Lüfte möchte, der kann bei der Gemeinde Schöppingen eine Ballonfahrt buchen.
Kontakt: Gemeinde Schöppingen, 02555/88-36

▸ **Künstlerdorf Schöppingen**
Im Ortskern von Schöppingen hat das Künstlerdorf in zwei Höfen aus dem frühen 19. Jahrhundert sein Domizil. Hier werden Literatur, bildende und experimentelle Künste gefördert. Zu den Veranstaltungen und Ausstellungen sind Besucher willkommen.
Kontakt: Feuerstiege 6, 48624 Schöppingen, 02555/93810, www.stiftung-kuenstlerdorf.de

▸ **Radfahren**
Für Radfahrer ist die „fahrradfreundliche Gemeinde" Schöppingen ein Eldorado, denn zahlreiche regionale und überregionale Fahrradrouten führen durch und um die Gemeinde. Regionale Routen sind die *Kunst- und Kulturroute,* die *Kapellenroute* und der *Plattdütsken Patt*. Überregional findet man Anschluss an die *Vechtetalroute,* die *Aa-Vechte-Tour,* die *100 Schlösser Route,* die

Flamingoroute, den *Jubiläumsradweg* und die *Euregio-Kunstroute*.
Informationen: www.flamingoroute.com, www.100schloesserroute.de

Schwimmen

Im Sole-Light Vechtebad mit der besonders hautfreundlichen Natursole wird das Baden und Schwimmen auch für die Haut zur Erholung.
Kontakt: Metelener Straße 2, 48624 Schöppingen, 02555/984213

Veranstaltungen & Feste

In Schöppingen geht es musikalisch zu: Samstag vor Pfingsten und am Pfingstsonntag gibt es in Schöppingen das internationale **Grolsch-Blues-Festival**. Am dritten Wochenende im September findet das Schöppinger **Apfelfest** statt. Am letzten Wochenende im Oktober lädt die traditionelle **Kneipennacht** zum Einkehren ein.

Senden

(Kreis Coesfeld)

Die Gemeinde Senden (20 900 Einwohner) entstand 1975 aus den Gemeinden Bösensell, Ottmarsbocholt, Senden und Venne. Alle vier Ortsteile blicken auf eine lange Geschichte zurück. Der Name Senden taucht erstmals um 890 in einem Heberegister des Klosters Werden an der Ruhr auf. Die Gemeinde liegt an der Stever und am Dortmund-Ems-Kanal.

Tourist-Information Senden
Münsterstraße 30
48308 Senden
02597/699799
www.senden-westfalen.de

Sehenswertes

Ortskern

Im Ortskern von Senden finden sich einige historische Gebäude und Sehenswürdigkeiten wie die Alte Brennerei Palz an der Münsterstraße, das Wohnhaus der Familie Palz, das zu den ältesten Häusern im Ortskern zählt, die rekonstruierten DRK-Häuser und das Frerichmannsche Haus in der Herrenstraße mit dem „Nies" (Figur des Heimatdichters Anton Aulke) davor.

Schloss Senden

Das Schloss Senden ist von einer breiten Gräfte umgeben, die durch den Fluss Stever gespeist wird, und liegt nahe dem Dortmund-Ems-Kanal. Es ging aus dem mittelalterlichen Rittergut Senden hervor, Ludeke Droste errichtete es im 15. Jahrhundert in Form einer Wasserburg. Sein Sohn Sander II. Droste zu Senden errichtete das Herrenhaus mit Dreistaffelgiebel, das als ein Vorbild für Bauten der westfälischen Renaissance gilt und das älteste erhaltene dieser Art im Münsterland ist. Ein Förderverein kümmert sich um den Erhalt des Schlosses, es kann von außen besichtigt werden, eine Innenbesichtigung und/oder Führung ist nach Voranmeldung möglich.
Kontakt: Verein Schloss Senden e. V., Holtrup 3, 48308 Senden, 0157/5808-4274, www.schloss-senden.de

Holländerwindmühle

Die Geschichte der dreigeschossigen Holländerwindmühle in Ottmarsbocholt geht auf das 16. Jahrhundert zurück, als 1549 Heinrich von Ascheberg die Erlaubnis zugesprochen wurde, auf seinem Grund eine Windmühle zu bauen. Die heutige Mühle stammt jedoch von 1858, sie ersetzte die alte, durch einen Sturm zerstörte Mühle. Bis 1971 gab es hier einen Müllerbetrieb. Heute wird die Mühle bewohnt.

Der neu gestaltete Hafenplatz am Dortmund-Ems-Kanal lädt zum Verweilen ein

Museum

▸ Spieker und Backhaus
Im früheren Stroh- und Kornspeicher in Ottmarsbocholt, der vom Heimatverein in Schuss gehalten wird, befindet sich ein kleines Heimatmuseum. Unter anderem ist die alte Kirchturmuhr aus der Ottmarsbocholter Pfarrkirche zu sehen. Im Backhaus wird an jedem zweiten Samstag im Monat Brot im Holzofen gebacken und verkauft. Wer möchte, lässt sich das Bäckerhandwerk zeigen.
Adresse: Auf der Horst, 48308 Senden-Ottmarsbocholt

Freizeit & Natur

▸ Angeln
Angelfreunde können Tageskarten für den Dortmund-Ems-Kanal und weitere Gewässer erwerben.
Kontakt:
Angelfachgeschäft Hanfland, Mühlenstraße 7, 48308 Senden, ✆ 02597/98706, 🌐 www.angelsport-hanfland.de
Hechtfreunde Angelzentrum Münsterland, Siemensstraße 2, 48308 Senden, ✆ 02597/6903107, 🌐 www.hechtfreunde.de

Kanufahren
Mit dem Kanu kann man auf der „alten Fahrt“ des Dortmund-Ems-Kanals und dem Flüsschen Stever paddeln.
Kontakt: Kanutouren und -verleih Sportbox Senden, Daimlerstr 13, 48308 Senden, ☏ 0160/91527939, 🌐 www.sportbox-senden.de

Klettern
Im BigWall Kletterzentrum Münsterland mit rund 800 m^2 Kletterfläche und 15 m Wandhöhe können sich Kletterfreunde in der Vertikalen erproben.
Kontakt: Im Südfeld 2, 48308 Senden-Bösensell, ☏ 02536/341168, 🌐 www.bigwall.de

Reiten
Auf dem Landhof Große Hellmann dreht sich alles um Ponys und Pferde.
Kontakt: Brock 7, 48308 Senden-Bösensell, ☏ 02536/341140, 🌐 www.grosse-hellmann.de

Schwimmen
Das „cabrio Senden – das Bad“ macht seinem Namen mit seinem aufschiebbaren Dach alle Ehre. Dadurch wird aus dem Hallenbad ein Freibad. Besondere Attraktionen sind eine 70 m lange Rutsche mit Zeitmessung, ein Solebecken und eine Textilsauna.
Kontakt: Bulderner Straße 15, 48308 Senden, ☏ 02597/9391810, 🌐 www.cabriosenden.de

Naturschutzgebiete Venner Moor und Davert
Das 148 ha große Naturschutzgebiet Venner Moor mit seiner besonderen Flora und Fauna ermöglicht Wanderungen durch Hochmoor, Feuchtheiden und Bruchwälder. Auch der Davert, ein naturbelassenes Wald- und Wiesengebiet, lädt zu Rad- und Wandertouren ein.

Blühendes Wollgras im Venner Moor

Radfahren
Rund 300 km markierte Rad- und Wanderwege gibt es rund um Senden. Die regionalen Radrouten *100 Schlösser Route* und auch die *Dortmund-Ems-Kanal-Route* durchqueren die Gemeinde. Hinzu kommen fünf *Pättkestouren* zwischen 20 und 40 km Länge durch die vier Ortsteile der Gemeinde Senden.
Informationen:
🌐 www.100schloesserroute.de

SwinGolf & SpielGolf
Auf dem Hof Grothues-Potthoff gibt es viele Spielmöglichkeiten im Freien. Neben Schach und Boule kann man hier auch SwinGolf und SpielGolf spielen.

Beim SwinGolf muss der Ball mit möglichst wenigen Schlägen über eine Spielbahn von 95 bis 222 m in ein Loch befördert werden. SpielGolf ist eine kleine Variante des „richtigen Golfspiels", die Bahnen sind größer als beim Minigolf und aus Kunstrasen, es gibt Hindernisse wie Hügel und Mulden. Im Hof Grothues-Potthoff gibt es auch ein Hofcafé und eine Hofbäckerei.
Kontakt: Potthoff 4–6, 48308 Senden, 02597/696420, www.hof-grothues-potthoff.de

Veranstaltungen & Feste

Einen **Karnevalsumzug** gibt es in Ottmarsbocholt am Sonntag vor Weiberfastnacht. Das **Maifest „Senden tischt auf"** wird am zweiten Samstag und Sonntag im Mai gefeiert.
Am letzten Samstag im August finden im Wechsel der **Sendener Lichterabend** oder **Street-Live** statt.

Sendenhorst

(Kreis Warendorf)

Die Stadt Sendenhorst (13 300 Einwohner) besteht aus den Stadtteilen Sendenhorst und Albersloh. Die Stadt in der Nähe zu Münster ist ca. 700 Jahre alt und war über 140 Jahre eine Stadt der Brennereien (Sendenhorster und Münsterländer Korn). Hier standen Kamine, Brennerei- und Wirtschaftsgebäude, die im Rahmen der Stadtsanierung abgerissen wurden.

Tourist Information Stadt Sendenhorst
Kirchstraße 1
48324 Sendenhorst
02526/303323
www.sendenhorst.de

Sehenswertes

Haus Siekmann
Haus Siekmann (1882), dessen Geschichte sich bis ins 14. Jahrhundert zurückverfolgen lässt, steht unter Denkmalschutz und war eine ehemalige Hofstelle, die im Ostkurs an der *100-Schlösser-Route* liegt. Heute beherbergt das Haus ein Kulturzentrum und ist Begegnungsstätte für die Bürger der Stadt.
Kontakt: Förderverein Haus Siekmann e. V., Jürgen Krass, Rudolf-Harbig-Straße 7, 48324 Sendenhorst, 02526/950564

Ehemalige Kaiserliche Posthalterei
Von 1690 bis 1910 lagen die Postgeschäfte in Sendenhorst in der Hand der Familie Bonse. Die Reitpostlinie von Frankfurt nach Münster passierte Sendenhorst.
Adresse: Südstraße 22, 48324 Sendenhorst

Schornstein an der Westenpromenade
Der denkmalgeschützte Schornstein an der Westenpromenade erinnert an das traditionelle Gewerbe der Kornbrennerei.

Pfarrkirche St. Martin und Altes Pastorat
Die neugotische Backsteinkirche wurde als Nachfolgerin einer romanischen Kirche, die nach einem Stadtbrand abgerissen wurde, 1855 bis 1865 erbaut. Das Alte Pastorat wurde 1807 bis 1812 im klassizistischen Stil errichtet.
Adresse: Kirchstraße 11, 48324 Sendenhorst

Freizeit & Natur

Ballonfahren
Der erfahrene Ballonpilot Bernhard Borgmann bietet Fahrten im Heißluftballon an.
Kontakt: Bernhard Borgmann, 02526/950913 oder über die Tourist Information, 02526/303323

▸ Brennereipfad

Sendenhorst galt lange als die Stadt der Brennereien und ist die Heimat des Sendenhorster oder auch des Münsterländer Korns. Auf dem Brennereipfad kann diese Tradition wiederentdeckt werden.

Kontakt: Tourist Information, ☏ 02526/303323

▸ ☺ Naturschutz- und Naherholungsgebiet Schmetkamps Hof

Ein Baumlehrpfad, ein Bauerngarten, Biotope, Bienenhäuschen und Bürgerschützenwald vermitteln an 15 Stationen Wissen über die Natur und laden ein, aktiv zu werden.

Adresse: Ahlener Damm 5, 48324 Sendenhorst

Die Kaiserliche Posthalterei

▸ PoolBall®, FußballGolf, SwinGolf

Freizeitspaß für jedermann bieten die Eventsportarten PoolBall® (eine Kombination aus Poolbillard und Fußball), FußballGolf (eine Kombination aus Golf und Fußball) und SwinGolf (Golf ohne große Etikette).

Kontakt: Landhotel Bartmann, Bracht 3, 48324 Sendenhorst, ☏ 02526/1228, 🌐 www.eventsport24.de

Der Werse Rad Weg führt am Wersestrand in Abersloh entlang

Ruhe findet man in der Parkanlage des St. Josef-Stifts

▸ Radfahren
Die Landschaft und zahlreiche Rundrouten durch und rund um Sendenhorst laden zu Ausflügen mit dem Fahrrad ein. Besonders schön sind der *Werse Rad Weg* entlang dem Flüsschen Werse, die *100 Schlösser Route* sowie der *Ostkurs – Radfahren zwischen Pferdekoppeln und Gartenlandschaften.*
Informationen: 🌐 www.werseradweg.de, www.100schloesserroute.de

▸ Reiten
In Sendenhorst und Albersloh gibt es für Freunde des Reitsports zwei Reit- und Fahrvereine.
Kontakt:
Reit- und Fahrverein Albersloh e. V., Hohe Ward 5, 48324 Sendenhorst-Albersloh, ☏ 02535/8877, 🌐 www.rv-albersloh.de
Reit- und Fahrverein Sendenhorst e. V., Alter Postweg 3, 48324 Sendenhorst, 🌐 www.rv-sendenhorst.de

Veranstaltungen & Feste

Beim **Martini-Gänsemarkt** in Sendenhorst im November gibt es nicht nur Gänsegeschnatter, auch Marktbeschicker, ein Künstlerzelt und Unterhaltung werden geboten.

Stadtlohn

(Kreis Borken)

Die Stadt Stadtlohn (20 700 Einwohner) liegt im Berkeltal im westlichen Münsterland nahe der niederländischen Grenze. Die Stadt bildete sich im 12. Jahrhundert um die Pfarrkirche St. Otger, eine der ältesten im Münsterland, die auf einem befestigten Amtshof des Fürstbischofs von Münster stand. Der Name Stadtlohn wurde 1389 erstmals urkundlich erwähnt. In der früheren Ackerbürgerstadt waren die Töpferei und die Leineweberei traditionelle und verbreitete Handwerksberufe, die hier auch heute noch heimisch sind.

SMS-StadtMarketing Stadtlohn e. V.
Dufkampstraße 11
48703 Stadtlohn
☏ 02563/87866
🌐 www.stadtmarketing-stadtlohn.de

Sehenswertes

▸ Haus Hakenfort
Das 1805 erbaute frühklassizistische Haus Hakenfort ist das älteste Haus Stadtlohns. Heute dient es als Haus der Begegnung und beherbergt das Tourismusbüro.
Kontakt: Dufkampstraße 11, 48703 Stadtlohn, ☏ 02563/87866

Haus Hakenfort mit dem Tourismusbüro

▸ Alter Wasserturm

Der hoch aufragende alte Wasserturm aus Backstein wurde 1929/30 erbaut und dient heute als Wohnhaus.
Adresse: Eschstraße, 48703 Stadtlohn

▸ Hilgenbergkapelle

Die Hilgenbergkapelle (1695) aus Baumberger Sandstein ist ein Zeugnis barocker Baukunst. Bis zum Diebstahl des Gnadenbildes 1886 war sie ein bedeutsames Wallfahrtsziel im Münsterland. Am ersten Sonntag im Juli ist der Stadtlohner Wallfahrtstag.
Adresse: Kapellenplatz 8, 48703 Stadtlohn

Museen

▸ ☺ Siku-, Audi- und Oldtimermuseum

Über 60 Old- und Youngtimer v. a. der Marke Audi, über 12 500 Siku-Modelle von 1951 bis heute, über 1000 WIKING-Modelle sowie über 9500 Audi-Modelle (Auto-Union, DKW, Horch, NSU, Wanderer und Lamborghini) in den Maßstäben 1:160 bis 1:5 lassen die Herzen von Oldtimer- und Modellautofans höher schlagen.
Kontakt: Siku- und Audi-Modellautomuseum, Thomas Höing, Von-Ardenne-Straße 42, 48703 Stadtlohn, ☏ 02563/205929, 🌐 www.automodelle-hoeing.de

▸ ☺ Eisenbahnmuseum

Hier erfährt man alles über die Westfälische Landeseisenbahn von den Plänen zum Bau der Strecke bis zur letzten Fahrt am 31. Januar 1988. Die Ausstellung befindet sich in der ehemaligen Güterabfertigung und dem Lokschuppen der WLE.
Kontakt: Bahnallee 4, 48703 Stadtlohn, 🌐 www.ecsev.de,

▸ Drehorgel- und Flötenuhrensammlung

Eine Sammlung von selbst gebauten Drehorgeln und Flötenuhren befindet sich in Privatbesitz von Bruno Visser und kann auf Anfrage besichtigt werden.
Kontakt: Bruno Visser, ☏ 02563/7923

▸ Diorama zur Schlacht im Lohner Bruch

Die Schlacht im Lohner Bruch bei Stadtlohn am 6. August 1623 war eine der entscheidendsten im Dreißigjährigen Krieg. Eine Miniaturwelt mit ca. 16 000 Figuren veranschaulicht auf 12 qm originalgetreu die Schlacht. Der Ausstellungsraum befindet sich in der früheren Marienschule.
Kontakt: Stadtarchiv, ☏ 02563/97797 o. Stadtlohner Heimatverein, ☏ 02563/4992070

Freizeit & Natur

▸ ☺ Losbergpark

Das Park- und Freizeitgelände bietet viele Möglichkeiten für Sport, Spaß und Naherholung: von Spazierwegen und Rodelberg über Spielplatz, Skater- und Minigolfanlage,

Beachvolleyballfeld, Jedermann-Tennisplätze bis hin zum Kneippbecken. Ein kleiner See, Vogelvolieren und eine Parkbahn komplettieren das Angebot.

Radfahren

Um die Umgebung vom Fahrradsattel aus zu genießen, gibt es viele Möglichkeiten für Radtouren: Der *Europaradweg R1* geht entlang der Berkel mitten durch Stadtlohn, ebenso wie die *Flamingoroute* und die *Berkelroute*. Die *100 Schlösser Route* führt an Stadtlohn vorbei.

Informationen: www.r1-radweginfo.de, www.flamingoroute.com, www.flusslandschaft.eu, www.100schloesserroute.de

Reiten

Pferdefreunde finden in Stadtlohn ausgeschilderte Reitwege und die Möglichkeit zu geführten Touren. Eine Reithalle, ein Dressurviereck und zwei Reitplätze stehen beim Reitverein St. Martin Stadtlohn zur Verfügung. Heilpädagogisches Reiten und Voltigieren wird in der Johannes-Reithalle Fortuna angeboten.

Kontakt:
ZRFV „St. Martin" Stadtlohn e. V., Losberg 1, 48703 Stadtlohn, 02563/6564, www.reitverein-stadtlohn.de
Reitsportverein Fortuna e. V., Johannesreithalle, Uferstraße 27, 48703 Stadtlohn, 02563/98775, www.johannesreithalle.de

Idyllische Stadtansicht von Stadtlohn

Wandern

Der *Kommiesenpatt* auf alten Zöllner- und Schmugglerpfaden entlang der deutsch-niederländischen Grenze lädt ebenso zum Wandern ein wie die vielen „Pättkes" rund um Stadtlohn.

Veranstaltungen & Feste

Höhepunkt im Stadtlohner Karneval ist der **Große Rosenmontagsumzug**.
Der **Dodgeball Beachcup** findet am zweiten Augustwochenende statt. Hier dreht sich alles um feinsten Strandsand, Festivalflair und lustige Dodgeball-Matches.
Am dritten Sonntag im Oktober, dem **Kiepenkerl-Sonntag**, treffen sich die Kiepenkerle aus der Region, es werden alte Handwerkskunst und Brauchtum präsentiert.

Steinfurt

(Kreis Steinfurt)

Die Stadt Steinfurt (ca. 35 000 Einwohner) im Münsterland wurde 1975 aus den Städten Borghorst und Burgsteinfurt gebildet. Burgsteinfurt, um 890 erstmalig erwähnt, ist die Stadt mit der ältesten Hochschule Westfalens. Im Schutze der gräflichen Burg entstand die Marktsiedlung „Statt to Stenvorde". Borghorst war bereits im 8. Jahrhundert besiedelt und taucht 968 erstmalig in einer Urkunde auf. In der ehemaligen Ackerbürgerstadt entstanden im Industriezeitalter viele Webereien, Spinnereien, Nähereien und Stickereien.

Steinfurt Marketing + Touristik e. V.
Markt 2
48565 Steinfurt
02551/18690-0
www.steinfurt-touristik.de

Sehenswertes

Schloss Steinfurt

Die Wasserburg aus dem 12. Jahrhundert ist eine der mächtigsten und schönsten im Münsterland. Aufgrund ihrer wechselhaften Geschichte weist sie Elemente aus Romanik, Rokoko und Klassizismus auf. In der Burgfreiheit entstand die Siedlung „Statt to Stenvorde", der Ursprung Burgsteinfurts. Die Burg wird von der Familie des Fürsten zu Bentheim und Steinfurt bewohnt.
Adresse: Burgstraße 16, 48565 Steinfurt-Burgsteinfurt

Altes Rathaus

Auf dem Marktplatz von Burgsteinfurt steht das alte Rathaus aus dem Jahr 1561, das nach dem münsterischen Vorbild gebaut wurde. Es weist Stilelemente der Renaissance und der Gotik auf. Auffällig sind der treppenartige Giebel mit Fialen und Zierornamenten sowie der Glockenturm mit Spitzhelm. Die darin befindliche Glocke war ursprünglich für die Große Kirche bestimmt. Sie schlägt zur halben und vollen Stunde.
Adresse: Markt 2, 48565 Steinfurt-Burgsteinfurt

Stadtweinhaus

Das vom Grafen von Bentheim-Steinfurt 1445 errichtete Weinhaus liegt gegenüber dem alten Rathaus am Markt. Der Graf nutzte es für Gäste, Schützenfeste und andere Feierlichkeiten. Hier wurde auch gegen eine Abgabe an den Grafen Wein verkauft, daher stammt der Name des Gebäudes. Seine heutige Stuckfassade mit Jugendstil- und Barockelementen erhielt es 1912.
Adresse: Markt, 48565 Steinfurt-Burgsteinfurt

Hohe Schule

Im historischen Stadtkern von Burgsteinfurt befindet sich die ehemalige Hochschule

Am Marktplatz von Burgsteinfurt stehen pittoreske historische Gebäude

aus dem Jahr 1591. Sie wurde von Graf Arnold IV. zunächst in Schüttorf als Lateinschule gegründet und dann nach Steinfurt verlegt und zur Akademie erhoben, sie war die erste reformierte Hochschule Westfalens. Heute beherbergt das imposante Gebäude, das Merkmale der Renaissance aufweist, die Musikschule und die Volkshochschule.
Adresse: An der Hohen Schule 14, 48565 Steinfurt-Burgsteinfurt

▸ Pfarrkirche St. Nikomedes
Auf dem Borghorster Kirchplatz thront die katholische Pfarrkirche St. Nikomedes mit ihrem 95 m hohen Turm. Die Hallenkirche im neugotischen Stil wurde anstelle der ehemaligen Stiftskirche des Damenstiftes Borghorst 1885 bis 1894 erbaut.
Adresse: Kirchplatz 3, 48565 Steinfurt-Borghorst

▸ Haus Buckshook
Ein typisches dörfliches Weberhaus stellt Haus Buckshook aus dem Jahr 1657 dar.
Adresse: Buckshook 4, 48565 Steinfurt-Borghorst

▸ Huck-Beifang-Haus
Das Huck-Beifang-Haus wurde 1607 erbaut und diente als Wohnhaus eines gräflichen Beamten. Der beeindruckende Erker spiegelt den Wohlstand des Erbauers wieder. Hier ist der Kunstverein ansässig.
Adresse: Bütkamp 3, 48565 Steinfurt-Burgsteinfurt

▸ Hollicher Windmühle
Die Kappenwindmühle aus dem Jahr 1858 im Ortsteil Hollich wurde vom „Förderkreis Hollicher Mühle“ liebevoll restauriert und kann besichtigt werden.
Kontakt: Hollich 146, 48565 Steinfurt, Hans Knöpker, ☎ 0171/2735791

Das Torhaus von Schloss Seinfurt

▸ Niedermühle Burgsteinfurt
Sie ist eines der ältesten Bauwerke in Steinfurt: 1352 wurde die Mühle erstmals urkundlich erwähnt und war Teil der mittelalterlichen Stadtbefestigung. Trotz vieler Widrigkeiten war sie bis Mitte des 20. Jahrhunderts in Betrieb. Der Heimatverein pachtete und restaurierte sie. Anhand eines Mahlgangs können Besucher die Mühlentechnik „von Korn zum Mehl" kennenlernen.
Adresse: Mühlenstraße, 48565 Steinfurt-Burgsteinfurt

Museen

▸ Stadtmuseum
Die Stadtgeschichte vom Mittelalter bis ins 20. Jahrhundert steht im Mittelpunkt dieses Museums, das der Heimatverein Burgsteinfurt betreut. Hier erfährt man nicht nur vieles über das Leben der Steinfurter Bürger und Grafen, der Professoren und Studenten, sondern auch über die Kreuzritter oder das Bagno.
Kontakt: An der Hohen Schule 13, 48612 Steinfurt-Burgsteinfurt, ✆ 02551/5987

▸ ☺ Heimathaus Borghorst
Im ehemaligen Rathaus von Borghorst (1887) befindet sich das Heimatmuseum. Hier werden das bäuerliche Leben und Arbeiten, altes Handwerk und die Welt der Textilindustrie anschaulich dargestellt, z. B. in einem Tante-Emma-Laden, einer Spinn- und Webstube, einer Schusterwerkstatt oder einer Holzschuhmacherei. Das alte Rathaus ist auch Domizil des Borghorster Heimatvereins.

Kontakt: Münsterstraße 7 48565 Steinfurt-Borghorst, 02552/3495 o. 3607

▸ HeinrichNeuyBauhausMuseum
Das Museum im ehemaligen Stiftskurienhaus zeigt Entwürfe und Arbeiten von Bauhausschülern und -lehrern aus den Bereichen Architektur, Kunst und Design. Im Mittelpunkt stehen Werke des Bauhaus-Künstlers Heinrich Neuy, der zuletzt in Borghorst lebte.
Kontakt: Kirchplatz 5, 48565 Steinfurt-Borghorst, 02552/9958-309, www.heinrichneuybauhausmuseum.de

Freizeit & Natur

▸ Bagno
Graf Karl Paul Ernst zu Bentheim-Steinfurt ließ im 18. Jahrhundert die exotische Gartenlandschaft des Bagno als Lustgarten schaffen. In dessen Mitte befand sich der erste Sommersitz des Grafen, umgeben von Wassergräben, Spielen, Volieren. In der Folgezeit entstanden die Konzertgalerie, das Amphitheater und die Fontäne mit chinesischem Teich. Der Garten wurde für die Bevölkerung zugänglich gemacht. Unter Sohn Ludwig wurde er nach französischen und englischen Gestaltungsprinzipien ausgebaut. Nach dem Ende der Grafschaft Steinfurt verfiel er zunehmend und wurde erst seit Ende des 20. Jahrhunderts wieder hergerichtet, die älteste freistehende Konzertgalerie Europas wurde restauriert.
Heute ist das Bagno eine der schönsten Freizeitanlagen des Münsterlandes mit Veranstaltungen in der Konzertgalerie, Sportmöglichkeiten und Walderlebnispfad für Kinder (1,5 km, 21 Informationstafeln über den Lebensraum Wald). Mithilfe eines QR Codes kann das historische „il Bagno" mit einer 3D-Animation oder einem 360-Grad-Film wieder zum Leben erweckt werden.
Adresse: Hollich 156, 48565 Steinfurt

▸ Blaudruckwerkstatt
Die Technik des Textildrucks war im Münsterland weit verbreitet. In der Werkstatt in Burgsteinfurt kann man alles über das historische Handwerk des Blaudrucks erfahren, die vielfältige Auswahl an Erzeugnissen bewundern und sogar nach eigenen Wünschen anfertigen lassen.
Kontakt: Kirchstraße 4, 48565 Steinfurt, Frau Rehaag, 0175/8362204 o. 02551/6372

▸ Kreislehrgarten
Der liebevoll gestaltete Kreislehrgarten mitten in Steinfurt mit unterschiedlich gestalteten Themengärten lässt das Herz aller Garten- und Naturliebhaber höherschlagen.
Kontakt: Wemhöferstiege 33, 48565 Steinfurt, 02551/833388, www.kreislehrgarten-steinfurt.de

▸ Planwagenfahrt
Mit Pferdestärken kann man sich bei einer Planwagenfahrt gemütlich zu romantischen Schlössern und historischen Mühlen kutschieren lassen.
Kontakt: Hans Knöpker, 0171/2735791

▸ Radfahren
Mit dem Rad auf gut ausgebauten und ausgeschilderten Radwegen durch das Münsterland fahren, vorbei an malerischen Orten, Sehenswürdigkeiten und einzigartigen Landschaften, das ermöglichen die regionalen und überregionalen Radrouten: *Rund um Steinfurt* (50 km), *RadBahn Münsterland* (40 km von Rheine nach Coesfeld), *100 Schlösser Route* (960 km durch die Parklandschaft des Münsterlandes), *Radroute Historische Stadtkerne* (300 km, zu fünf historischen Stadtkernen), *Aa-Vechte-Tour* (zwischen den Flüsschen Aa und Vechte).
Informationen:
www.radbahn-muensterland.de,
www.100schloesserroute.de,
www.radroute-historische-stadtkerne.de

Schwimmen

Bewegung und Abkühlung findet man in Steinfurt in zwei Bädern: dem Kombibad im Ortsteil Borghorst, das ganzjährig geöffnet ist und über Innen- und Außenbecken verfügt, und dem Freibad BagnoMare im Ortsteil Burgsteinfurt, das in den Sommermonaten seine Tore öffnet. In beiden Bädern gibt es neben Schwimmbecken auch Rutsche, Whirlliegen und Wasserspiele.

Kontakt:
Kombibad, Gräfin-Bertha-Straße 13, 48565 Steinfurt-Borghorst, 02552/2115
BagnoMare, Tecklenburger Straße 48, 48565 Steinfurt-Burgsteinfurt, 02551/2411, www.swst.de

Skatepark

Hier können alle Freunde des Skatens ihren Spaß haben. Die moderne Anlage ist im Raum Steinfurt eine der größten.
Adresse: Liedekerker Straße beim Stadion, 48565 Steinfurt-Burgsteinfurt

Wandern

Auf Schusters Rappen die Umgebung von Steinfurt erkunden, das ermöglichen z. B. der *Mühlenrundweg* mit 10,2 km Länge und der *Konzertgalerie-Rundweg* mit 15,2 km Länge. Das Waldgebiet Buchenberg ist ein Naherholungsgebiet zwischen Burgsteinfurt und Borghorst zum Wandern, Durchatmen und Genießen der Natur. Vom Aussichtsturm am Liethweg lässt man den Blick auf Borghorst schweifen. Abwechslung bietet der *Waldtierlehrpfad* am Lietwanderweg.

Veranstaltungen & Feste

Der Frühlingsbeginn im April wird in Borghorst mit dem **Brunnenfest** gefeiert.
Auf dem **Leinen- und Handwerkermarkt** in Burgsteinfurt im Mai gibt es alte Handwerkskunst wie den Blaudruck oder das Korbflechten zu sehen und zu kaufen.
Zum **Schweinemarkt** im September gibt es ein buntes Markttreiben in der Stadt, ein Höhepunkt ist die Schweinerallye.
Der **Erntedankmarkt** wird im Oktober mit einem bunten Markt gefeiert, auf dem jegliche „Ernte" dargeboten wird.
Das Veranstaltungsjahr schließt mit dem **Nikolausmarkt** in Burgsteinfurt und dem **Weihnachtsmarkt** in Borghorst.
Informationen: www.steinfurt-touristik.de

Südlohn

(Kreis Borken)

Die Gemeinde Südlohn (9400 Einwohner) mit den Ortsteilen Südlohn und Oeding liegt im westlichen Münsterland nahe der niederländischen Grenze. 1969 wurden diese beiden Gemeinden zusammengeschlossen, die bereits über sechs Jahrhunderte, zwischen 1231 und 1883, zusammengehörten. Südlohn ist auf dem Gebiet eines fürstbischöflichen Haupthofes entstanden. Im industriellen Zeitalter gründeten sich in beiden Ortsteilen Webereien, die für wirtschaftlichen Aufschwung sorgten.

Touristinfo Südlohn SOMIT e. V.
Burgring 29
46354 Südlohn
02862/417626
www.suedlohn.de

Sehenswertes

Turmwindmühle Menke

Die hölzerne Mühle wurde 1812 als Achtkant-Holländer gebaut. Seit 1865 ist sie im Besitz der Familie Menke, Maschinen und Einrichtungen sind noch erhalten. Auch das

Nur der Turm blieb von der Burg Oeding erhalten

Müllerhaus steht noch. Besichtigungen sind möglich.
Kontakt: Förderverein Menke Mühle e. V., Windmühlenstraße 4, 46354 Südlohn, 02862/898989, www.menke-muehle.de

▸ Burg Oeding
Burg Oeding ist die Keimzelle des Ortes Oeding. Sie wurde 1371/72 von Johann von Gemen errichtet (nachdem ihre Vorgängerin geschleift wurde) und bestand aus Haupt- und Vorburg. In ihrem Schutz siedelten sich Menschen an. 1854 wurden die Gebäude abgerissen und Gräften und Umflut zugeschüttet, nur der Turm und Teile des Gewölbes blieben erhalten. Der restaurierte Turm dient heute als Hotel.
Adresse: Burgplatz 1, 46354 Südlohn-Oeding

▸ Pfarrkirche St. Jakobus
Die im neoromanischen, späthistoristischen Stil erbaute Kirche in Oeding von 1911 verbindet romanische und barocke Elemente.
Adresse: Jakobistraße 6, 46354 Südlohn-Oeding

▸ Haus Lohn
Das von Gräften umgebene Herrenhaus von 1795 fand erstmals 1357 als Rittergut Erwähnung. Der frühklassizistische Adelssitz in Südlohn ist im Privatbesitz der Familie Geuking und wird bewohnt.
Adresse: Haus Lohn 1, 46354 Südlohn

Freizeit & Natur

▸ Bauerngolf & Maislabyrinth
Die 8-Loch-Bauerngolfanlage in Südlohn ist die erste dieser Art in Deutschland. Hier wird mit Holzschuh-Schläger, Lederball und Bollerwagen Golf der anderen Art gespielt. Das angrenzende Maislabyrinth ist für Jung und Alt ein großer Spaß.
Kontakt: Fam. Wellig, Borkener Straße 4, 46354 Südlohn, 02862/89142, www.maislabyrinth-suedlohn.de

Die Einrichtung des 200 Jahre alten Achtkant-Holländers ist noch heute erhalten

Radfahren & Wandern

Die Umgebung Südlohns aus dem Fahrradsattel kennenlernen, erwandern oder vom Wasser aus erkunden, das kann man auf folgenden Routen: Die *Flamingoroute* verläuft durch beschauliche Dörfer und Naturschutzgebiete mit ausgedehnten Mooren, Heiden und Feuchtwiesen. Die *100 Schlösser Route* führt an zahlreichen Schlössern und Burgen des Münsterlandes vorbei. Die *Flusslandschaft Achterhoek-Westmünsterland* bietet Grenzerlebnisse entlang der Flüsse Aa, Berkel, Schlinge und Ijssel. Der Wanderweg *Kommiesenpatt* führt auf alten Zöllner- und Schmugglerpfaden entlang der deutsch-niederländischen Grenze.
Informationen: www.flamingoroute.com, www.100schloesserroute.de, www.flusslandschaft.eu

Schokoladenmanufaktur

Im Café Hüftgold im Turmhaus darf man den Chocolatiers bei der Arbeit zusehen und die süßen Produkte direkt verkosten. In Pralinenkursen kann man sogar eigene Kreationen herstellen. Zudem gibt es eine Dokumentation zum Kakaoanbau in Peru.
Kontakt: Café Hüftgold GbR, Eschstraße 35, 46354 Südlohn, 02862/980000, www.turmhaus.com

Verborgener Garten

An verschiedenen Gartenräumen und -kulturen, Blütenpracht und Gemüsevielfalt kann man sich im Privatgarten der Familie Rensing erfreuen, angefangen vom Hausgarten über den Gemüsegarten bis hin zum Spiegelgarten.

Kontakt: Eschlohner Straße 7, 46354 Südlohn, 02862/7305, www.privatgarten-familie-rensing.com

Veranstaltungen & Feste

Am Samstag des Karnevalswochenendes zieht ein **Karnevalsumzug** durch die Südlohner Ortsmitte.
Die **Südlohner Kirmes** findet immer am Sonntag an oder nach St. Vitus (15. Juni) statt und der Kirmeskrammarkt am Montag nach St. Vitus.
Am 1. Sonntag im Juni werden im Rahmen der **Hüttentour Südlohn-Oeding** zwölf der Wander- und Schutzhütten von örtlichen Gastronomen bewirtet und zwar mit abwechslungsreichen kulinarischen Angeboten (37,5 beschilderte Kilometer).
Die **Herbst-Meile** ist ein Mittelaltermarkt in Oeding am letzten Samstag und Sonntag im Oktober.

Tecklenburg

(Kreis Steinfurt)

Die Stadt Tecklenburg (9600 Einwohner) mit den Ortschaften Brochterbeck, Ledde, Leeden und Tecklenburg liegt im nördlichen Westfalen am Teutoburger Wald. Ihr Name leitet sich von der Burg Tecklenburg und den Grafen von Tecklenburg ab. So ist der Ort auch im Schutz der Burg entstanden, er wurde 1226 erstmals urkundlich erwähnt und erhielt 1388 die Stadtrechte. Der historische frühneuzeitliche Stadtkern von Tecklenburg mit den vielen Fachwerkhäusern im Schatten der Burg ist besonders sehenswert.

Tecklenburg Touristik GmbH
Markt 7
49545 Tecklenburg
05482/93890
www.tecklenburg-touristik.de

Am Fuße der Burg gelegen: die Stadt Tecklenburg

Ausblick in das schöne Münsterland

Sehenswertes

▸ Historische Altstadt
In der malerischen Altstadt von Tecklenburg entdeckt man in den verwinkelten Gassen viele Fachwerkhäuser aus dem 16. bis 18. Jahrhundert. Eindrucksvoll ist das Torhaus Legge (1677) mit seinem markanten Torbogen. Hier befand sich im 17. Jahrhundert eine Leinenprüfanstalt („Legge“). Von der alten Burganlage (um 1100) aus hat man einen schönen Blick auf den Ortskern.

▸ Wasserschloss Haus Marck
Der von Gräften umgebene Herrensitz unterhalb des Südwesthangs des Teutoburger Waldes stammt aus dem 14. Jahrhundert. 1547 diente er als kaiserliches Hauptquartier. 1643 fanden hier die Vorverhandlungen zum Westfälischen Frieden statt. Seine heutige Form erhielt das Gebäude 1754. Haus Marck ist außerdem das Geburtshaus von Friedrich von Bodelschwingh d. Ä. (1831–1910), dem späteren Leiter der Betheler Anstalten.
Kontakt: Haus Marck 1, 49545 Tecklenburg, ✆ 05482/925773, 🌐 www.haus-marck.de

▸ Bismarckturm
Der Bismarckturm (1909) war ursprünglich eine Windmühle aus dem Jahr 1851, sie brannte jedoch 1906 durch einen Blitzschlag aus und wurde später zum Turm ausgebaut.

Museen

▸ Otto Modersohn Museum Tecklenburg
Seit 2015 hat am historischen Marktplatz in Tecklenburg das Otto Modersohn

Museum Tecklenburg (OMMT) seine Türen geöffnet. Hier werden Werke des Landschaftsmalers Otto Modersohn gezeigt, der seit den 1880er-Jahren wegen familiärer Beziehungen häufig in Tecklenburg weilte.
Kontakt: Markt 9, 49545 Tecklenburg, 05482/9262160, www.ommt.de

Puppenmuseum
Untergebracht in einem historischen Fachwerkhaus von 1684 findet sich die wohl wertvollste Puppensammlung Nordrhein-Westfalens. Hier gibt es vieles aus der Welt der Puppen zu sehen. Den Weg hierhin weisen Kopfsteinpflastersteine mit Puppenkopf darauf.
Kontakt: Wellenberg 1, 49545 Tecklenburg, 05482-703700, www.puppenmuseumtecklenburg.ev.ms

Stiftsmuseum Leeden
Im Stiftshaus von Leeden befindet sich das Zisterzienser- und Stiftsmuseum, in dem über das adlige Damenstift Leeden und das Zisterzienserinnenkloster Leeden informiert wird.
Kontakt: Stift 19, 49545 Tecklenburg, 05481/37843, www.heimatverein-leeden.de

Freizeit & Natur

Abenteuergolf
Abenteuergolf ist eine Mischung aus Golf, Swin-Golf und Minigolf, es wird auf Kunstrasenbahnen oder Holzbohlen gespielt. In der Tecklenburger Anlage gibt es 27 interessante Parcours, die für großen Spaß bei Jung und Alt sorgen.
Kontakt: Königstraße 4, 49545 Tecklenburg, 0160/3046935, www.abenteuergolf-tecklenburg.de

Die Krummacherstraße in der malerischen Altstadt von Tecklenburg

Freilichtbühne
In der denkmalgeschützten Burgruine Tecklenburgs wird im Sommer Musiktheater vom Feinsten geboten und das schon seit über 90 Jahren. Die Freilichtbühne ist größtenteils überdacht und bietet über 2000 Sitzplätze.
Kontakt: Schlossstraße 7, 49545 Tecklenburg, 05482/220, www.freilichtspiele-tecklenburg.de

Golf
Beim Golfclub Tecklenburger Land e. V., im Naturpark Teutoburger Wald gelegen, können Golffreunde auf neun Bahnen mit anspruchsvoller Topographie „einlochen".
Kontakt: Wallenweg 24, 49545 Tecklenburg, 05455/1035, www.golfclub-tecklenburg.de

Postkutsche Münsterland
Hier werden Postkutschen- und Planwagenfahrten ab Gutshof Haus Hülshoff angeboten und historische Kutschen können im kleinen Museum bewundert werden.
Kontakt: Haus Hülshoff 1, 49545 Tecklenburg, 0171/6809193
www.postkutsche-muensterland.de

Schwimmen
In idyllischer Lage bietet das Waldfreibad im Sommer Erfrischung und Erholung.
Kontakt: Handal 51, 49545 Tecklenburg, 05482/288

Wandern & Pilgern
Wanderfreunde finden rund um Tecklenburg viele schöne Wege und Routen, z. B. auf dem *Hermannsweg* (70 km auf dem Kamm des Teutoburger Waldes), dem *Westfälischen Jakobsweg* und dem *Töddenweg*. Erleben Sie auf den *Teutoschleifen* auch die sieben nördlichsten Premiumwanderwege.
Informationen: www.hermannshoehen.de, www.jakobsweg.de, www.teutoschleifen.de, www.tecklenburger-land-tourismus.de, www.jakobspilger.lwl.org

Veranstaltungen & Feste

Der **Geranienmarkt „Viva Gerania"** am ersten Maiwochenende verwandelt die Altstadt in ein buntes Blumenmeer. Parallel veranstaltet die Freilichtbühne einen **Bühnenflohmarkt** in der Schlossstraße.
Der **Leinen- und Handwerkermarkt** in der Altstadt, im Torhaus Legge und im Kulturhaus gibt am zweiten Septemberwochenende Einblicke in die alte Handwerkerkunst und die Brauchtumspflege.
Der **Tecklenburger Nikolausmarkt** taucht am zweiten Adventswochenende die gesamte Altstadt in weihnachtlichem Lichterglanz und lässt keine Wünsche offen.

Telgte

(Kreis Warendorf)

Die Stadt Telgte (ca. 20 400 Einwohner) ist landschaftlich reizvoll direkt am Ufer der Ems gelegen und beeindruckt durch ihre schöne historische Altstadt mit engen Gassen und hübschen Giebelhäusern. Die Stadt ist jährlich das Ziel der rund 100 000 Besucher, die zur Wallfahrtskapelle mit dem Gnadenbild der schmerzhaften Muttergottes pilgern. Den Grundstein für diese Kapelle legte der münsterische Fürstbischof Christoph Bernhard von Galen. Telgte ist einer der ältesten Orte im Münsterland und besitzt seit 1238 die Stadtrechte.

Tourismus + Kultur Telgte
Kapellenstraße 2
48291 Telgte
02504/690100
www.telgte.de

Die Wallfahrtskapelle St. Marien liegt am Ende der Kapellenstraße

Sehenswertes

▸ Altstadt und Marktplatz

In der historischen Altstadt von Telgte mit dem Marktplatz im Zentrum, der von geschichtsträchtigen Gebäuden umsäumt ist, und mit ihren Denkmälern, „Gängskes und Pättkes" begegnet man der Geschichte auf Schritt und Tritt.

▸ Propsteikirche St. Clemens

Die Propsteikirche, erbaut 1522, ist eine spätgotische Hallenkirche. Ihren heutigen Kirchturm erhielt sie 1876. An der Stelle der Hallenkirche stand zuvor eine romanische Kirche aus dem 13. Jahrhundert, die um 1500 abbrannte. Das Kreuz (um 1210) im Chorbogen stammt noch aus ihr. Ein Hungertuch von 1623, das über drei Jahrhunderte zur Fastenzeit aufgehängt wurde, befindet sich heute im Museum RELíGIO.
Adresse: Herrenstraße 1–2, 48291 Telgte

▸ Wallfahrtskapelle St. Marien

Der Grundstein dieser barocken achteckigen Kapelle wurde 1654 von Fürstbischof Christoph Bernhard von Galen gelegt. Die Wallfahrtskapelle für die Pieta aus Lindenholz (um 1370) wurde 1657 geweiht. 1763 baute man eine Sakristei an, die 1854 mit der Kapelle verbunden wurde, um Platz für einen Altar und das Gnadenbild der schmerzhaften Muttergottes zu schaffen.
Kontakt: Kardinal-von-Galen-Platz 1, 48291 Telgte, 🌐 www.st-marien-telgte.de

▸ Christoph-Bernsmeyer-Haus

Die „Große Mühle" (das heutige Christoph-Bernsmeyer-Haus) am Emswehr war eine ehemalige Getreidemühle, die 1754 durch den Barockbaumeister Johann Conrad Schlaun renoviert wurde. Ab 1976/77 wurde sie von den Maurizer Franziskanerinnen bewohnt. Heute ist das Christoph-Bernsmeyer-Haus ein Pilgerhaus.

Im RELíGIO steht der Dialog der Religionen und Kulturen im Mittelpunkt

Kontakt: Kardinal-von-Galen-Platz 23, 49291 Telgte, 02504/4704

Haus Langen

Der ehemalige Adelssitz aus dem 16. Jahrhundert besteht aus einer Wasserburg mit Doppelmühle und Wasserfall. Er liegt am EmsRadweg und kann von außen besichtigt werden.
Adresse: Haus Langen 1, 48291 Telgte

Museum

RELíGIO – Westfälisches Museum für religiöse Kultur

Im Museum für religiöse Kultur und Praxis in Westfalen stehen der Mensch und der Glaube im Mittelpunkt. Ein bedeutsames Exponat ist das Telgter Hungertuch aus dem Jahr 1623.
Kontakt: Herrenstraße 1–2, 48291 Telgte, 02504/93120, www.museum-religio.de

Freizeit & Natur

Ballonfahren

Im Heißluftballon des Luftfahrtunternehmens Telgter Ballonfahrten kann man das schöne Münsterland aus der Luft genießen.
Kontakt: Ferdi Bussmann, Kardinal-von-Galen-Platz 5, 48291 Telgte, 02504/1867, www.telgter-ballonfahrten.de

Böttchers Garten

Böttchers Garten ist ein Baum-, Heide-, Stein- und Skulpturen-Park auf dem Gelände einer Baumschule. In der Gartenanlage gibt es Kunst- und Heidegärten, Teiche, Gärtnereien und einen Spielplatz.
Kontakt: Lauheide 20, 48291 Telgte, 02504/2200

Erholungs- und Naturschutzgebiet

Der Emsauenpark liegt im Naturschutzgebiet Emsaue und erstreckt sich in östlicher

RELíGIO, das Museum für religiöse Kultur

Richtung der Ems. Hier gibt es mehrere Rundwege zum Wandern und Spazieren.

▸ Flugplatz Berdelhafen

Hier können Motorsegler, Sport- und Ultraleichtflugzeuge starten und landen, von einer Aussichtsterrasse hat man einen Blick auf die Landebahn und in die Umgebung. Es besteht die Möglichkeit, Rundflüge zu buchen.

Kontakt: Berdel 53, 48291 Telgte, ☏ 02504/72001, 🌐 www.flugplatz-muenster-telgte.de

▸ Kanutouren auf der Ems

Die Ems schlängelt sich durch Telgte und die schöne Landschaft der Umgebung und lädt zu Kanutouren ein. Es gibt zahlreiche geeignete Streckenabschnitte mit vielen Ein- und Ausstiegsstellen.
Kontakt: Tourismus + Kultur Telgte, ☏ 02504/690100

▸ Golf

Der Golfclub Gut Hahues zu Telgte e. V. befindet sich in Telgte-Vechtrup. Der Platz hat zwölf Spielbahnen (6 blau, 6 rot) und bietet die Möglichkeit für zwei Spielvarianten.
Kontakt: Harkampsheide 5, 48291 Telgte-Vechtrup, ☏ 02504/72326, 🌐 www.golfclub-telgte.de

▸ Radfahren

Ein dichtes Radwegenetz bietet vielfältige Möglichkeiten für Touren durch bzw. rund um Telgte, so den *EmsRadweg*, die *100 Schlösser Route*, die *Friedensroute* und den *Europaradweg R1*. Die Tourist-Info bietet sieben Rundkurse an, die alle auf dem Marktplatz beginnen und enden.
Informationen: 🌐 www.emsradweg.de, 🌐 www.100schloesserroute.de, 🌐 www.friedensroute.de, 🌐 www.r1-radweginfo.de

Reiten
Pferdesport wird in der Region großgeschrieben. Durch den Kreis Warendorf führt eine 200 km lange Reitroute, die Teil der 1000 km langen *Münsterland-Reitroute* ist. Rast- und Reitstationen, Reiterhöfe und Landgasthöfe liegen am Wegesrand.
Kontakt:
Draußenreitschule „Die Memiph's", Borgesch 30, 48291 Telgte, 0178/2943253, www.die-memiphs.de
Hermann-Josef Schulze Hobeling, Grevener Straße 161, 48291 Telgte, 02504/8640, www.schulzehobbeling.de
Reit- und Fahrverein Gustav Rau Westbevern e. V., Sickerhook 27, 48291 Telgte, 02504/983686, www.rv-gustav-rau.de
Reitanlage Böckenholt, Kiebitzpohl 18, 48291 Telgte, 02504/4611, www.reitanlage-boeckenholt.de
Reitanlage Burlage, Lütken Heide 32, 48291 Telgte, 02504/8651, www.reitanlage-burlage.de
Reitanlage Holtkötter, Kötterstraße 120, 48157 Münster, 0251/328505, www.reitanlage-holtkoetter.de

Schwimmen
Im Sommer lädt das Waldschwimmbad Klatenberg mit seinen Grünflächen und schattigen Plätzen zum Abkühlen und Erfrischen ein.
Kontakt: Waldweg 40, 49291 Telgte, 02504/1891

Töpferei Schäfer
In diesem Familienbetrieb wird seit 1888 das Töpferhandwerk auf der Drehscheibe ausgeübt. Es gibt auch Kindertöpfern.
Kontakt: Grabenstraße 22, 48291 Telgte, 02504/1757, www.toepferei-schaefer-telgte.de

Wallfahrt
Die Wallfahrtskapelle mit dem Gnadenbild der schmerzhaften Muttergottes ist ein jährlich von 100 000 Pilgern besuchtes Wallfahrtsziel. Die Tourismus + Kultur Telgte hält viele nützliche Informationen und Angebote für Pilger bereit, wie Kreuzwege, Pilgerwege etc.
Auch der *Jakobsweg* führt von Bielefeld über Telgte bis nach Wesel (4. Weg).
Informationen: www.telgte.de, www.jakobspilger.lwl.org

Veranstaltungen & Feste

„Komm auf die Wiese, Luise!" ist das Motto des traditionellen **Stadtfestes** der Telgter Kaufmannschaft Hanse, das an einem Sonntag im Mai für ein buntes Treiben mit Bühnen und geöffneten Geschäften in der Altstadt sorgt.
Beim traditionellen Volksfest mit **Kirmes** zum Mariä-Geburts-Markt im September verwandelt sich das Marktgelände von Telgte in ein riesiges Kirmesgelände. Der beliebte **Mariä-Geburts-Markt** wird am Dienstag nach dem Kirmeswochenende abgehalten.
Jährlich findet am zweiten Samstag nach Peter und Paul (29. Juni) die **Wallfahrt** statt, eine Marienwallfahrt von Osnabrück nach Telgte, und eine **Kutschenwallfahrt** wird an Christi Himmelfahrt durchgeführt.

Velen

(Kreis Borken)

Die Stadt Velen (13 200 Einwohner), ein Zusammenschluss der ehemaligen Gemeinden Ramsdorf und Velen, liegt im westlichen Münsterland und ist ein staatlich anerkannter Erholungsort. Beide Orte entstanden schon vor rund 1000 Jahren, Velen um 890 und Ramsdorf um 1050. Die Landwirtschaft war der hauptsächliche Broterwerb, die Handweberei ein wichtiger

Zuerwerb. Aus Letzterer entwickelte sich im 19. Jahrhundert mit der maschinell betriebenen Textilindustrie ein wichtiger Wirtschaftszweig.

Tourist-Info der Stadt Velen
Coesfelder Straße 14
46342 Velen
02863/926219
www.velen.de

Sehenswertes

Burg Ramsdorf
Die Burg wurde 1425 für den Fürstbischof Heinrich II. von Moers erbaut, jedoch 1451 wieder zerstört. Das Gebäude in seiner heutigen Form stammt von 1732, nur Reste der alten Burg aus dem 15. Jahrhundert wie der runde Eckturm sind erhalten geblieben.
Adresse: Burgplatz 4, 46342 Velen-Ramsdorf

Schloss Velen
Die mittelalterliche Burg in Velen von 1245 wandelte sich im Laufe der Zeit zum sogenannten „Märchenschloss des Münsterlandes“, das sich im Besitz der Familie Landsberg-Velen befindet. Zum Schloss gehört der 55 Hektar große Velener Tiergarten, der früher Jagdterrain der Adligen war, sowie die Orangerie, die von Johann Conrad Schlaun entworfen wurde. Nach einem Brand 1931 wurde das Schloss nach alten Plänen wieder hergerichtet. Das Sportschloss

Das malerische Wasserschloss Velen gleicht einem Märchenschloss

Velen wird für Tagungen und Tagesveranstaltungen genutzt.
Kontakt: Schloßplatz 1, 46342 Velen,
02642/405250, www.chateauform.com

Schlossmühle Velen
Die ehemalige Wassermühle des Schlosses Velen am Zusammenfluss von Thesingbach und Vennbach zur Bocholter Aa wurde erstmals im Jahre 1473 in einer Besitzurkunde des Freiherrn von Velen erwähnt. Ihr Baujahr dürfte aber im 13. Jahrhundert liegen. Bis zum Jahre 1870 wurde die Wassermühle als Kornmühle betrieben und ist heute ein beliebtes Fotomotiv. Nach unterschiedlichen Nutzungen wurde die Mühle durch die Schlossmühle Velen GbR zum Wohnhaus mit Mühlencafé und -museum umfunktioniert.
Kontakt: Heidener Landweg 29, 46342 Velen,
02863/9258938, www.schlossmuehle-velen.de

Museum

Lebendiges Museum
An fünf Standorten des Lebendigen Museums rund um Velen und Ramsdorf lässt sich die Geschichte des Handwerks und der Landwirtschaft hautnah miterleben. Das Heimatmuseum in der ehemals fürstbischöflichen Burg Ramsdorf, die alte Schmiede Beckmann im Ortskern von Ramsdorf, die Sägemühle am Gut Roß sowie die Sammlungen landwirtschaftlicher Geräte auf den Höfen Picker-Warnsing und Tenk-Dröning laden zum lebendigen Museumserlebnis ein.
Kontakt: Tourist-Info der Stadt Velen,
02863/926-219, www.velen.de

Freizeit & Natur

Mensings Alte Backstube
1842 wurde die Bäckerei Mensing in Ramsdorf gegründet. Aus der Alten Backstube entwickelte sich nach Verlagerung der Produktion in den 1990er-Jahren ein kleines Museum mit historischen Bäckereimaschinen, in dem auch Gruppen bewirtet werden können.
Adresse: Kurze Straße 9, 46342 Velen,
www.baeckerei-mensing.de

Planwagenfahrten
Mit den Planwagen „Ernie“ und „Bert“ für 20 bis 40 Personen kann man die Umgebung von Velen und Ramsdorf erkunden.
Kontakt: Planwagen Deutzländer,
Heidener Landweg 111, 46342 Velen,
0171/6930739, www.deutzlaender.de

Radfahren
An der deutsch-niederländischen Grenze gelegen, bietet Velen ein gut ausgebautes, teils grenzüberschreitendes Radewegenetz: Die *Flamingoroute* entlang von Mooren, Heiden und Feuchtwiesen inklusive Flamingokolonien verläuft durch Velen. Der ca. 50 km lange *Bocholter Aa Radweg* führt entlang der Aa von Velen nach Isselburg. Die *100 Schlösser Route* führt zu den schönsten Schlössern, Burgen und Herrensitzen im Münsterland. Die *Flamingoroute* ist eine 450 km lange Rundroute durch die schönsten Naturräume der deutsch-niederländischen Grenzregion. Die *Hohe Mark RadRoute* verbindet Velen mit mehreren Orten der Ferienregion.
Informationen: www.flamingoroute.com,
www.100schloesserroute.de,
www.hohemarkradroute.de

Schwimmen
Zwei Freibäder in Velen und Ramsdorf sorgen im Sommer für Abkühlung und Badevergnügen.
Kontakt:
Freibad Velen, Landsbergallee 50,
46342 Velen, 02863/1356
Freibad Ramsdorf, Velener Straße 47,
46342 Velen-Ramsdorf, 02863/5410

Für Abkühlung im Sommer sorgt das Freibad in Velen

Veranstaltungen & Feste

Sportlich geht es im April bei der **Fietsentour** zu, dem Radwandertag rund um Velen und Ramsdorf mit Genuss- und Aktionsständen, sowie am 3. Samstag im Juni beim **Tiergartenlauf** mit Halbmarathon.
Das **Stadtfest** in Ramsdorf findet jährlich am letzten Sonntag im Mai statt.
Am ersten Sonntag im September verwandelt sich der Burgplatz in Velen-Ramsdorf in einen großen **Büchermarkt.** Hier kann man nach altem und neuem Lesestoff, Schallplatten, CDs etc. stöbern.
Am zweiten Sonntag im Oktober findet im Ortskern von Velen das traditionelle **Stadtfest** mit Musik, Attraktionen und verkaufsoffenem Sonntag statt.
An den Adventswochenenden lockt der Velener **Waldweihnachtsmarkt** auf dem Landgut Krumme.

Vreden

(Kreis Borken)

Die Stadt Vreden (22 800 Einwohner) im westlichen Münsterland an der Grenze zu den Niederlanden hat eine fast 1200-jährige Geschichte. Sie wurde erstmals im Zusammenhang mit der Gründung des Stiftes Vreden im Jahr 839 genannt und erhielt 1252 die Stadtrechte, wobei ihr Name sich im Laufe der Jahrhunderte mehrfach veränderte von Frethenna, Vrethen, Frehde, Vredena, Vreede, Vreeden bis zum heutigen Vreden. Neben seiner bemerkenswerten Museumslandschaft ist Vreden mit seinen Vennen und Mooren auch Heimat der nördlichsten Flamingokolonie weltweit.

Vreden Stadtmarketing GmbH
im kult Westmünsterland
Kirchplatz 14
48691 Vreden
02564/9899199
www.stadtmarketing-vreden.de

Sehenswertes

Stiftskirche St. Felizitas

Im 9. Jahrhundert wurde in Vreden ein hochadeliges Damenstift gegründet, das bis 1810 bestand. Das Stift bildete die Urzelle Vredens. Die frühromanische Stiftskirche stammte aus dem 11. Jahrhundert, sie wurde im Zweiten Weltkrieg schwer beschädigt, die barocke Innenausstattung zerstört. 1947 bis 1952 baute man die Kirche wieder auf. Bemerkenswert sind u. a. die ottonische Hallenkrypta und das Vredener Hungertuch von 1619. Das Portal stammt von St. Georg.
Adresse: Kirchplatz 1, 48691 Vreden

Pfarrkirche St. Georg

Die katholische Pfarrkirche St. Georg mit dem Antwerpener Flügelaltar war eine ehemals spätgotische Hallenkirche, die im Zweiten Weltkrieg zerstört wurde. Auf den Fundamenten von insgesamt sechs Vorgängerkirchen (die älteste von 820) wurde 1952 bis 1957 die heutige Kirche gebaut. In der Krypta kann man die Ergebnisse der

Die nödlichste Flamingobrutkolonie weltweit befindet sich im Zwillbrocker Venn

archäologischen Untersuchungen zu den Vorgängerkirchen besichtigen.
Kontakt: Katholische Kirchengemeinde St. Georg, Kirchplatz 1, 48691 Vreden, 02564/883810, www.stgeorgvreden.de

Barockkirche St. Franziskus
Die Kirche ging aus einer Missionsstation, eingerichtet durch Münsters Bischof von Galen, hervor. 1717 bis 1748 wurde schließlich die Barockkirche St. Franziskus in Zwillbrock gebaut, sie gilt als die besterhaltene barocke Baukunst der Region.
Kontakt: Zwillbrock 9, 48691 Vreden, 02564/968230, www.barockkirche.de

Rathaus
Im barocken Herrenhaus (nebst neuem Anbau), das auf den Resten einer fürstbischöflichen Burg erbaut wurde, befindet sich heute das Rathaus.
Adresse: Markt 6, 48691 Vreden

Museen

Miniaturschuhmuseum Wessels
Dieses einmalige und außergewöhnliche Museum zeigt die Entwicklung und Herstellung von Fußbekleidung von den Anfängen bis heute und präsentiert neben Schuhmacherhandwerkzeugen die größte Miniaturschuhsammlung weltweit.
Kontakt: Tante Mientje Wohnaccessoires und mehr, Neustraße 16, 48691 Vreden, 02564/4964, www.wessels-schuhe.com

ScherenSchnittMuseum
Hermann Gebing sammelte über ca. 30 Jahre auf seinen Reisen in der ganzen Welt rund 14 000 Scherenschnitte, die man hier bewundern kann.
Kontakt: Markt 6, 48691 Vreden, 02564/9508927, www.scherenschnittmuseum.de

Heimathaus Noldes
Mitten im Ortskern vom Kringdorf Ammeloe, das ringförmig um den Kapellenplatz angeordnet ist, befindet sich im Heimathaus Nolde ein „Tante-Emma-Laden" von ca. 1880. Seit 1972 ist der Laden geschlossen, aber sein Inventar blieb erhalten. Der Heimatverein hat das Haus sorgfältig renoviert und öffnet Besuchern die Türen dieses authentisch eingerichteten Ladens nebst Gaststätte, Backstube und angrenzendem Bauerngarten.
Kontakt: Heimatverein Ammeloe, Am Kring 20, 48691 Vreden-Ammeloe, 02564/1038

kult Westmünsterland
Das ehemalige Hamaland-Museum, ein Bauernhofmuseum, das ehemalige Kreismuseum des Kreises Borken sowie weitere kulturelle Institutionen wie Archive, Denkmalpflege und Kulturabteilung sind im Projekt „kult – Kultur und lebendige Tradition Westmünsterland" unter einem Dach zusammengefasst. Das Museum präsentiert Leben und Arbeiten im Grenzland von Westmünsterland und den Niederlanden.
Kontakt: Kirchplatz 14, 48691 Vreden, 02564/9899100

Freizeit & Natur

Angeln
Angelmöglichkeiten gibt es beim Angelparadies Zwillbrock mit kleinem und großem Teich sowie am Berkelsee (Gastkarten über Stadtmarketing).
Kontakt: Angelparadies Zwillbrock, Zwillbrock 40 a, 48691 Vreden, 02564/950102, www.angelparadies-zwillbrock.de

Freizeitgebiet Berkelsee
Der Berkelsee, nur 2 km vom Stadtzentrum entfernt, bietet Naherholung pur: Hier kann man radeln, wandern, angeln und spielen. Es gibt auch einen Sandstrand mit Strandbar.

Kanutouren auf der Berkel sind beliebt

▸ Kanutouren & Bosseln
Kanutouren auf der Berkel von Vreden bis Rekken (oder noch weiter) in den Niederlanden bietet das Stadtmarketing Vreden im Sommer an. Im Winter stehen Bosseltouren, auch Klootschmieten genannt, auf dem Programm.
Kontakt: Stadtmarketing, ☏ 02564/4600

▸ Flamingokolonie
Im Naturschutzgebiet Zwillbrocker Venn kann man freilebende Flamingos sowie viele andere Vögel und Tiere beobachten. Hier befindet sich nicht nur eine Flamingobrutkolonie, sondern auch die größte Lachmöwenkolonie Deutschlands.
Kontakt: Biologische Station Zwillbrock e. V., Zwillbrock 10, 48691 Freden, ☏ 02564/9860-0, 🌐 www.bszwillbrock.de

▸ Flugplatz Stadtlohn-Vreden
Hier kann man Rundflüge, Ballonfahrten und Fallschirmspringen buchen.
Kontakt: Wennigfeld 41, 48703 Stadtlohn, ☏ 02563/3333, 🌐 www.flugplatz-stadtlohn.de

▸ ☺ Maislabyrinth & Bauerngolf
An der Flamingoroute in Vreden-Zwillbrock betreibt Familie Beuting ein Maislabyrinth mit fünf Stationen. Außerdem gibt es hier einen Bauerngolf-Parcours mitten auf der Weide zwischen Kühen und anderen Weidetieren. Spaß ist garantiert!
Kontakt: Fam. Beuting, Zwillbrock 55, 48691 Vreden, ☏ 0175/2607544, 🌐 www.zwillbrockirrgarten.de

▸ Naturschutzgebiete
Mehrere Naturschutzgebiete können rund um Vreden erwandert und erkundet werden und bieten besondere Naturerlebnisse:
Im **Zwillbrocker Venn** kann man rund um den Lachmöwensee die artenreiche Vogelwelt beobachten. Eine große Besonderheit ist die Flamingokolonie.

Im Naturschutzgebiet **Schwatte Gatt** im Ortsteil Köckelwick befindet sich mitten im Heide-, Moor- und Waldgebiet ein schöner Seerosenteich.
Das **Ammeloer Venn** in Wennewick ist ein ehemaliges Hochmoor, das durch Feuchtheiden, Birkenwälder sowie Wiesen und Weiden geprägt ist. Es kann umwandert (nicht durchwandert) werden.
Auf der **Lüttener Fischteich-Wanderung** kann man zahlreiche ökologische Kostbarkeiten entdecken. Ein Steg dient als Beobachtungsplattform seltener Pflanzen und Tiere.
Das große Waldgelände **Fürstenbusch** des Fürsten Salm-Salm in Großemast ist von zahlreichen Wanderwegen durchzogen.
Auch die **Doemer Höchte** in Doemern lädt zu Exkursionen ein.

▸ Schwimmen
Ganzjähriges Schwimm- und Badevergnügen bietet das kombinierte Frei- und Hallenbad in Vreden mit Spiel- und Spaßbereichen.
Kontakt: Frei- und Hallenbad am Sportzentrum, Ottensteiner Straße 64, 48691 Vreden, ☏ 02564/2719

▸ Stand-up-Paddling am Berkelbach
Auf dem Berkelsee kann man mit dem SUP gemütlich dahingleiten. Wer es ausprobieren möchte, bucht einen Kurs.
Kontak: SUP-Station-Vreden, Stadtlohner Straße 71, 48691 Vreden, ☏ 02564/98040, www.sup-station-vreden.de

▸ Radfahren
Neben den regionalen Rundtouren sowie den Premium-Routen, der grenzüberschreitenden *Flusslandschaft Achterhoek-Westmünsterland* und der *100 Schlösser Route*, die durch Vreden führen, ist ein besonderes Highlight die *Flamingoroute*. Sie führt auf 450 km Radwegen durch Moore, Heiden, Feuchtgebiete, Naturschutzgebiete und Ortschaften zwischen Enschede und Borken.
Informationen: www.flusslandschaft.eu, www.100schloesserroute.de, www.flamingoroute.com

Veranstaltungen & Feste

Das wichtigste Fest im Jahr ist die **Vredener Kirmes**, die von Samstag bis Montag am ersten September-Wochenende in der Innenstadt stattfindet und jährlich viele Besucher anlockt. Ursprünglich als Kirchweihfest gefeiert, findet immer eine Andacht und Prozession statt. Am Sonntag gibt es einen Krammarkt.
Im März wird ein Frühjahrsmarkt veranstaltet, der **Heimattag**, und im Oktober ein Herbstmarkt, der **Hamalandtag**.
Am dritten Adventswochenende entführt die **Winterfredanna**, ein mittelalterlicher Weihnachtsmarkt, in andere Welten.

Wadersloh

(Kreis Warendorf)

Zur Gemeinde Wadersloh (13 100 Einwohner) gehören die Ortsteile Wadersloh, Diestedde und Liesborn. Die pferdereiche Region im südlichen Münsterland hält für Ross und Reiter viele Angebote bereit. Die Geschichte der Gemeinde geht bis ins 9. Jahrhundert zurück, erstmals erwähnt wurde sie 1187. Von alters her bis in die Mitte des 20. Jahrhunderts war Wadersloh von der Landwirtschaft geprägt.

Gemeinde Wadersloh
Liesborner Straße 5
59329 Wadersloh
☏ 02523/950-0, -1050
www.wadersloh.de

Sehenswertes

▸ Abteikirche Ss. Cosmas und Damian

Die Abtei Liesborn wurde um 815 als Damenstift gegründet und war ein mächtiges Kloster. 1131 wurde es in eine Benediktiner-Abtei umgewandelt, welche bis zur Säkularisierung 1803 bestand. Vom Kloster erhalten sind die gotische Hallenkirche aus dem 15. Jahrhundert (Abteikirche Ss. Cosmas und Damian) mit romanischem Turm (um 1100) sowie das barocke Abteigebäude. Hierin befindet sich das Museum Abtei Liesborn.
Adresse: Abteiring 8, 59329 Wadersloh

▸ Pfarrkirche St. Margareta

Die katholische Pfarrkirche St. Margareta mit ihren imposanten Ausmaßen und dem 72 m hohen Turm ist von Weitem sichtbar. Die dreischiffige Hallenkirche wurde nach den Plänen Wilhelm Rincklakes 1890 bis 1894 im neogotischen Stil erbaut. An ihrer Stelle stand zuvor die alte Dorfkirche, die zu klein geworden war. Bereits im 9. Jahrhundert gab es hier eine Kirche.
Adresse: Kirchplatz 6, 59329 Wadersloh

▸ Schloss Crassenstein

Erstmals tritt die Burg im Jahr 1177 urkundlich in Erscheinung, Burggraf von Stromberg ließ sie zum Schutz seiner Ländereien und des Klosters erbauen. Ab dem 15. Jahrhundert wechselten die Besitzer und Nutzungen des Wasserschlosses mehrfach und es erfuhr diverse Umbauten. Das Schloss kann nur von außen besichtigt werden.
Adresse: Am Schloss, 59329 Wadersloh

Museum

▸ Museum Abtei Liesborn

Das Museum Abtei Liesborn des Kreises Warendorf beherbergt eine einzigartige Sammlung von mehr als 800 Kreuzigungsdarstellungen u. a. von Beuys, Chagall, Dalí und Bacon sowie Tafelbilder von Liesborn aus dem 15. und von niederländischen Malern aus dem 17. Jahrhundert. Auch Exponate regionaler und gegenwärtiger Künstler werden gezeigt.
Kontakt: Abteiring 8, 59329 Wadersloh-Liesborn, ✆ 02523/98240,
🌐 www.museum-abtei-liesborn.de

Freizeit & Natur

▸ ☺ Sinnespark

Der Sinnespark soll den „Er-Lebensraum“ der Bewohner des St. Josef-Hauses, aber auch aller Besucher durch unterschiedliche Sinneserfahrungen mithilfe von Klangsäulen, Duftkugeln, Partnerschaukeln, Impulskugeln u. v. m. bereichern.
Adresse: Königstraße 1, 59329 Wadersloh-Liesborn

▸ ☺ Reiten

Das Münsterland ist bekannt und beliebt für seine schönen und abwechslungsreichen Reitwege. Der Abschnitt Ahlen-Beckum-Wadersloh auf der 1000 km langen *Münsterland-Reitroute* führt über 71 km von den Beckumer Bergen bis ins Lippetal und weiter. Reit- und Fahrvereine bieten zudem in Wadersloh Reitstunden, Planwagenfahrten etc. an.
Kontakt:
Zucht-, Reit- und Fahrverein St. Georg Wadersloh e. V., Winkelstraße 53, 59329 Wadersloh, ✆ 02523/7118,
🌐 www.ZRF-Wadersloh.de
Fahrsport Königsbusch, Königsbusch 2, 59329 Wadersloh, ✆ 02523/940-007,
🌐 www.koenigsbusch.de
Reit- und Fahrverein Diestedde-Herzfeld e. V., Beckumer Straße 44 a (Reitanlage), 59510 Lippetal, ✆ 0170/7375896,
🌐 www.reitverein-diestedde-herzfeld.de

▸ Radfahren
Wadersloh ist der ideale Startpunkt für Ausflüge mit dem Rad. 16 Themenrouten zwischen 13 und 56 km Länge starten und enden in Wadersloh. Die Radtour *Bildstöcke und Wegekreuze* führt auf 30 km durch die Bauerschaften Waderslohs. Außerdem findet man Anschluss an die überregionalen Radrouten *100 Schlösser Route* und über die *Solequellen-Schleife* an die *Römer-Lippe-Route*.
Informationen: www.100schloesserroute.de, www.roemerlipperoute.de

Veranstaltungen & Feste

Seit Jahrzehnten finden jährlich im Mai und Juni die **Liesborner Museumskonzerte**, ein Kammermusik-Festival, in der ehemaligen Abtei Liesborn statt.
Alljährlich im Sommer werden im und um das Museum Abtei Liesborn beim **Handwerkstag** alte Handwerksberufe wie Glasbläser, Knopfmacher, Seiler, Zuckerbläser, Hutmacher, Stuhlflechter, Bürstenmacher u. v. m. gezeigt. Man kann auch Produkte erwerben.
Am vorletzten Wochenende im September gibt es von Freitag bis Montag das **Wadersloher Herbsttreiben mit Margaretenkirmes** rund um die Margaretenkirche und den traditionellen **Kartoffel-Sonntag**, bei dem sich alles um die tolle Knolle dreht.

Warendorf

(Kreis Warendorf)

Die Stadt Warendorf (38 000 Einwohner) mit ihrer pittoresken mittelalterlichen Altstadt liegt an der Ems im Nordosten Westfalens und des Münsterlandes. Sie ist überregional als „Stadt des Pferdes" bekannt. Die Tradition und Verbundenheit zu Pferden und Reitsport legte schon 1826 der Preußenkönig Friedrich Wilhelm III. mit der Gründung des Nordrhein-Westfälischen Landgestüts in Warendorf. Jährlich ziehen die Hengstparaden des Landgestütes viele Besucher an. Neben dem Reitsport hat das Handwerk in Warendorf eine lange Tradition. Im Mittelalter war die Stadt Mitglied der Hanse, die Gold- und Silberschmiedekunst war bedeutend, aber auch die Leineweberei.

Tourist-Information
Emsstraße 4
48231 Warendorf
02581/545454
www.warendorf.de

Sehenswertes

▸ Historischer Marktplatz mit Rathaus
Die gut erhaltene historische Altstadt von Warendorf mit dem Marktplatz, an dem Gebäude aus sechs Jahrhunderten und verschiedenen Stilepochen zu bewundern sind, und ihren mittelalterlichen Gassen und Plätzen lädt zu einem Entdeckungsrundgang durch die Geschichte der Stadt ein. Der Marktplatz begeistert mit den markanten Hausfronten mit Treppen- und Blendgiebeln und Verzierungen (z. B. „Drachenköppe"). Das gotische Rathaus stammt von 1404 und erlebte mehrere Umbauten.

▸ Bentheimer Turm
Der Bentheimer Turm (ca. 1300) ist der letzte von fünf Türmen der ehemaligen Stadtbefestigung und diente der Bürgerwehr zur Selbstverteidigung. Sein Name geht zurück auf die Grafen von Bentheim-Tecklenburg.
Adresse: Pater-Markötter-Promenade, 48231 Warendorf

Ackerbürgerhaus
Das stattliche Fachwerkhaus in Freckenhorst von 1548/49 steht als Ackerbürgerhaus inmitten einer Fachwerkgruppe ehemaliger Handwerkerhäuser.
Adresse: Gänsestraße 1, 48231 Warendorf-Freckenhorst

Freckenhorster Schloss
Das barocke Schloss in Nachbarschaft zur Stiftskirche Freckenhorst wurde 1740 für die Äbtissin Clara Franziska von Westerholt-Lembeck erbaut und ist nach wie vor im Besitz der Familie von Westerholt, die es bewohnt. Es ist daher nur von außen zu besichtigen.
Adresse: Stiftshof 5, 48231 Warendorf-Freckenhorst

Stiftskirche St. Bonifatius
Die fünftürmige Stiftskirche St. Bonifatius in Freckenhorst aus dem 11. Jahrhundert wird von den Bewohnern auch Bauerndom genannt und gilt als einer der bedeutendsten romanischen Kirchenbauten in Westfalen. Der Taufstein aus dem 12. Jahrhundert ist der besterhaltene in Deutschland.
Adresse: Stiftshof 2, 48231 Warendorf-Freckenhorst

St. Laurentius
Die Pfarrkirche St. Laurentius wurde nach dem Stadtbrand von 1404 neu errichtet (1404–1471), das Altarbild stammt aus dem Jahr 1430, der Glockenturm aus dem 12. Jahrhundert.
Adresse: Kirchstraße, 48231 Warendorf

Fachwerk in der malerischen Altstadt

Pittoresk: die Klosterstraße in Warendorf

▸ Franziskanerkirche mit Klosteranlage
Fürstbischof Christoph Bernhard von Galen legte 1652 den Grundstein für die Franziskanerkirche, 1673 kam der Klosterbau hinzu. Sehenswert ist das barocke Klosterportal. Das Kloster beherbergt heute das Westpreußische Landesmuseum.
Adresse: Klosterstraße 30, 48231 Warendorf, 🌐 www.kloster-warendorf.de

▸ Kloster Vinnenberg mit Wallfahrtskirche Mariä Geburt
Vinnenberg ist einer der ältesten Marienwallfahrtsorte im Bistum Münster und zieht bis heute viele Pilger an. Die Wallfahrtskirche Mariä Geburt befindet sich im ehemaligen Zisterzienserkloster von 1250. Das Kloster wird nicht mehr von Benediktinerinnen bewohnt, es steht Gästen als Ort geistiger Begegnung und als Veranstaltungsstätte offen.
Kontakt: Beverstrang 37, 48231 Warendorf-Milte, ☏ 02584/919950, 🌐 www.kloster-vinnenberg.de

Museen

▸ Dezentrales Stadtmuseum
In fünf Museumsobjekten – dem historischen Rathaus (Markt 1), dem Gadem (Zuckertimpen 4), dem Bürgerhaus des Klassizismus (Klosterstraße 7), der Fabrikantenvilla Bispinck (Münsterstraße 19) und dem Torschreiberhaus

In der „Stadt des Pferdes“ ist das NRW-Landesgestüt zu Hause

(Oststraße 59) – werden Leben und Arbeiten in alter Zeit veranschaulicht.
Kontakt: Stadt Warendorf, Sachgebiet Kultur, 02581/541410

Westpreußisches Landesmuseum
Die Geschichte und Kultur der historischen Provinz Westpreußen (heute zu Polen gehörend) stehen im Mittelpunkt dieses Museums, das sein Domizil im ehemaligen Franziskanerkloster hat.
Kontakt: Klosterstraße 21, 48231 Warendorf, 02581/92777-0, www.westpreussisches-landesmuseum.de

Heinrich Friederichs Museum
In seinem Geburts- und Elternhaus, einem Ackerbürgerhaus aus dem 16. Jahrhundert, sind die Werke des Bildhauers Heinrich Friederichs zu besichtigen.
Kontakt: Oststraße 47, 48231 Warendorf, 0251/311781, www.heinrich-friederichs-museum.de

Freizeit & Natur

Angeln
In und um Warendorf finden Angelfreunde mehrere Gewässer zum Angeln. Die Ems verfügt über große Artenvielfalt, im Emssee gibt es große Weißfischbestände. Außerhalb von Warendorf versprechen der Axtbach, der Gröblinger See, der See am Butterpatt und der Feldmarksee Fangerfolge. Ein Angelschein und ein Erlaubnisschein sind erforderlich.

Kontakt: Zoo & Co., Düsternstraße 1, 48231 Warendorf, ☏ 02581/632301

▸ Ballonfahren
H2 ballooning bietet von Warendorf aus Ballonfahrten an.
Kontakt: Himke Hilbert, Dominik Haggeney, ☏ 05484/6529940, 🌐 http://ballon.team

▸ Golf
Zwei Golfplätze gibt es in Warendorf, den Warendorfer *Golfclub an der Ems* und den öffentlichen *Golfpark Heidewald.* Hier können geübte Golfer spielen (Grundregeln müssen beherrscht werden) und Anfänger Kurse belegen.
Kontakt: Golf in Warendorf, Vohren 41, 48231 Warendorf, ☏ 02586/1792, 🌐 www.warendorfer-golfclub.de, 🌐 www.golfpark-heidewald.de

▸ Kanufahren
Die Ems fließt durch Warendorf und bietet sich für vergnügliche Kanutouren an. Eine Kanueinsatzstelle befindet sich am Parkplatz Lohwall, nördlich der Altstadt, in Einen und Telgte gibt es Haltepunkte.
Kontakt: Stadt Warendorf/Tourist-Information, ☏ 02581/545454

▸ Pilgern
Der *Jakobsweg* (Weg 4) von Bielefeld nach Wesel führt über Warendorf. Stempelstellen in Warendorf sind die Tourist-Information, das Westpreußische Landesmuseum, die Kirche St. Laurentius und die Kirche St. Bartholomäus im Ortsteil Einen. Pilgerunterkünfte vermittelt die Tourist-Information (☏ 02581/545454).
Informationen: 🌐 www.jakobspilger.lwl.org

▸ Radfahren
Warendorf im östlichen Münsterland ist an zahlreiche Rund- und Fernradwege angeschlossen: an den *Europaradweg R1,* an die *100 Schlösser Route,* an die *Radroute Historische Stadtkerne,* an den *EmsRadweg* und an die *Grenzgängerroute.*
Informationen: 🌐 www.r1-radweginfo.de, 🌐 www.100schloesserroute.de, 🌐 www.radroute-historische-stadtkerne.de, 🌐 www.emsradweg.de, 🌐 www.grenzgaengerroute.de

▸ ☺ Reiten
Warendorf, die „Stadt des Pferdes", bietet für Pferde und Pferdefreunde beste Voraussetzungen. In Warendorf sind das Nordrhein-Westfälische Landgestüt beheimatet sowie das Deutsche Olympiade-Komitee für Reiterei (DOKR) und die Deutsche Reiterliche Vereinigung (FN). Die ausgedehnte *Warendorfer Reitroute* bietet Sterntouren für Ross und Reiter durch die Warendorfer Parklandschaft mit vielen Rast- und Reitstationen am Wegrand. Außerdem gibt es mehrere Reiterhöfe in Warendorf.
Kontakt:
Ponyreiten für Kinder:
Hof Lohmann, Gronhorst 10, 48231 Warendorf-Freckenhorst, ☏ 02581/92894-0
Reiterhöfe und -vereine:
Dream West, Hörste 14, 48231 Warendorf-Milte,☏ 02584/584 o. 0171/6022842
Freizeitbauernhof Erlemeyer, Westbezirk 82, 48231 Warendorf, ☏ 02581/2378
Hof Schulze Niehues, Fachschule Reiten, Flintrup 3, 48231 Warendorf-Freckenhorst, ☏ 02581/4151

▸ ☺ Schwimmen
Zwei Bäder stehen in Warendorf zum Spaßbaden, Sport- und Fitnessschwimmen offen.
Kontakt:
Hallenbad, Von-Ketteler-Straße 32, 48231 Warendorf, ☏ 02581/633239
Freibad, Breuelweg 5, 48231 Warendorf, ☏ 02581/3569

‣ Segway
Mit dem Segway durch Warendorf gleiten, die Sehenswürdigkeiten und die Umgebung erkunden, das ermöglicht Segulotion.
Kontakt: Hoetmarer Straße 17, 48231 Warendorf, ☏ 0152/36789166

Veranstaltungen & Feste

Karneval wird in Warendorf groß gefeiert: Es beginnt mit der Weiberfastnacht auf dem historischen Marktplatz, geht weiter mit dem Rathaussturm am Sonntag und endet mit dem Rosenmontagsumzug.
Der Feiertag Mariä Himmelfahrt (15. August) wird mit Prozession, Marienverehrung, viertägiger Kirmes und Bürgerschützenfest begangen. Besonders sehenswert sind die neun Marienbögen, die festlich beleuchtet werden.
Die Symphonie der Hengste im NRW-Landgestüt in der Innenstadt findet im August statt.
Ende August/Anfang September werden die Bundeschampionate des Deutschen Olympiade-Komitees für Reiterei (DOKR) ausgetragen.
Im September findet die Warendorfer Pferdenacht mit Late Night Shopping in der Innenstadt statt.
Im September lockt die Warendorfer Hengstparade im NRW-Landgestüt zahlreiche Reiter und Pferdefans in die Stadt.
Die fünftägige Fettmarktkirmes mit Fettmarktsonntag und Fettmarkt wird Mitte Oktober gefeiert. Im Rahmen der Kirmes gibt es auch ein Reitturnier sowie einen Landmaschinenmarkt und den Altstadttrödelmarkt.
Der Weihnachtsmarkt „Warendorfer Weihnachtswäldchen" taucht den historischen Marktplatz im Dezember in weihnachtlichen Glanz.

Werne

(Kreis Unna)

Die Stadt Werne an der Lippe (31 000 Einwohner) im Süden des Münsterlandes liegt zwischen dem von Grünland geprägtem Lippetal und den ackerländisch geprägten Lipper Höhen. Wernes Geschichte beginnt mit dem Bau einer Kapelle um 800 durch Liudger, Bischof von Münster, im Auftrag Karls des Großen. Die Pfarrei Werne wurde 834 urkundlich erwähnt. Die Marktrechte erhielt die Stadt 1362. Mit der Industrialisierung begann in Werne das Zeitalter des Bergbaus. Die „Zeche Werne" förderte bis 1975 Kohle. Bei Bohrungen nach Kohle stieß man 1873 auch auf eine Solequelle, der Werne den Titel Kurbad verdankte.

Werne Marketing GmbH
Tourist-Information
Markt 19
59368 Werne
☏ 02389/534080
www.werne-tourismus.de

Sehenswertes

‣ Altes Rathaus
Das Alte Rathaus befindet sich auf dem historischen Marktplatz in Werne. Es wurde 1512 bis 1514 gebaut und ist damit eines der ältesten Steinhäuser der Stadt. Die gotischen Laubengänge standen den Bürgern offen, im oberen Stockwerk befanden sich Ratskammer und Ratsgericht. Auch heute tagt hier der Rat.
Adresse: Markt, 59368 Werne

‣ Wärmehäuschen am Kirchplatz
Um 1400 war der Kirchplatz von kleinen Fachwerkhäusern gesäumt, die den Bauern

Markttag auf dem Marktplatz vor dem Alten Rathaus in Werne

aus der Umgebung als Speicher (Spieker) und zum Aufwärmen dienten. Nur einige dieser Fachwerkhäuser überstanden den Brand von 1586.
Adresse: Kirchhof 11, 59368 Werne

▸ Pfarrkirche St. Christophorus
St. Christophorus, früher St. Johannes Bapt., ist eine katholische Pfarrkirche, deren Chor und Schiff das Bild der Werner Altstadt prägen. Die Pfarre besteht seit dem 8. Jahrhundert und gehörte 1139 bis 1803 zum Kloster Cappenberg. In der ersten Hälfte des 15. Jahrhunderts wurden Teile der Kirche sowie der Turm bei einem Brand zerstört und der Westteil um 1450 neu aufgebaut.
Adresse: Kirchhof 1, 59368 Werne

▸ Kapuzinerkloster
Das Kapuzinerkloster wurde 1659 vom Ordensbruder Ambrosius von Oelde erbaut. Die schlichte Klosteranlage entstand 1671

bis 1673, die Klosterkirche St. Petrus und Paul 1677 bis 1680. Im Kloster leben Kapuziner, die Besuchern die Anlage zeigen.
Adresse: Südmauer 5, 59368 Werne

▸ Altes Steinhaus
Das alte Steinhaus am Moormannplatz war das erste Steinhaus in Werne und gehörte dem Drosten (Verwalter) der Abtei Werden an der Ruhr. Heute beherbergt es die Stadtbücherei.
Adresse: Am Steinhaus 11/Moormannplatz, 59368 Werne

Museum

▸ Altes Amtshaus, Karl-Pollender-Stadtmuseum
Das kulturgeschichtliche Museum im Alten Amtshaus von 1691 präsentiert die Stadtgeschichte Wernes von der Vor- und Frühgeschichte über das Mittelalter bis zur Neuzeit. Es ging hervor aus einem kleinen Heimatmuseum, das der Realschullehrer und Heimatforscher Karl Pollender aufbaute.
Kontakt: Kirchhof 13, 59368 Werne, 02389/780773, www.museum-werne.de

Freizeit & Natur

▸ Freilichtbühne
Die Freilichtbühne Werne von 1959 e. V. spielt in den Sommermonaten im Stadtpark von Werne Kinder- und Familientheater.
Kontakt: Südring 2, 59368 Werne, 02389/532696, www.freilichtbuehne-werne.de

▸ Golf
Die technisch und sportlich anspruchsvolle 18-Loch-Anlage des Golfplatzes Werne a. d. Lippe begeistert durch ihre naturräumlichen Flächen Golf- und Naturfreunde gleichermaßen.
Kontakt: Kerstingweg 10, 59368 Werne, 02389/539060, www.golfplatz-werne.de

▸ Gradierwerk
Am Werner Stadtpark gibt es ein Gradierwerk. Über die Rieselwand aus Schwarzdorn fließt die Sole und bildet den Solenebel, der gut für die Gesundheit ist. Man kann hier flanieren, ruhen und inhalieren.
Kontakt: Am Hagen 2, 59368 Werne

▸ Minigolf
Die Minigolfanlage nahe dem Stadtwald bietet Spaß für Groß und Klein.
Kontakt: Goetheweg 12, 59368 Werne, 02389/9649985, 0173/2633242

▸ Pilgern
Werne liegt auf dem baltisch-westfälischen *Jakobsweg*. Den Stempel gibt es im Kapuzinerkloster, hier gibt es auch eine Übernachtungsmöglichkeit im „Pesthäuschen".
Adresse: Kapuzinerkloster, Südmauer, 559368 Werne
Informationen: www.jakobspilger.lwl.org

▸ Planwagen-, Ballonfahrten & Rundflüge
Werne und das Münsterland von oben genießen kann man bei einer Fahrt mit dem Ballon oder einem Rundflug. Auch Planwagenfahrten sind eine angenehme Art, die Umgebung zu entdecken.
Kontakt: Werne Marketing GmbH, 02389/534080

▸ Radfahren
Für Radfahrer bieten sich rund um Werne viele Ausflugsmöglichkeiten: Besonders zu empfehlen sind die *Radtouren in die Münsterländer Parklandschaft*, die *Römer-Lippe-Route* und die *Radroute Historische Stadtkerne*.
Informationen: www.roemerlipperoute.de, www.radroute-historische-stadtkerne.de

Schwimmen
Das moderne Natursolebad bietet Spaß, Sport und Erholung auf mehr als 2000 qm Wasserfläche, in der Textilsauna und im Dampfbad.
Kontakt: Am Hagen 2, 59368 Werne, 02389/9892-0, www.solebad.werne.de

Veranstaltungen & Feste

Anfang Mai laden die viertägige **Maikirmes** und Mitte Mai der **Blumen- und Spargelmarkt** in die Innenstadt ein.
Beim **StraßenFESTIVAL** im August präsentieren Artisten und Künstler ihr Können.
Im September gibt es einen **Bauern- und Handwerkermarkt** auf dem Marktplatz vor dem historischen Rathaus.
Ende Oktober lockt Sim-Jü, der **Simon-Juda-Markt** (Verleihung der Stadtrechte), Hunderttausende Besucher nach Werne.
Vor der schönen Kulisse des Kirchplatzes zaubert der **Weihnachtsmarkt** eine festliche Stimmung.

Westerkappeln

(Kreis Steinfurt)

Die Gemeinde Westerkappeln (11 500 Einwohner) liegt im Tecklenburger Land im nördlichen Münsterland. Der Name Westerkappeln ist abgeleitet von Westkapelle, einer der ersten Kapellen neben dem Dom zu Osnabrück im Bistum Osnabrück. Die Kirche entstand nach 800 unter Karl dem Großen. Das Kirchspiel Westerkappeln wurde jedoch erst 1188 urkundlich erwähnt.

Tourist-Info Westerkappeln
Bahnhofstraße 3
49492 Westerkappeln
05404/887-154
www.gemeinde-westerkappeln.de

Sehenswertes

Evangelische Stadtkirche
Um 800 entstanden neben dem Dom zu Osnabrück zwei Kapellen zur Missionierung des Bistums, eine im Osten (Ostkapelle), eine im Westen (Westkapelle). Das war der Ursprung der Gemeinde Westerkappeln. Die Vorgängerin der Stadtkirche war wahrscheinlich ein Holzbau aus dem 9. Jahrhundert. Die heutige gotische Hallenkirche stammt aus dem 15. Jahrhundert und wurde 1500 vollendet.
Adresse: Große Straße 13, 49492 Westerkappeln

Rittergut Haus Cappeln
Das Rittergut Cappeln wurde von den Grafen von Ravensburg um 1100 als Nebenburg zur Hauptburg in Borgholzhausen errichtet. Kriegerische Auseinandersetzungen und Fehden zwischen den Grafen von Ravensberg und denen von Tecklenburg führten zu mehreren Besitzerwechseln. 1382 wurde die Burg zerstört und nicht wieder aufgebaut. Im 16. Jahrhundert wurde auf den alten Fundamenten ein Rittergut mit umgebenden Gräften gebaut, 1777 bis 1779 wurden die Gebäude zu einem dreiflügeligen Bau mit Giebeldreiecken umgebaut. Seit 1964 ist das repräsentative Herrenhaus im Privatbesitz.
Adresse: Haus Cappeln, 49492 Westerkappeln

Wassermühle Velpe
Die ehemalige Gutsmühle stammt aus dem Jahr 1560. Vor 100 Jahren wurde sie von Familie Görtemöller erworben. Nach grundlegender Restaurierung ist die Wassermühle wieder betriebsfähig. Hier wird Getreide gemahlen und zu Brot verarbeitet. Die Mühle kann besichtigt werden.
Kontakt: Heinz Görtemöller, Laggenbecker Straße 6, 49492 Westerkappeln, 05456/1040

‣ Rittergut Haus Velpe
Das ehemalige Rittergut Velpe in Hambüren entstand wahrscheinlich im 13. Jahrhundert durch Zusammenlegung mehrerer Bauernschaften. Die von Velpe waren Burgmänner (Ministerale) des Grafen von Tecklenburg. Nachweislich hatte das Haus häufig wechselnde Besitzer und gehört seit 1898 der Familie Echterhoff, die das Herrenhaus abreißen ließ. Es bestehen heute nur noch das Torhaus (um 1700) und ein Teil der Gräfte.
Adresse: 49492 Westerkappeln-Hambüren

Museum

‣ Traktorenmuseum Westerkappeln
In einer Fachwerkscheune in der Bauernschaft Metten ist das Traktorenmuseum mit einer der umfangreichsten Traktorensammlungen im nordwestdeutschen Raum beheimatet. Der Landwirt Friedrich Frehmeyer hat mit seiner privaten Sammlung das Museum ins Leben gerufen, das heute von einem Förderverein getragen wird.
Kontakt: Lotter Straße 20, 49492 Westerkappeln, 05404/1785

Freizeit & Natur

‣ Golf
Der Golfclub Habichtswald e. V. mit 18-Loch-Platz und 6-Loch-Kurzplatz bietet Freizeitspielern wie sportlich ambitionierten Golffreunden eine reizvolle Anlage und ein angenehmes Ambiente.
Kontakt: Industriestraße 16, 49492 Westerkappeln, 05456/96013, www.golfclub-habichtswald.de

‣ Schwimmen
Das familienfreundliche Freibad Bullerteich steht in den Sommermonaten allen Badegästen offen.
Kontakt: Bullerteichstraße 12, 49492 Westerkappeln, 05404/2422

‣ Wandern & Radfahren
Westerkappeln bietet mit seiner Lage zwischen den Ausläufern des Wiehengebirges und dem Teutoburger Wald im Süden und der flachen Düsterdeicker Niederung im Norden (ein Feuchtwiesen-Naturschutzgebiet) zahlreiche Spazierwege, Wander- und Nordic-Walking-Routen an, z. B. den *Cappelner Ringweg* oder die *Rundwege A1–A5*.
Radfahrer können auf dem *Westerkappelner RadelEi*, einem 45 km langen Radweg, die Umgebung erkunden oder finden Anschluss an die überregionale *100 Schlösser Route*.
Informationen:
www.100schloesserroute.de

Veranstaltungen & Feste

Alljährlich am zweiten September-Wochenende findet in Westerkappeln eine **Herbstkirmes** auf dem Kirchplatz rund um die evangelische Kirche statt.

Wettringen

(Kreis Steinfurt)

Die Gemeinde Wettringen (8600 Einwohner), im nordwestlichen Münsterland an der Steinfurter Aa gelegen, zählt zu den ältesten Gemeinden der Region. Gegründet um 800 von Karl dem Großen, wurde der Name „Wateringas“ 838 erstmals erwähnt, als Ludwig der Fromme Kirche und Hof von Wettringen dem Benediktinerinnenkloster Herford schenkte. Im Mittelalter kamen der Landwirtschaft und der Leineweberei sowie dem Leinenhandel große Bedeutung zu. Daraus entwickelte sich im 19. Jahrhundert die für die Gemeinde wichtige Textilindustrie.

Verkehrsverein Wettringen
Werninghoker Straße 5
48493 Wettringen
02557/929676
www.verkehrsverein-wettringen.de

Sehenswertes

Heimathaus Ahlers
Das ehemalige westfälische Bauernhaus (1520) ist das älteste Gebäude im Ort. Es stand ursprünglich in Klein-Haddorf, wurde von der Gemeinde gekauft, abgetragen und nahe der Kirche wiedererrichtet. Zur Hofanlage gehören ein Stall, eine Remise, eine Bleichhütte, ein Backhaus und ein Bienenstock. Das Heimathaus dient als eine Begegnungsstätte und Büro des Verkehrsvereins.
Adresse: Werninghoker Straße 5, 48493 Wettringen

Villa Jordaan
Auf dem Rothenberg wurde 1923 bis 1925 die Villa Jordaan (Villa Rothenberge) im Stil eines französischen „Lustschlösschens" errichtet. Sie wird heute von der Wilhelms Universität Münster genutzt.
Adresse: Rothenberge 83 a, 48493 Wettringen

Pfarrkirche St. Petronilla
Die neugotische Hallenkirche repräsentiert mit ihrer streng gegliederten Architektur ein typisches Beispiel des Historismus im Münsterland.
Adresse: Haverkamp 1, 48493 Wettringen

Spieker Termühlen
Als Wehranlage 1575 errichtet, diente der Spieker den Hofbewohnern zum Schutz vor Eindringlingen.
Adresse: Andorf 2, 48493 Wettringen

Freizeit & Natur

Haddorfer Seen
Das Erholungsgebiet mit Seenlandschaft, Campingplatz und Wochenendhaussiedlung ist ein beliebtes Freizeit- und Ferienziel vor allem im Sommer. Hier kann man baden, angeln, segeln, surfen, schwimmen, Tennis und Beachvolleyball spielen. Der Badesee lädt mit seinem Strandbereich mit Dünenlandschaft und einem Matschbereich auch Kinder ein. Der größere Haddorfer See bietet sich vor allem zum Angeln, Segeln und Surfen an. Rund um die Seen sowie in der Heidelandschaft zwischen den Gewässern und im Stovernschen Wald kann man schöne Spaziergänge und Radtouren unternehmen.

Radfahren
Um und durch Wettringen verlaufen zahlreiche Radrouten, die zur Erkundung der Münsterländer Parklandschaft, der Schlösser und Burgen, der Flusslandschaften und einer ehemaligen Bahnroute auf der „Fietse" einladen: die *Vechtetalroute,* die *100 Schlösser Route,* der *EmsRadweg,* die *Aa-Vechte-Tour,* die *Radbahn Münsterland* und die regionalen Rundwege um Wettringen.
Informationen: www.emsradweg.de, www.100schloesserroute.de, www.radbahn-muensterland.de

Schwimmen
Im Hallenbad Wettringen kann man bei jedem Wetter baden und schwimmen.
Kontakt: Friedhofstraße 18, 48493 Wettringen, 02557/985569

Beliebte Radrouten durch das Münsterland

100 Schlösser Route
Sie gilt als die Königin unter den deutschen Radrouten! Auf 960 km Länge führt sie durch das Münsterland, über 100 Schlösser, Burgen, Gräftenhöfe und Herrensitze liegen an der Strecke.
Informationen: www.100schloesserroute.de

Dortmund-Ems-Kanal-Route
Die 350 km lange Dortmund-Ems-Kanal-Route verbindet das Ruhrgebiet (ab Dortmund) mit der Nordsee (bis Norden) und passiert dabei das Münsterland. Die Radwege sind überwiegend Betriebswege des Kanals.

EmsRadweg
Auf dem EmsRadweg kann man dem Flusslauf der Ems von der Quelle in Senne durch das Münsterland bis zur Mündung in die Nordsee bei Emden auf 375 km folgen.
Informationen: www.emsradweg.de

Europaradweg R1
Von Boulogne-sur-Mer bis St. Petersburg verbindet der R1 auf einer Strecke von über 3500 km neun europäische Länder miteinander: Frankreich, Belgien, die Niederlande, Deutschland, Polen, Litauen, Lettland, Estland und Russland. Natürlich führt er auch durch das Münsterland.
Informationen: www.euroroute-r1.de, www.r1-radweginfo.de

Flamingoroute
Die 450 km lange Flamingoroute zwischen Enschede (NL) und Borken im Westmünsterland führt durch Moore und Heiden, Dörfer und Städte. Ihren Namen hat sie von der Flamingobrutkolonie in Zwillbrock, die auf der Strecke liegt.
Informationen: www.flamingoroute.com

Flusslandschaft Achterhoek und Westmünsterland
Die vier Routen führen durch die grenzüberschreitende Region entlang der Flüsse Aa, Berkel, Slinge und Ijssel. Die Landschaft wird bestimmt durch den Wasserlauf und das Leben am Ufer. Die vier verschiedenen Routen – variierend von 65 km bis 170 km – können über Umsteigepunkte auch zu längeren Fahrradrundwanderungen aneinander geknüpft werden.
Informationen: www.flusslandschaft.eu

Friedensroute
Die 170 km lange Friedensroute verläuft auf historischen Reiterpfaden zwischen Münster und Osnabrück. Auf den Wegen der Reichspostlinie, auf der die Friedensreiter 1648 unterwegs waren, kann man zahlreiche Zeugnisse jener Zeit entdecken.
Informationen: www.friedensroute.de

Grenzgängerroute Teuto-Ems
Der 148 km lange Rundkurs verbindet die Regionen Osnabrücker Land, Ostwestfalen-Lippe und das Münsterland teils auf alten Schmugglerpfaden und passiert zwölf Städte und Dörfer, Burgen und Schlösser, Spargel und Schinken.
Informationen: www.grenzgaengerroute.de

NaTourismus-Routen
Durch das Steinfurter und Tecklenburger Land zwischen Moor und Mittelgebirge verlaufen auf 400 km die NaTourismus-Routen.

▸ Hohe Mark RadRoute
Die Hauptroute durch den Naturpark Hohe Mark – Münsterland mit einer Länge von 310 km hat elf Etappen und führt von Isselburg über Dülmen und Velen nach Haltern am See durch riesige Waldgebiete, Heide, Moorgebiete, vorbei an Wasserschlössern und alten Höfen.
Informationen: 🌐 hohemarkradroute.de

▸ RadBahn Münsterland
Die ehemalige Bahnstrecke zwischen Coesfeld und Rheine ist heute ein 40 km langer Radweg, auf dem Bahngeschichte erlebbar wird.
Informationen: 🌐 www.radbahn-muensterland.de

▸ Römer-Lippe-Route
Auf mehr als 400 Routenkilometern zwischen Detmold und Xanten folgt der Weg dem Verlauf der Lippe vorbei an Römer-Kulturstätten.
Informationen: 🌐 www.roemerlipperoute.de

▸ Töddenland-Radweg
Auf insgesamt 122 km führt der Rundkurs durch das historische „Töddenland" im Münsterland/Tecklenburger Land und dem südlichen Emsland.
Informationen: 🌐 www.toeddenland-radweg.de

▸ Werse Rad Weg
Der Werse Rad Weg verbindet auf 125 km die Städte Beckum, Ahlen, Drensteinfurt, Sendenhorst, Oelde, Münster, Rheda-Wiedenbrück und Hamm im Kreis Warendorf mit ihren historischen und sehenswerten Ortskernen. Er verläuft teils entlang und teils abseits der Werse.
Informationen: 🌐 www.werseradweg.de

Das Münsterland ist eine Fahrradregion par excellence

Sehenswertes

▸Altstädte, historische Ortskerne und Ortsteile, Marktplätze

▸Brunnen und Skulpturen

▸Burgen, Schlösser, Rittergüter, Herrenhäuser, Adelshöfe, Villen

▸Historische Gebäude und Güter (Acker-/Bürgerhäuser, Fachwerkhäuser, Rathäuser)

▸Industriedenkmäler

▸Kirchen, Kapellen, Basiliken, Synagogen

▸ Klöster, Abteien, Stifte

▸ Kultstätten, Findlinge

▸ Mühlen

Museen

Heimatmuseen, Stadt- und Regionalmuseen, Heimathäuser

Kunstmuseen, Galerien, Künstlerhäuser

Museen zu bedeutenden Persönlichkeiten

Naturkundliche Museen

Oldtimer- und Fahrzeugmuseen

▸ Religiöse Museen und Sakralkunst

▸ Schulmuseen

▸ Spielzeug- und Puppenmuseen

▸ Weitere Museen

Freizeit & Natur

▸ Angeln

▸ Aussichtspunkte

▸ Bäder (Frei-, Hallen-, Spaß-, Erlebnisbäder, Thermen, Saunen)

Badeseen

Barfußpfade, Kneippbecken, Sinnesgärten

Bootsfahrten, Wassersport, Schifffahrten

Brennereien

Fliegen & Ballonfahren

▸ Freilichtbühnen

▸ Freizeitparks & -gelände, Spielplätze, Sportparks

▸ Golfplätze

▸ Klettern (Kletterwälder, Hochseilgärten, Kletterzentren)

▸Kunst & Kultur, Handwerkskunst & altes Handwerk

▸Kutsch- & Planwagenfahrten, Dampflokfahrten, Traktortouren

▸Minigolf, SwinGolf, Bauerngolf, Bosseln, Bowling, PoolBall®, Konifez, Lasertag

▸Naturschutzgebiete, Moore, Heiden, Wälder

▸ Parks, Gärten, Kuranlagen, Naturdenkmäler

▸ Pilgerwege, Jakobswege, Wallfahrten

▸ Radfahren

Reiten, Pferdesport

Segway- & Kartfahren

Tier- & Wildparks, Zoos

▸ Wandern, Lehrpfade, Rundwege

▸ Weitere Angebote

Abbildungsverzeichnis

Dr. Stephan Barth/pixelio.de: S. 3; Thomas Max Müller/pixelio.de: S. 5, 71, 145, 146; stock.adobe – cevahir87: S. 7; Stefan Brückner/pixelio.de: S. 11, 12; Tourist-Info Bad Bentheim: S. 14, 15; Wally/pixelio.de: S. 16; Wolfgang Immig: S. 19; © Medienflotte/Joachim Albrecht: S. 21; Lizzy Tewordt/pixelio.de: S. 23; Jens Bredehorn/pixelio.de: S. 25; Kurt F. Domnik/pixelio.de: S. 27, 28, 44, 45, 126, 187, 189; Stadtmarketing Verein Coesfeld & Partner e.V.: S. 31, 32, 33; Regina Kaute/pixelio.de: S. 37; tutto62/pixelio.de: S. 39; Stadtmarketing Ennigerloh: S. 41; Greven Marketing e.V.: S. 47, 48; Gronau inside: S. 50; Stadtagentur Haltern am See: S. 52, 53; Marketing Havixbeck und Umgebung e.V.: S. 55, 56; Gemeinde Heek: S. 58; Werner Raschke/pixelio.de: S. 61; stock.adobe – Phoxo: S. 64; Stadtmarketingverein Horstmar: S. 66 o./u.; Herbert Raschke/pixelio.de: S. 69; Tourist-Info Ladbergen: S. 73 o./u.; Lars Paege/pixelio.de: S. 75, 125; © Jürgen Göckemeyer: S. 76; Verkehrsverein des Dahliendorfes Legden e.V.: S. 77; Stadt Lengerich: S. 79; Stefan Bücker/pixelio.de: S. 81; C. Schneider: S. 82; Klaus Bertmann: S. 83; Gemeinde Lotte: S. 84; Fotos zu Lüdinghausen von Julian Borgmann: S. 86, 87; stock.adobe – AnnaReinert: S. 89, 105, 135; Touristeninfo Mettingen: S. 91 o./u.; Foto: Presseamt Münster/MünsterView: S. 92, 95; Foto: Presseamt Münster/Britta Roski: S. 94, 96; Gemeinde Nordkirchen: S. 99, 100; Erich Westendarp/pixelio.de: S. 103, 182, 190; stock.adobe – mitifoto: S. 106; Forum Oelde/Barbara Meinhardt: S. 109; Tourismus- und Bürgerbüro Olfen: S. 111 o./u.; Touristinformation im Naturparkhaus Tiergarten Schloss Raesfeld: S. 115, 116; BREDEHORN.J/pixelio.de: S. 120; Stadt Rhede: S. 123; Gemeinde Saerbeck/Gunka: S. 130, 131; Jörg Schöne/pixelio.de: S. 133; Dirk Frerichmann: S. 137; Stefan Büker/pixelio.de: S. 138; Tourist Information Stadt Sendenhorst: S. 140 o., 141; © Schneider Kreis Warendorf: S. 140 u.; SMS-StadtMarketing Stadtlohn e.V.: S. 142, 143; SOMIT Südlohn Oeding: S. 149, 150; Tecklenburg Touristik GmbH: S. 151, 152; Sabine Braungart: S. 153; Bildrechte Stadt Telgte: S. 155, 157; Bildrechte RELíGIO: S. 156; Tourist-Info und GiG-Marketing Velen-Ramsdorf e.V.: S. 159, 161; Vreden Stadtmarketing GmbH: S. 162, 164; Fotografin und Bildrechte Tanja Hohnwald: S. 168, 169, 170; Werne Marketing GmbH: S. 173; Michael Bührke/pixelio.de: S. 179; us/pixelio.de: S. 192.

Veranstaltungen & Feste

Januar

Februar

März

April

Frühling

Mai